个人信用民法调整研究

尚国萍 著

法律出版社 LAW PRESS · CHINA
北京

图书在版编目(CIP)数据

个人信用民法调整研究 / 尚国萍著. -- 北京 : 法律出版社, 2022

ISBN 978-7-5197-6829-4

Ⅰ. ①个… Ⅱ. ①尚… Ⅲ. ①信用制度-法律-研究-中国 Ⅳ. ①D922.282.4

中国版本图书馆 CIP 数据核字(2022)第 119986 号

个人信用民法调整研究
GEREN XINYONG MINFA TIAOZHENG YANJIU

尚国萍 著

责任编辑 黄倩倩
装帧设计 臧晓飞

出版发行 法律出版社
编辑统筹 学术 · 对外出版分社
责任校对 裴 黎
责任印制 陶 松
经　　销 新华书店

开本 A5
印张 8.125　**字数** 191 千
版本 2022 年 9 月第 1 版
印次 2022 年 9 月第 1 次印刷
印刷 三河市龙大印装有限公司

地址:北京市丰台区莲花池西里 7 号(100073)
网址:www.lawpress.com.cn
投稿邮箱:info@lawpress.com.cn
举报盗版邮箱:jbwq@lawpress.com.cn
销售电话:010-83938349
客服电话:010-83938350
咨询电话:010-63939796

书号:ISBN 978-7-5197-6829-4　**定价**:48.00 元

凡购买本社图书,如有印装错误,我社负责退换。电话:010-83938349

序　言

信即信用、诚信。一个人、一个团体、一个社会、一个国家，皆不可无信用无诚信。人无信不成，民无信不立，国无信不威。诚实信用，既是一种品格，也是一个人安身立命之本，更是企业营商壮大行远之道。2016 年 12 月，习近平同志在中共中央政治局就我国历史上的法治和德治进行第三十七次集体学习时的讲话中强调："对突出的诚信缺失问题，既要抓紧建立覆盖全社会的征信系统，又要完善守法诚信褒奖机制和违法失信惩戒机制，使人不敢失信、不能失信。"

党的十八大以来，习近平同志在国内外多个重要场合强调诚信的重要性，为诚信在社会生活、外交关系和时代价值上的体现开启了多维视野，提供了基本遵循。党的十九大报告明确提出"推进诚信建设"，为"信用中国"和诚信社会的建设指明了前进方向。

在现代社会，信用既是一个经济和社会问题，又是一个法律和道德问题。它不仅是市场经济运行的基础，也是维护社会秩序的动力。社会信用体系的建设与完善程度在整体上反映了一个国家的信用状态，是个人信用、企业信用、政务诚信和司法公信等多层面信用的综合体现。个人信用是社会信用体系建设的基础,其制度是否完备直接关系社会信用体系能否合理构建。只有在全社会树立起个人守信观念,企业信用、政务信用、司法公信才有坚实的基础。个人信用立法的构建与体系完善需要私法与公法等多个部门法协调完成;而民法作为最具伦理性和利益性的部门法,其与诚信道德规范的融合程度反映了一国的信用建设水平。个人信用的民法调整规范作为个人信用制度中的重要组成部分,其规范内容完善与否关涉个人信用制度构建的科学性与实效性;因此,合理运用民法信用调整机制对推进个人信用立法和完善社会信用体系具有重要的理论价值和实践意义。

现代市场经济具有信用经济与法治经济特质。从国务院出台《社会信用体系建设规划纲要(2014—2020 年)》,到社会信用领域全面深化改革部署,再到统一社会信用代码等制度具体实施,党的十八大以来,社会信用体系顶层设计日趋完善,建设步伐明显加快,有力地推动了中国特色社会主义市场经济向信用经济与法治经济时代有序发展。2019 年 7 月,以国务院办公厅印发《关于加快推进社会信用体系建设构建以信用为基础的新型监管机制的指导意见》为标志,作为我国信用建设新的顶层设计,首次对构建以信用为基础的新型监管机制进行系统全面的规划,并提出了一系列创新性具体化措施,不断提升监管能力和水平,进一步规范市场秩序,优化营商环境,推动经济高质量发展。但我国又正处在社会转型时期,社会信用体系呈现一定程度的碎片化状态,许多领域仍然存在较为严重的失信现象,社会道德底线和人际信任根基不断受到严峻挑战,已成为影响和制约我国现代经济体系建设与社会和谐健康发展的一个关键因素。故而,社会信用立法亟待推进,诸多信用道德约束急需提升为法律规范。

如果仅靠传统道德规范对失信行为给予“软约束”,便无法推动诚信社会的高效建立;而依现行公法规范对失信行为进行“硬约束”,也存在较大的局限性。传统民事法律长期固守和倡导其所谓的权利本位，对民事主体应尽的诚信义务和社会责任重视不够、规范不足，导致民法中的权利和义务天平相对失衡，无法适应现代市场经济社会健康发展的新要求，同时凸显了对民事主体信用行为进行民法规范调整研究的必要性和急迫性。面对我国当前市场经济社会从“熟人社会”向“陌生人社会”、从“身份行为”到“契约行为”的转型困境，市场化、法治化、国际化的营商环境和社会信用体系亟待在民商法领域进行优化和推进。而我国2020年5月颁布的《民法典》作为一部固根本、稳预期、利长远的基础性法律，将弘扬自由平等、公正法治、诚信友善等内容的社会主义核心价值观作为重要立法目的，坚持权利义务相统一，在原《民法通则》基础上进一步强化了诚信作为民法基本原则的独立地位。《民法典》积极回应了民法应当对个人信用如何进行调整的问题，充分发挥《民法典》作为中国特色社会主义基本法的核心优势，确立和保护民事主体信用权益，细化信用权利义务的配置，强化对失信行为的民事责任与惩戒规制，与公法相互配合形成制度合力，使法治与德治相向而行，为完善社会信用体系与构建诚信社会提供了前所未有的私法支撑与制度保障。2020年12月，中共中央印发《法治社会建设实施纲要(2020—2025年)》，规划了我国法治社会建设的总体框架和具体步骤，明确提出加快推进社会信用体系建设，提高全社会诚信意识和信用水平，建立完善信用征信、信用修复、失信惩戒等制度，加强协会、商会信用建设，完善诚信管理和诚信自律制度，全面推进社会诚信建设，建设信仰法治、公平正义、保障权利、守法诚信、充满活力、和谐有序的社会主义法治社会，为全面建设社会主义现代化国家、实现中华民族伟大复兴的中国梦筑牢坚实法治基础。

为此，本书以民法对个人信用的调整为中心，试图进行系统性的深入研究。除导论和结论外，本书共分为五章，主要内容如下。

第一章,调整之基础:个人信用民法调整的基本理论。中国和西方社会都重视信用的社会价值和功能,但各自信用文化的侧重点有所不同。中国传统的信用文化建立在"重农抑商"的自然经济基础之上,与商鞅变法密切相连,与儒家文化息息相关。而西方社会的信用文化建立在商品交换的市场经济基础之上,往往与契约精神联系在一起。从信用的历史发展来看,信用经历了从道德范畴到法律范畴、从人格利益独立到与财产利益混同、从封闭走向开放、从经济领域延伸到社会多领域的变迁过程。道德为信用根本之所在。任何信用制度一旦偏离了道德核心便会滑入伪善的深渊。不同学科对信用的内涵有不同的理解和阐释。就民法方面而言,信用可以被理解为民事主体在经济社会活动中就履约能力和履约意愿在社会上获得的评价与信赖。同理,个人信用就是指自然人在经济社会活动中就履约能力和履约意愿在社会上获得的评价与信赖。现实生活中,人们经常把信用与诚信概念等同混用。但从本质上看,信用应是诚信的制度表现,诚信应是信用制度的存在基础和内容核心。个人信用的民法本质即表现为自然人与其他民事主体、自然人与国家社会之间形成的以信用权益与信用义务为内容的法律关系,其具有权益归属性、信用标识性、失信风险性等法律特征。不对称信息与信息经济理论、博弈理论、制度经济学理论为民法调整个人信用奠定了理论基础。民法乃市场经济和法治社会的基本法,而个人信用是社会主义市场经济良性运行和构建诚信社会的基石。由于公法规制个人失信行为具有一定的限度和不足,故而迫切需要以《民法典》为轴心的民商法律机制为信用秩序构建提供系统全面的私法支撑与制度保障。

第二章,调整方式一:个人信用权益的确认保护与侵权救济。信用权利化是信用问题社会化过程的必然结果。将个人信用权确立为一项民事权利,不仅是深化社会主义市场经济体制改革的必然要求,也为构建诚信社会奠定了权利基础,反映了现代民事权利体系的发展趋势。

个人信用权是自然人对其在经济社会交往活动中的履约意愿和履约能力于社会上获得的肯定性评价和信赖所享有的保有、维护、利用和救济的权利。与个人名誉权不同,其具有非恒定的独占性、有限的支配性、间接的财产性、载体的信息性等重要特征。从本质属性方面分析,个人信用权应当归属于人格权范畴,间接具有无形财产价值。良好的信用评价能为信用主体提供更多的交易机会和发展空间。个人信用权应当包括信用保有权、信用信息知情同意权、信用信息异议权、信用使用收益权、信用受损救济权等具体内容。通过考察和比较西方主要国家个人信用保护模式,我国对个人信用权益的保护应进一步优化原来通过名誉权间接保护的模式。采用《民法典》和单行法相结合的保护模式,将有利于全面保护自然人的信用权益,引领未来民事权利的新发展和民事立法的新常态,应当是符合我国国情的最好选择。对个人信用权益侵权责任的认定,应适用过错责任原则,即符合侵权行为的行为违法、损害后果、因果关系和主观过错四个构成要件。关于其侵权责任的承担,在司法实践中则应以停止侵害等非财产责任为主、精神损害赔偿等财产责任为辅的承担方式进行适用。

第三章,调整方式二:个人信用的义务配置与责任强化。个人信用义务是民事义务之下的一个类概念,包含约定的信用义务和法定的信用义务等。从本质上看,其从诚信原则推演而生,是一种法律义务、利他义务和利己义务。其以民事具体义务为基础,具有产生基础多样性;以作为义务与不作为义务为内容,以直接实现相对人利益和间接累积自身信用利益为目的,具有法律和道德双重拘束力。在理论上,个人信用义务可分为约定的和法定的信用义务、积极的和消极的信用义务、实体的和程序的信用义务等类型。我国《民法典》中,信用义务具体反映在诸如总则编的诚信原则和代理制度,物权编的公示公信原则、善意取得制度、相邻关系以及地役权制度,合同编的缔约过失责任、全面履行义务与附随义务等具体规范规则中。民事义务是民事责任的基础,民事责任是义务履行和权利实现的法律保障。对个人失信行为的民法规制应重点强化民事责任制度,通过继续履行、支付违约金、违约损害赔偿、惩罚性赔偿、法定赔偿金等责任形式对个人失信行为进行民事惩戒,督促其诚实守信,践约履诺,维护相对人合法权益。

第四章,调整路径:民法典中个人信用调整方式的整合。通过对我国现行个人信用立法概况分析,发现我国个人信用民法调整上主要存在四个方面的缺陷:一是个人信用民事立法滞后于社会信用体系和信息时代的发展要求;二是对个人信用权益缺乏民法上的直接保护;三是私有财产权制度不完善直接制约和影响个人征信业务的健康发展;四是个人信用义务配置和失信责任制度不够健全。民法的诚信原则具有一般条款地位和统率功能,在司法实践中可以限制与其相冲突的具体规范的适用。对《民法典》第 7 条关于诚信原则的规定应从正反两个方面阐释,才能全面系统地把握和认识民法对信用进行调整的有效路径。从正面来看,该条规定可以被理解为遵循诚信是民事主体的法定社会义务,具有强制性规范的特质,是民事主体履行信用义务和承担失信责任的一般法律依据。从反面来看,该条规定又可以被解释为民法对遵循诚信义务的民事主体应赋予得到社会积极评价的权利,进而对民事主体信用利益的民法保护提供前提条件。只有从正反两个方面认识理解,才能跳出传统民法仅将诚信原则作为一种民事义务的偏狭窠臼,为民法对个人信用的体系性调整提供一般条款基础。我国未来社会对个人信用制度进行建构的立法路径应当是:对个人信用在调整方式上应采用“信用权利—信用义务—失信责任”的逻辑结构;明确个人信用权的法律地位和规范内容;厘清个人信用权与个人信息权、隐私权之边界;细化与完善民法具体制度中的个人信用义务配置;强化惩罚性赔偿对个人恶意失信行为的惩戒力度。

第五章，调整契合：个人征信与个人信用民法调整相协调。个人征信是个人信用体系的重要组成部分，是解决个人信用交易中信息不对称问题的重要机制。对个人信用的评价离不开个人征信的专业性服务基础。个人征信是在对个人信用信息的采集、分析等行为基础上对个人信用进行总体评价的活动，其与个人信用民法调整存在紧密联系。个人信用民法调整为个人征信业运行提供法律基础和制度前提，完善个人信用报告、个人信用评估等个人征信制度有利于增进民法调整个人信用的实效。征信模式的选择必须处理好征信业的发展和信用信息主体权益保护之间的利益平衡关系，同时应当注意密切结合我国的国情社会环境和传统信用文化。我国个人征信体系建设尚处于全面启动和初步发展阶段，需要政府科学推动和市场机制配合两个方面的共同作用。在个人征信模式选择上应当采用以政府征信为主导、市场征信和社会征信相结合的主辅多元征信模式。《民法典》虽为建立个人信用体系奠定私法基石，然个人信用的多重法律关系又决定了个人信用制度建设不可能仅靠一部法律来完成，而应当公法与私法共同调整、相互配合，方能形成制度合力。故此，应立足于《民法典》加快完善个人征信专门立法，明确个人信用信息采集范围与程序规则，有效形成个人守信联动激励机制和失信联动惩戒机制，以实现守信激励与失信惩戒的民法调整与外部规制的契合共振，为构建和营造良好的社会信用环境提供坚实的个人信用法治基础。

对个人信用的民法调整进行研究，既是一个涉及范围较广的理论实践课题，又是《民法典》时代相关部门法亟待整合和不断完善的制度性课题。本书期望能够对个人信用的民法调整研究专题做出些许新的有益探索，为个人信用和社会信用的立法完善添砖加瓦。但由于作者理论功底和实践经验浅薄，在把本书献诸我国民法学界的同时，作者衷心期望能够得到理论大家、实践行家和热心读者的批评指正。

目 录

导 论

一、问题的提出

市场经济既是一种信用经济，也是一种法治经济。市场经济的发展以信用交易为基础，而信用的维系离不开法治保障。信用是市场经济的基础，良好的社会信用是建立规范、健康的社会主义市场经济秩序的保证。社会的现代转型引发的传统道德体系解构和社会诚信缺失现象日益恶化使信用问题已然成为当前社会共同关注的课题。在社会信用体系中，个人信用处于基础性地位，决定着整个社会信用体系的弹性和延展，是经济与社会能否良性运行的必要条件。信用无论作为道德规范、经济契约还是社会评价，都需要通过个人行为和个人信用制度来实现。目前，我国个人信用缺失、失信法律规制不足等已阻碍我国经济社会的健康发展，导致社会大量资源的浪费和巨大经济成本的付出。构建与完善社会信用体系需要德治、法治、自治相互配合，共同作用，形成治理合力。尤其在“陌生人社会”信息不对称的社会条件下，个人信用仅靠传统道德约束难以维系和调整，必须构建完备的信用法律法规和个人信用监督管理体系,才能为整个社会的稳定健康发展提供制度保障。法律对信用秩序的规制需要多个部门法协力完成,传统以公法规制为重点的个人信用治理模式具有相对局限性,需要充分发挥私法尤其是民法对个人信用的调整作用,使私法与公法形成调整个人信用的制度合力。

诚信是中华法文化最重要的价值取向,也是法的灵魂。2016 年 12 月,中共中央办公厅、国务院办公厅印发的《关于进一步把社会主义核心价值观融入法治建设的指导意见》明确指出,大力培育和践行社会主义核心价值观,运用法律法规和公共政策向社会传导正确价值取向,把社会主义核心价值观融入法治建设。法律法规体现鲜明价值导向,社会主义法律法规直接影响人们对社会主义核心价值观的认知认同和自觉践行。将诚信价值观贯穿民事立法始终,可以使立法目的、基本原则和制度设计都与诚信价值观保持高度一致,将诚信渗透于各项具体规则之中,真正把诚信价值观的内涵转化为法律行为规范。[①] 民法作为最具伦理性的法律规范,其与社会伦理道德规范的融合程度反映了一国法治建设水平和治理体系治理能力现代化的程度。民法是信用伦理规范化的主要形式,以诚实信用原则作为其重要支柱。在《民法典》编纂和实施过程中,如何完善信用的民法调整机制成为重要的立法和司法问题。我国《民法典》对民事主体信用行为调整的进一步强化,不仅汲取了中华民族“诚信为本”的优秀法律文化和行为理念,充分弘扬了社会主义核心价值观,而且为未来社会信用的立法以及与征信体系的协调与互动奠定了立法依据和法治基础。

① 参见王伟:《论社会信用法的立法模式选择》,载《中国法学》2021 年第 1 期。

二、研究价值

（一）理论价值

马克斯·韦伯认为，信用是一种资本和美德，它能给人们带来实际的好处。[①] 随着人类社会的变迁，信用概念在不同的历史时期和不同领域有着不同的内涵。孔子云："人无信不立。""人而无信，不知其可也。""信"是儒家倡导的五大基本价值之一，也是中国五千年来的传统美德。首先，信用属于社会伦理道德范畴，是在社会交往中人与人之间自觉遵守诚实和善意，恪守自己承诺的一种行为规范和道德准则。其次，信用是一个经济学术语，是以偿还和付息为条件的价值运动的一种特殊形式。它将诚实守信的道德要求贯彻到货币信贷、商事交易等经济活动中，允诺将来支付对价从而形成经济生活的信用伦理。最后，信用是一个法律概念，是对某一民事主体经济社会活动中是否信守承诺的社会评价。在民事主体类型中，个人既可以自然人名义拥有独立的民事主体资格，又可以通过某种协约或法定程序组成法人或非法人组织。因此，个人是任何组织构成的基本单元。在诸多信用形态中，个人信用无疑是整个社会信用的基础，是个人参加经济社会活动的"第二张身份证"。

弗朗西斯·福山认为，一个国家参与竞争的能力取决于其社会本身的信任程度。[②] 良好的社会秩序需要某种道德为支撑。诚信是社会经济生活中最重要的道德基础。然而，法学的使命并不仅仅在于将法

---

① 参见[德]马克斯·韦伯：《新教伦理与资本主义精神》，马奇炎、陈婧译，北京大学出版社 2012 年版，第 47 页。

② 参见[美]弗朗西斯·福山：《信任：社会美德与创造经济繁荣》，彭志华译，海南出版社 2001 年版，第 8 页。

律委任于一个道德伦理范畴,法律作为"社会关系调整器",以行之有效的法律手段维持社会秩序的良性运行。信用失序的根本原因是制度的缺失,主要表现为社会信用制度不完善与民法对信用调整的不足。恩格斯认为,"民法准则只是以法律的形式表现了社会的经济生活条件"①。民法通过制度设计来引导、规范与维护经济社会秩序,只有从民法角度透彻理解信用,构建科学有效的个人信用法律制度,才能促使个人信用法律关系与道德规范相契合。民法作为权利法和伦理法,从权利的角度研究民事主体信用权利的确立与保护有其固有正当性与合理性,但从信用词源和民法诚信原则角度对信用深入分析,信用应包含义务的成分,即信用集权利与义务于一体。权利与义务是相统一的。因此,民法在强调保护个人信用权益的同时,不可偏废个人守信的民事义务。为了促进交易安全与社会普遍信任,应当将个人守信义务与信用权益并重规范,即个人守信义务的履行及失信的惩戒同样应该引起立法者和司法者的重视,这就要求民法对个人信用的调整不仅要注重权益的确认和保护,而且还应强调义务规范与责任规制。然而,我国《民法典》通过人格权编名誉权对信用权益进行间接保护,未形成民事主体信用权益的独立保护机制,显示出民事立法层面对民事主体信用权益保护的短板。同时现行民事法律规范对失信行为的预防及惩戒机制不健全,导致民事主体的失信成本较低,出现了"劣币驱逐良币"的恶性循环。因而,对《民法典》相关信用规范和调整机制进行深入解读,从理论上论证社会信用立法的必要性和紧迫性,对全面构建社会信用体系、持续优化营商环境和深入推进国家治理体系与治理能力现代化具有重要的理论价值。

① 《马克思恩格斯选集》(第4卷),人民出版社1995年版,第248~249页。

（二）现实意义

信用乃市场经济的基石。法律是市场经济运行的制度保障，为市场经济的健康发展保驾护航。信用是现代市场交易的核心要素。如果没有信用作为信赖基础，无论是以物易物的实物交易还是数据传导的网络金融都无法在高风险的压力下低成本有序运行。在信用类型中，个人信用在经济活动中起到了基础性的作用，个人信用的优良与否直接关系到人与人之间的信任程度、市场交易和社会交往成本高低。然而，当前经济社会领域出现的合同欺诈、假冒伪劣、虚假宣传、恶意违约等失信现象已成为破坏我国经济社会秩序的痼疾。虽然市场主体因失信行为付出了相应甚至惨重的代价，但市场组织的失信根源于内部管理人或组织者的个人失信行为。现有的信用管理体制导致企业因失信被惩戒后，相关的失信自然人并未受到应有的惩罚。因此，在信用立法方面加强对个人信用的调整和规范，尤其在民法上将信用权益保护和失信行为惩戒相并重，是减少交易风险、促进社会交往及诚信社会构建的关键所在。

法律以社会为存在基础，在总体上应当以社会的发展目标作为其价值追求，正如马克思指出："社会不是以法律为基础，那是法学家们的幻想。相反，法律应该以社会为基础。"《民法典》积极回应了对民事主体信用如何进行调整的问题，使法治与德治相向而行，为完善社会信用体系与构建诚信社会提供了私法支撑与制度保障，也凸显了信用秩序构建对现代民法的重要价值。个人信用是建立社会信用体系和完善社会主义市场经济的基础性环节。在《民法典》全面正确实施的契机背景下，研究个人信用更具有现实性和必要性。目前，个人信用的本质是什么？信用权益是否能够作为一项独立的民事权益？是否有必要从名誉权中脱离给予直接保护？民法对个人信用的调整机制如何与其他部门法中的信用制度相协调？这些理论和实践问题都是本书研究的重点，以期为社会信用法律制度的构建和个人征信体系的完善提供参考建议。

三、国内外研究动态与评析

（一）国内研究动态及评析

中国传统文化倡导诚信、重视个人信用。所谓“人无信而不立”，乃指“信”为一个人在社会上的立身之本。然而，中国传统信用观构筑于儒家伦理基础之上，并不完全具有现代信用的内涵。因此，相对于西方社会而言，我国信用问题的研究起步较晚。随着我国信用危机问题的凸显，我国学界开始热衷于研究信用问题，经济学、法学等各学科领域的学者分别从不同视角对信用问题进行深入研究，成果丰硕。综合分析，我国现有的研究成果主要集中于以下几个方面。

1. 关于信用内涵和信用体系研究

从时间上看，我国学界对信用的关注和研究基本上与我国社会主义市场经济体制的建立与完善过程相同步。从学科门类上来看，对信用的探讨主要集中在经济学、法学、社会学及伦理学等领域，学者的研究内容主要集中于信用的基本理论，信用对市场交易、经济发展、社会建设的功能作用。

经济学领域的研究代表有：曾康霖、邱伟系统地阐述了信用学说，认为信用是以协议或契约为保障的不同时间间隔下的经济交易行为，信用反映的是权利和义务关系，是动态的经济过程。[①] 龙游宇从博弈论角度认为，信用是一种博弈的均衡状态，随着经济的演化从一种均衡状

① 参见曾康霖、邱伟：《中国转型期信用制度研究》，中国金融出版社 2007 年版，第 1 页。

态向另一种均衡状态演进。[①]

在社会学研究领域，喻敬明等认为，信用是二元主体或多元主体之间，以某种经济生活需要为目的，建立在诚实守信基础上的心理承诺与约期实践相结合的意志和能力。[②] 张亦春等认为，信用可被定义为建立在信任基础上的基于各种财产的当期或跨期交易并维护交易双方利益的制度规则。[③] 杨文礼针对我国信用缺失问题，从历史角度考察了信用思想、分析了信用关系，提出从信用价值策略构建我国的信用。[④]

信用研究从经济学范畴和社会学范畴延伸到法学范畴，但法学的信用研究则相对逊于经济学和伦理学。党的十六届三中全会明确指出，形成以道德为支撑、产权为基础、法律为保障的社会信用制度是规范市场经济秩序的治本之策。至此，法学领域逐步深入对信用问题的研究。

经济法领域主要侧重于信用的法律规制研究。有的学者侧重于对信用管理进行法律规制，以信用筹资、信用担保、信用工具、信用市场、商业信用、信用管理为主线，提出关于信用规制的参考建议。[⑤] 有的学者侧重于对不同主体的信用予以法律规制，对企业、银行、消费者信用法律制度的基本结构、变化等问题展开研究。[⑥]

在民法领域，学者对信用的诠释主要有以下几种：(1)史尚宽先生认为，信用是民事主体在社会上应受经济的评价，即民事主体经济方面

---

① 参见龙游宇：《信用的博弈演化研究》，西南财经大学2007年博士学位论文，第2页。

② 参见喻敬明、林钧跃、孙杰：《国家信用管理体系》，社会科学文献出版社2000年版，第11页。

③ 参见张亦春等：《中国社会信用问题研究》，中国金融出版社2004年版，第7页。

④ 参见杨文礼：《信用哲学引论》，中共中央党校2013年博士学位论文，第113页。

⑤ 参见李晓安、阮俊杰：《信用规制论》，北京大学出版社2004年版，第221页。

⑥ 参见李凌燕：《信用经济法律精论》，北京大学出版社2007年版，第1页。

的综合能力。[①] (2)江平教授、程合红博士认为,信用是指对民事主体履行义务的能力,尤其是偿债能力的一种社会评价,信用具有四个特性:资格、财产、权利和信息。[②] (3)王利明教授认为,信用是在社会上预期经济能力相应的经济评价。[③] (4)张俊浩教授认为,信用应指一般人对于当事人自我经济评价的信赖性,亦称信誉。[④] (5)杨立新教授认为,信用是指民事主体所具有的经济能力在社会上获得的相应的信赖与评价。[⑤] (6)吴汉东教授认为,信用是指民事主体所具有的偿付能力而在社会上获得相应的信赖和评价。[⑥] 由是观之,关于被评价经济能力如何理解,大体可分为两种意见:一种意见认为,这种经济能力比较宽泛,是指民事主体经济方面的综合能力,具体包括其经济状况、产品质量、偿付能力、履约态度等。[⑦] 另一种意见认为,这种经济能力专指以偿付债务为主要内容的特殊经济能力。它与民事主体的生产经营能力、服务态度等其他经济能力无关。[⑧] 但两种意见共通之处在于,均认为信用是与经济能力有关的一种社会评价。

关于信用体系的研究,在此主要阐述经济和法律交叉学科的研究。吴晶妹教授提出了"吴氏三维信用理论":一维是诚信度,二维是合规度,三维是践约度。其认为,一个人或一个企业的信用由前述三个方面综合构成,进而推导出社会信用体系由相应的三维体系构成,即诚信体

---

① 参见史尚宽:《债法总论》,中国政法大学出版社 2000 年版,第 153 页。

② 参见江平、程合红:《论信用——从古罗马法到现代社会》,载江平:《江平文集》,中国法制出版 2000 年版,第 512 ~ 528 页。

③ 参见王利明:《人格权法研究》,中国人民大学出版社 2005 年版,第 586 页。

④ 参见张俊浩:《民法学原理》,中国政法大学出版社 1991 年版,第 158 页。

⑤ 参见杨立新主编:《中国人格权法立法报告》,知识产权出版社 2005 年版,第 145 页。

⑥ 参见吴汉东:《论信用权》,载《法学》2001 年第 1 期。

⑦ 参见杨立新主编:《中国人格权法立法报告》,知识产权出版社 2005 年版,第 145 页。

⑧ 参见吴汉东:《论信用权》,载《法学》2001 年第 1 期。

系、社会活动体系和经济活动体系。① 曾康霖教授提出,我国建立信用体系,弥补信用缺失的主要措施为建立信用制衡机制、惩罚机制和激励机制,也就是要建立征信和信用评估机构,强化法制建设和约束,加大失信者成本等。② 建设社会信用体系,应借鉴他国经验,孙志伟博士基于此对国际信用体系进行了比较研究,比较考察了美国、欧洲国家、亚洲国家的信用体系等,认为我国信用体系的建设还停留在探讨阶段,国家层次的信用体系规划还没有形成,借鉴不同信用体系运行的经验与教训乃为我国目前信用社会建设的重要任务。③ 孙磊博士梳理了中西方信用体系的演化,提出了信用体系经济学理论分析的框架,探讨了健全信用体系与和谐社会之间的内在联系,论证了我国信用体系演化的总体目标和分层次的模式,实现构建和谐社会与信用体系演化的互动。④

2. 关于个人信用的基础理论研究

目前,国内关于个人信用立法的相关研究成果主要集中在经济学与法学领域。在经济学领域,学者主要运用制度经济学、信息经济学等理论来研究我国个人信用制度。其中,有的学者从宏观层面,把个人信用制度融于整个社会信用体系研究。⑤ 有的学者从微观层面研究个人信用制度,基于个人征信实务的角度,对个人信用报告、个人信用评估等方面进行研究,提出了我国个人信用制度应采取的法律对策,如重视个人隐私权的保护、制定金融信息数据保护法等。⑥

在法学领域,从民法角度研究个人信用的成果屈指可数,但经济法

---

① 参见吴晶妹:《三维信用论》,当代中国出版社 2013 年版,第 116 页。
② 参见曾康霖、邱伟:《中国转型期信用制度研究》,中国金融出版社 2007 年版,第 1 页。
③ 参见孙志伟:《国际信用体系比较》,中国金融出版社 2014 年版,第 11 页。
④ 参见孙磊:《信用体系演化的经济学分析》,中国金融出版社 2010 年版,第 245 页。
⑤ 参见龙西安:《个人信用、征信与法》,中国金融出版社 2004 年版,第 202 页。
⑥ 参见钟楚男主编:《个人信用征信制度》,中国金融出版社 2002 年版,第 110 ~ 111 页。

领域关于个人征信制度却有着较为宽泛的研究,主要从不同角度探讨了个人信用的法律规制。有的学者基于金融法的角度,探讨了个人金融信用征信的基本内涵以及法律规制的必要性,论证了个人金融征信理论基础、主体、客体要素,分析了具体法律规则的配置,提出了个人金融信用征信应以和谐、公平与效率之间的耦合为理念,突出对社会利益的维护。① 有的学者对西方发达国家消费者信用问题进行了深入、全面的研究,认为我国民法规范应加强惩罚失信,确保当事人的信用权益,对债务人的违约制定更加严厉的赔偿和惩罚机制,强制债务人履行其偿债义务。② 有的学者则从商法的角度,探讨了在个人征信框架下信用数据的法律规制,且对个人征信框架下的民事侵权责任进行了研究,认为对隐私权和信用权的侵犯是个人征信活动中两种主要的侵权形态。③有的学者基于个人权利保护的角度,着重研究国外征信机构、监管、立法的特点以及背景原因,提出我国应建立类似欧洲大陆国家的个人征信模式。④

3. 关于个人信用权益研究

从民法的角度,信用权按照民事主体可分为自然人信用权、法人信用权与非法人组织信用权。因我国相关社会信用体系政策文件中大多使用"个人信用"表述,故"自然人信用"又被称为"个人信用"。因民法具有权利法本质,故民法学者热衷于从权利角度研究信用或个人信用问题。目前,学者对信用权的探讨和争论集中于信用权的法律地位及法律属性方面。信用权肇始于《德国民法典》,我国 2002 年《民法(草

① 参见姚佳:《个人金融信用征信的法律规制》,社会科学文献出版社 2012 年版,第 68 页。

② 参见李凌燕:《消费者信用法律研究》,法律出版社 2000 年版,第 5 页。

③ 参见艾茜:《个人征信法律制度研究》,法律出版社 2008 年版,第 217 页。

④ 参见李朝晖:《个人征信法律问题研究》,社会科学文献出版社 2008 年版,第 192 页。

案)》将信用权写进其中,学界对此争议较大,有两种不同的意见:(1)支持论,以王家福、江平、王利明、杨立新等学者为代表,认为信用是关于民事主体的经济能力评价的权利,并不能被名誉权所涵盖,加之我国《反不正当竞争法》第11条只规定了商誉权,主体范围较窄,并未将一般的自然人(非商主体)包括在内,主张民法典有必要对信用权加以规定。[①] (2)反对论,以崔建远等学者为代表,认为信用权是一个较为广泛且难以具体化的权利,实践中可以通过商誉权、名誉权等其他人格权对之加以保护,无独立存在之必要性,并以《德国民法典》中信用权在司法实践中并未充分发挥实效加以例证。

另外,王泽鉴教授在其发表的"人格权保护的课题与展望(三)——人格权的具体化及保护范围(5)——信用权"一文专门对信用权进行深入阐述。苏号朋、蒋笃恒等学者从逻辑及价值判断的角度对信用权内涵加以探讨,认为信用权是指个人享有的以社会对之行为意思或能力信赖与评价所生之利益为内容的权利,并证成信用权是需从名誉权母体上延伸出来的一个独立的人格权。[②] 杨立新教授从信用权的内涵出发阐述了信用权的独立性,论证了采用直接保护模式方能全面保护民事主体的信用利益,并探讨了对信用权侵害的民法救济。[③] 任何制度都有其发展的历史过程,只有对其进行历史梳理,才能把握其本质。江平、程合红两位学者系统分析了信用从罗马法到现代社会的发展轨迹,考察了信用在不同社会时期和社会领域的不同表现,阐述了现代社会

---

① 参见杨立新主编:《中国人格权法立法报告》,知识产权出版社2005年版,第149页;王家福:《21世纪与中国民法的发展》,载《法学家》2003年第4期。

② 参见苏号朋、蒋笃恒、张民安:《论信用权》,载《法律科学(西北政法学院学报)》1995年第2期。

③ 参见杨立新、尹艳:《论信用权及其损害的民法救济》,载《法律科学(西北政法学院学报)》1995年第4期。

信用具有的三个基本特性:人格性、财产性和信息性。[①]

李新天、朱琼娟两位学者对个人信用权的基本内涵进行了解读,借鉴国外有关信用体制建设与维护的先进经验,从法律层面与具体制度技术层面来构建我国个人信用法律体制。[②] 无救济即无权利,信用权应当与其他民事权利一同受到侵权法的保护。有的学者对信用权的法律保护进行了深入研究,如胡大武博士基于征信实践探讨,认为信用权是人格权发展的结果,并被人类社会不断地充实和发展,深刻阐述了信用权民事保护的必要性和可行性。[③] 互联网已成为现代社会经济发展的重要推动力,基于网络欺诈实证分析,赵博博士探讨了如何建立和完善网络环境下信用权保护制度。[④]

关于信用权的法律属性,学界主要有三种观点:(1)人格权说。该观点以王利明教授等为代表,主要认为信用权应归属于人格权,这对信用权益的保护更为充分。[⑤] 然而该学说中关于如何立法,学者也有不同的认识,如杨立新教授主张民法典中应当确立信用权为独立人格权类型;[⑥]而张新宝、姚辉两位教授主张将信用权纳入名誉权的相关规范并加以调整和保护。[⑦] (2)无形财产权说。该说以吴汉东教授为主要代表,认为信用权是区别于其他民事权利的一种无形财产权,重

① 参见江平、程合红:《论信用——从古罗马到现代社会》,载江平:《江平文集》,中国法制出版社2000年版,第512~528页。

② 参见李新天、朱琼娟:《论“个人信用权”——兼谈我国个人信用法制的构建》,载《中国法学》2003年第5期。

③ 参见胡大武:《侵害信用权民事责任研究——以征信实践为中心》,法律出版社2008年版,第53页。

④ 参见赵博:《网络环境下信用权民法保护研究》,黑龙江大学2014年博士学位论文,第136页。

⑤ 参见王利明:《人格权法研究》,中国人民大学出版社2005年版,第589页。

⑥ 杨立新主编:《中国人格权法立法报告》,知识产权出版社2005年版,第392页。

⑦ 参见张新宝:《我国人格权立法:体系、边界和保护》,载《法商研究》2012年第1期;姚辉:《信用法律制度的若干前提性判断》,载《政法论丛》2008年第2期。

点保护民事主体的资信利益，不同于知识产权对智力成果的保护。[①] (3)折中说，也即混合权利说。以谢怀栻先生为代表，认为信用权是一种具有人格权和财产权双重属性，介乎于财产权与非财产权之间的“混合性权利”。[②]

4. 关于个人失信惩戒机制研究

失信惩戒机制是个人信用制度的核心内容。民法的惩罚性赔偿乃是失信惩戒机制的重要组成部分，通过加大违法成本对恶意加害人进行惩戒，而这种失信惩戒的目的关乎整个社会利益，即从长远角度来看能够促进社会的整体利益。美国新近社会损害理论提出者沙科教授认为，“惩罚性赔偿道德本质是社会损害的救济或补偿”[③]。关于国外失信惩戒机制研究，学者周素萍通过对美国失信惩戒机制研究，认为信用法律制度健全是征信国家的主要标志之一，具有健全的征信系统、完善的信用法律制度与失信惩戒机制，以及有效的信用监督管理机制是美国成为征信国家的主要原因。[④] 任森春、姚然两位学者比较考察了德国、美国、英国失信惩戒机制的运行机理，总结出国外发达国家失信惩戒机制具有手段多样性、主体多层次性、对象公平性等特点。[⑤] 刘晓霞认为，失信惩戒机制的建立离不开全社会的共同努力，政府监管是主导，市场惩戒是基础，社会惩戒是补充，司法制裁是最后防线。[⑥] 陈俊丽认为，市场约束与政府监管相结合，法律惩治与道德谴责相并重是构建失信惩

① 参见吴汉东：《论信用权》，载《法学》2001 年第 1 期。

② 参见谢怀栻：《论民事权利体系》，载《法学研究》1996 年第 2 期。

③ Catherine M. Sharkey, *Punitive Damages*, Yale Law Journal, 2003, p. 359.

④ 参见周素萍：《征信国家失信惩戒机制的建立及启示》，载《经济纵横》2007 年第 7 期。

⑤ 任森春、姚然：《欧美国家失信惩戒制度及启示》，载《安徽商贸职业技术学院学报(社会科学版)》2007 年第 3 期。

⑥ 参见刘晓霞：《我国失信惩戒机制的构建思考》，载《兰州铁道学院学报》2003 年第 5 期。

戒机制的两大方面,相互之间具有较强的互补性与替代性。[①] 叶世清博士认为,信用信息控制权应归属于被征信人。征信立法协调公众知情权与隐私权保护之间的平衡。失信惩罚机制应通过制度规范使公众对失信惩罚具有明确的预期,从而消除对征信的挑战和质疑。[②] 对失信惩戒机制功能的研究,有学者认为个人失信惩戒机制同时包含了守信激励机制,是个人信用体系健康发展的基础前提。[③] 失信惩戒机制是社会信用体系的重要组成部分,其具有三大功能:惩罚、震慑和激励。[④]

综上所述,我国学者分别从多个学科领域、不同视角对信用、信用权、个人信用权益以及失信惩戒机制等相关问题进行了广泛深入的研究。但总体来看,经济学领域的研究侧重信用经济与信用管理等方面的研究,在法学领域中偏重个人信用的公法规制与征信治理研究,而基于民法角度对个人信用的研究多侧重于信用权的属性及法律保护方面,而对个人信用义务以及个人失信的民事责任研究还相对不足。鉴于个人信用是整个社会信用体系构建的基础,系统深入研究我国民事法律如何设计个人信用的调整框架、保护模式及实施路径显得非常重要。本书以"权利—义务—责任"为主线,系统论证个人信用的民法调整机制,以期为个人信用的相关立法以及如何实现与个人征信体系相契合提供理论支撑。

(二)国外研究动态及评析

1.关于信用思想文化与内涵本质研究

西方的信用思想产生于西方古代的商品经济和近现代的市场经济

---

① 参见陈俊丽:《建立和完善我区失信惩戒机制研究》,载《理论研究》2005 年第 6 期。

② 参见叶世清:《征信:一个法律的悖论》,载《经济体制改革》2007 年第 1 期。

③ 参见邹年:《美国的信用体系》,载《时事报告》2004 年第 9 期。

④ 参见周素萍:《我国失信惩戒机制的构建思路》,载《商业时代》2007 年第 26 期。

发展过程，也可以说，西方信用文化是西方经济社会发展的必然产物。在西方，从古希腊的柏拉图、亚里士多德到近代的亚当·斯密、康德、黑格尔、马克斯·韦伯以及现代的熊彼特、哈耶克等都关注与研究经济活动中的信用问题。这些先哲们的信用思想对西方经济社会信用关系的发展起到了理论奠基作用。其中，亚里士多德认为，交易双方为了实现自己的交易目标和达到互惠效果，必须在经济交往中遵守信用原则和公正原则，从而使交易以量化的形式达到平衡，促进社会交换的公平正义。[①] 亚当·斯密在《国富论》中深入探讨了信用、公正等经济伦理问题。他认为判断任何人的行为是否正当和遵守信用，是否符合经济交往的原则，不仅要从行为动机上，还要从行为后果上进行判断，这种判断必须与判断者的经验相联系，即判断者本人也应当是行为正当及遵守信用的。[②] 亚当·斯密的《道德情操论》充分反映了他的伦理思想，其一方面认为，市场主体作为"经济人"，天然具有利己本性，追求自己利益最大化是必然选择；另一方面认为，人是"道德人"，具有同情心、守信、利他的特点。"与其说效用、仁慈是社会存在的基础，还不如说信用、诚信、正义是这种基础……而信用、诚信、正义则犹如支撑整个大厦的主要支柱，如果这根支柱松动的话，那么人类社会这个大厦就会顷刻土崩瓦解。"[③]马克斯·韦伯在论述新教伦理与资本主义精神关系中高度强调信用原则和伦理精神对经济社会发展的重要价值。他发现新教伦理所倡导的诚实信用观可以教导清教徒在经济社会实践中有效调和个人利益与社会利益之间的冲突问题。他进一步指出，信用不是商业

---

① 参见［古希腊］亚里士多德：《尼各马可伦理学》，廖申白译，商务印书馆 2003 年版，第 131～134 页。

② 参见［英］亚当·斯密：《国民财富的性质和原因的研究》（上卷），杨玉成译，商务印书馆 1983 年版。转引自吴维海、张晓丽：《大国信用：全球视野的中国信用体系》，中国计划出版社 2017 年版，第 29 页。

③ ［英］亚当·斯密：《道德情操论》，蒋自强等译，商务印书馆 1991 年版，第 106 页。

上的精明，而是一种精神气质，诚实最大的价值在于它可以保证信用，信用就是金钱。①

在西方，“信用”是一个古老的经济范畴。它是随着私有制和商品经济的出现而产生和发展起来的，自其产生伊始便具有丰富的含义。马克思对19世纪英国信用制度史作了系统研究，他高度认同英国政治经济学家托马斯·图克的观点：“信用，在它最简单的表现上，是一种适当或者不适当的信任，它使一个人把一定的资本额，以货币形式或以估计为一定货币价值的商品形式，委托给另一个人，这个资本额到期一定要偿还。”②马克思认为，“信用是直接从货币的支付手段职能中产生和发展起来的。……信用是价值运动的特殊形式”。③ 在《牛津法律大辞典》中，信用指“在作为回报而得到或提供货物或服务时，并非立即进行偿付，而是允诺在将来进行偿付的做法。”④不难看出，信用是建立在信任基础上的交易形式。《布莱克法律辞典》将“信用”解释为：一是贷款或取得货物的能力；二是债权人赋予债务人延期支付或承担债务且缓期偿还的权利。⑤ 可见，在英美法系，信用不仅是市场主体赊购、信贷等特殊经济能力的表现，而且是一种经济上的评价与信赖。格兰诺维特教授认为，任何交易都是镶嵌在社会网络中的，人际信任有助于抑制机会主义行为。约翰·罗尔斯在《正义论》中对平等、正义原则的探讨为

---

① ［德］马克斯·韦伯：《新教伦理与资本主义精神》，黄晓京、彭强译，四川人民出版社1986年版，第163页。

② 《资本论》（第3卷），中共中央马克思恩格斯列宁斯大林著作编译局译，人民出版社1975年版，第452页。

③ 从马克思主义经济学的角度来看，信用是以社会信任为基础，与商品生产和货币经济相联系的经济范畴，是商品货币经济矛盾发展的产物，是商品价值和交换价值的运动形式。转引自韩冰：《信用制度演进的经济学分析》，吉林大学2005年博士学位论文，第22页。

④ ［英］戴维·M. 沃克：《牛津法律大辞典》，李双元等译，法律出版社2003年版，第282页。

⑤ See Henry Campbell Black & M. A. , *Black's Law Dictionary* (Fifth Edition) , West Publishing Co. ,1979 , p. 331.

现代信用社会的构建奠定了理论基础。[①] 在弗朗西斯·福山教授看来,信用作为一种道德和社会资本,不仅影响社会稳定和经济繁荣,还关涉政府的施政能力。一旦破坏了相互信任,那么,所有合作势必崩溃,势必倾向于中断。[②]

2. 关于信用经济和信用体系的研究

没有信用就没有交易,信用是市场经济的灵魂。信用交易和信用制度随着商品经济和市场经济的发展而不断发展。如果说金融是现代经济的核心,那么信用就是“核心中的核心”。无论是以物易物的实物交易还是数据传导的现代金融,一旦离开了信用,都无法安全持续运行,而且过高的交易成本必然会拖垮整个经济系统。一百多年前,德国学者布鲁诺·希尔德布兰德首次提出“信用经济”概念,以交易方式为标准将经济发展划分为三个时期:物物交换的自然经济时期、以货币为媒介的货币经济时期、以信用为媒介的信用经济时期。[③] 其后,瑞典大经济学家魏克塞尔在这一概念基础上进一步提出“有组织的信用经济”“纯信用经济”等概念。20 世纪 80 年代,英国经济学家约翰·理查德·希克斯又在魏克塞尔“纯信用经济”的基础上指出货币金融体制、法律体制和信用体制在市场经济发展中的作用。[④] 关于信用体系,伊藤·诚和考斯达斯·拉帕维查斯在《货币金融政治经济学》一书中认为,信用的形式进一步发展成为互相之间以及积累之间的有机联

---

① 参见[美]约翰·罗尔斯:《正义论》,何怀宏、何包钢、廖申白译,中国社会科学出版社 1988 年版,第 60 ~ 61 页。

② 参见[美]弗朗西斯·福山:《信任:社会美德与创造经济繁荣》,彭志华译,海南出版社 2001 年版,第 9 页。

③ 参见吴维海、张晓丽:《大国信用:全球视野的中国信用体系》,中国计划出版社 2017 年版,第 34 页。

④ 参见吴维海、张晓丽:《大国信用:全球视野的中国信用体系》,中国计划出版社 2017 年版,第 34 页。

系,最终形成一个信用体系。另外,西方学者关于制度经济学对信用降低交易成本的分析、信息经济学对信息不对称和逆向选择问题的研究等构成了现代信用体系研究的理论基础。由于篇幅所限,部分理论观点将在后文中详细述及。

3. 关于个人信用立法的研究

在诸多信用形态中,个人信用无疑是基础,是原体。美国是世界上个人信用较为发达的国家之一,其现代结构意义上的个人信用市场可追溯到 20 世纪初。近几十年来,美国在经济、社会和技术上的快速发展对其个人信用市场的完善产生了积极推动力。个人信用制度从管理模式、具体操作、制度保障等方面都趋于完善。这得益于其拥有完备的个人信用制度体系,具体包括:个人信用登记制度、个人信用评估制度、个人信用风险预警与转嫁等制度。① 在信用评估的行使上,美国采用的是信用评级方法,大多数金融机构采用"5C"与"4C"的标准。除此之外,美国还制定有完善的个人资信档案登记制度、失信惩戒制度等。由于发达国家市场经济发展程度较高,发达的经济需要法律的支持和保障,因而,其信用法律法规体系也相对比较完善。总体而言,英美法国家关于信用的立法较多,大多是单行法形式。以美国为例,其作为世界上最早专门制定个人信用法律制度的国家,自 1968 年颁布《个人信用保护法》以来,先后颁布了诸如《诚实信贷法》(Truth in Lending Act)、《信用平等机会法》(Equal Credit Opportunity Act)、《公平信用报告法》(Fair Credit Reporting Act)等 16 部相关法律,其中,《公平信用报告法》自 1970 年制定以来,先后经历了 1996 年的革新和 2004 年的重大修改,

① 参见吴维海、张晓丽:《大国信用:全球视野的中国信用体系》,中国计划出版社 2017 年版,第 76 页。

始终是美国个人信用领域的标志性法律。[1] 英美法国家关于个人信用的法律法规虽然发达,但在立法中并未将信用权确立为一项独立的权利。司法实践中,美国通过扩张隐私权来保护信用利益。值得关注的是,在英美报刊以及法学论文中有大量关于"credit rights"研究的文章,这表明在其社会生活中信用权已经成为一种新型权利正日益被人们认同。

相比较而言,大陆法系国家关于个人信用的专门立法相对较少。信用在罗马法中对应的概念是拉丁语 *fides* 及 *bona fides*。*fides* 含有信任、诚实的意义,*bona fides* 被译为"诚实信用"。[2] 两者意指一个人具有受托人品格中所包含或要求的关于信任、信赖和谨慎善意、坦诚的品格。罗马法中的信用随着主体资格的变化而其包含的内容也随之改变,如"名誉减损"中,凡作伪证的,应施以"无信用"之惩罚。[3] 但信用在罗马法上还未上升到具体权利形态,仅以消极的利益形态依附于自然人本身。按学界之通说,《法国民法典》早在合同领域规定了信用原则,《德国民法典》最早对信用权进行立法保护,其第 824 条明确规定了"信用侵害",并将信用、名誉和所有权并列保护。[4] 之后,《奥地利民法典》第 1330 条Ⅱ、《希腊民法典》第 920 条和《葡萄牙民法典》第 484 条也规定了信用的保护。另外,部分国家就个人信用问题制定了相关单行法律,如 1969 年德国的《消费信贷法》、1961 年日本的《分期付款销售法》等。

在失信惩戒机制理论方面,有学者从信息经济学角度研究失信惩

---

① 参见孙志伟:《美国消费信用探幽》,中国经济出版社 2014 年版,第 16 页。

② 参见徐国栋:《客观诚信与主观诚信的对立统一问题》,载《中国社会科学》2001 年第 6 期。

③ 参见[英]巴里·尼古拉斯:《罗马法概论》,黄风译,法律出版社 2001 年版,第 226 页。

④ 参见《德国民法典》,陈卫佐译注,法律出版社 2006 年版,第 307 页。

戒机制理论问题。如美国经济学家劳伦斯·克莱因(Lawrence Robert Klein)通过一个模型检验了信息交换规模越大,借款人违约成本越高;意大利学者图利奥·贾佩利(Tullio Jappelli)和马罗·帕加诺(Maro Pagano)认为,信息共享可以减弱信息不对称导致的逆向选择和道德风险,因此,其强调在完善失信惩戒机制上,信用数据库的建立是重要环节。

由上可见,马克思及近代西方学者对信用、信用经济及信用体系进行了深入研究,奠定了扎实的理论基础。随着个人信用制度研究的不断深入,现代个人信用立法呈现出多层次多面向的特点。英美法国家个人信用的立法和研究虽然注重对个人信用权益的保护以及个人征信的监管,但其在私法中对个人信用进行系统调整方面缺乏研究,难以完全保护民事主体的信用利益。部分大陆法系国家个人信用立法更为注重在制度规范基础上保护个人信用利益,表现在民法典中规定保护信用利益或以诚实信用原则涵盖信用利益保护。虽然这种立法模式的法律层级较高且统一明确,但笼统的规定缺乏可操作性,相关的学术研究大多从侵权方面探讨信用权的保护,而对个人信用义务、个人失信责任等问题缺乏体系性的研究。

四、思想理念与研究方法

对于个人信用的认识研究,国内外有各种各样的学术观点和思想理念,也有各种各样的研究方法。在研究过程中,笔者以马克思主义基本原理和习近平新时代中国特色社会主义思想为指导,特别是密切结合与深刻领会习近平法治思想,遵循马克思主义历史唯物主义和辩证唯物主义的方法论,宏观与微观相结合、立法与司法相结合、理论与实践相结合、提出问题与解决问题相结合。研究个人信用,思考诚信原则,构建信用体系,加强信用法治,所谓信用者无不包含更多的意识观念和上层建筑的性质与成分。而意识观念上层建筑者又无不由其赖以存在的社会存在和经济基础所决定。市场经济是一种交换的经济,是一种与陌生人打交道的经济。而市场上的一切交换,都必须基于信用。信用是交换的基础,交换是信用的结果,交换必须以信用的存在为前提。但是个人信用的牢固建立与现实存在,又必须是在来往重复的交换和形式多样的交往中才能体悟和信赖。因此,没有交换和社会交往,也就没有信用存在的基础;而秉持信用原则,诚实守信,又会给主体相互的交换增加安全、拓展空间、延续时间、丰厚利益。

除坚持马克思主义的思想和方法论外,作者还采用了如下方法:

1. 概念分析方法。运用概念分析的方法,厘清信用、诚信、信任、个人信用权、个人信用义务等概念的外延与内涵,廓清个人信用权与相关权利的区别,从而为探讨民法有效调整个人信用奠定了理论基础。

2. 历史分析方法。对个人信用在社会发展不同时期的表现形态进行历史考察,从中国社会的本土性、熟人社会到陌生人社会、市场经济即信用经济等诸方面探究个人信用民法调整的法理基础和发展趋势,为民法对个人信用进行有效调整提供正当性基础。

3. 比较研究方法。鉴于我国个人信用立法起步较晚,而西方发达国家已有一百多年的个人信用制度发展史,个人信用制度体系比较完备,通过对主要发达国家有关立法例以及最新发展动态的比较,总结其制度优劣,分析其制度利弊,以供我国个人信用立法借鉴。

4. 法经济学分析方法。从法经济学来看,所有法律制度事实上发挥着利益和资源配置的功能作用,因此,大多数法律制度构建可以用经济学的理论和方法来分析和指导。个人信用经由道德范畴至经济范畴再到法律范畴的变迁,个人信用制度均建立在一定经济社会条件之下,通过运用经济学理论来分析个人信用构建、征信体系的建立对社会的影响,对民法如何更好调整个人信用提供了理论参考。

第一章　调整之基础：个人信用民法调整的基本理论

第一节　信用的含义解读与制度功能

在人类社会发展进程中，信用作为一种道德观念、行为规范和社会运行机制，其生成与发展与其所处时代的经济基础、社会环境和思想文化密切相关。不同的民族文化和界域传统对信用存在不同的认知与解说。无论在东方还是在西方，诸多的哲学家、社会学家、经济学家和法学家从不同视域对信用的内涵以及信用与经济、信用与社会等关系问题进行探讨和分析，提出了许多具有思想性和价值性的信用理论和学说。虽然各种论说立足于不同立场和角度而展开，但至少有一点是共通的：信用研究根植于其所处历史阶段和民族地域的经济社会基础和思想文化观念中。

一、信用的词源考察与发展变迁

(一)信用词源考察

一般而言,“信用”有广义与狭义之分。广义的信用侧重于伦理学角度分析,主要指当事人之间建立的以诚实守信为道德基础的践约行为,即为“言必信,行必果”,是一种处理人际关系的基本道德准则。狭义的信用主要是指双方当事人在经济交往中形成的以契约为基础的资本借贷、承诺、履约的行为。

1. 我国“信用”的词源释解

“信”作为中国传统思想文化中重要的道德规范,有着深厚的社会基础和思想根源。在中国历史上,信用侧重于伦理道德范围使用。它是一个人立身处世和社会交往的基本准则与基本要求。[①] 中国古代并未有“信用”一词,古人仅强调“信”的重要性。“信”是指导人际关系活动的一项道德行为准则。《说文解字》曰:“信,诚也,从人从言。”《释明》曰:“信,申也,相申述使不相违也。”[②]《论语》曰:“人而无信,不知其可也。”[③]有学者认为,“仁”作为儒家文化的核心,其本质上要求人与人之间相互信任。[④] 曾子曰:“吾日三省吾身,为人谋而不忠乎,与朋友交而不信乎,传不习乎。”[⑤]荀子与孔子、曾子一样,不仅将“信立与否”作为道德修养高低的标准,而且将其视为君主治国之要略。[⑥] 此外,法家、

---

① 参见艾茜:《个人征信法律制度研究》,法律出版社 2008 年版,第 11 页。

② 焦国成主编:《中国社会信用体系建设的理论与实践》,中国人民大学出版社 2009 年版,第 2 页。

③ 在《论语》中,“信”字出现了 38 次,虽低于“仁”和“礼”的次数,但高于诸如“善”“义”“耻”等品德词汇。

④ 张维迎:《信息、信任与法律》,生活 · 读书 · 新知三联书店 2003 年版,第 9 页。

⑤ 参见《论语 · 学而》。

⑥ 参见《荀子 · 不苟》中记载:“言无常信,行无常贞,唯利所在,无所不倾,若是则可谓小人矣。”

墨家、道家也非常重视“信”的价值。《韩非子·外储说左上》中记载：“小信成则大信立，故明主积于信。赏罚不信则禁令不行。”《墨子·修身》中曰：“志不强者智不达，言不信者行不果。”《道德经》中老子曰：“信不足焉，有不信焉。”①汉代董仲舒将“信”列为“五常”之一，与仁、义、礼、智相并重。《性理大全·诚篇》中朱熹说：“诚者自然，信是用力，诚是理，信是心，诚是天道，信是人道。”②在现代意义上，“用”是指具体措施或行动。“信”和“用”连用，具体指建立在信任基础上的行动。《辞海》中将“信用”解释为：“诚信、不欺；遵守诺言、实践成约，从而取得别人的信任。”《中国大百科全书》将“信用”界定为：“借贷活动，以偿还为条件的价值活动的特殊形式。”③

2. 西方“信用”的词源考察

在西方，信用是一个起源于商品交换，与货币和信任密切相连的一个概念。“信用”一词最早源于拉丁语“*crdeo*”，意思为“我相信”（I believe）。拉丁语“*crad*”的梵文解释为“信任”，而“do”翻译为“我给予”。因此，“信用”的原意为“我给予信任”。现代意义上，主要从经济角度对信用进行解释，如《新帕尔格雷夫经济学大辞典》中将“credit”解释为：“提供信贷意味着把对某物（如一笔钱）的财产权给以让渡，以交换在将来的某一特定时刻对另外的物品（如另一部分钱）的所有权。”④《牛津法律大辞典》的解释是：“信用，指在得到或提供货物或服务后并不立即而是允诺在将来付给报酬的做法。”⑤马克斯·韦伯在《新教伦理

① 《老子》第十七章。

② 《性理大全·诚篇》。

③ 焦国成主编：《中国社会信用体系建设的理论与实践》，中国人民大学出版社2009年版，第3页。

④ ［英］约翰·伊特韦尔等编：《新帕尔格雷夫经济学大辞典》（第1卷），经济科学出版社1992年版，第773页。

⑤ 焦国成主编：《中国社会信用体系建设的理论与实践》，中国人民大学出版社2009年版，第3页。

与资本主义精神》一书中认为,“信用”不仅是商业上的精明,更是一种精神气质。诚实之所以有用,那是因为它可以保证信用。①

古罗马法中,拉丁语“*fides*”和“*bona fides*”与信用相对应。“*fides*”有信任、信义、诚实的含义。② 常指“相信他人会给自己以保护或某种保障。”③“*bona fides*”常意为“诚实信用”,与英语中的“good faith”同义,在法语中常直译为“善意”、“良信”或“诚意”。另外,罗马法中的“fiduciary”和“fiduciary or confidencial relation”由“*fides*”一词衍生而来。“fiduciary”是指一个人具有善意、坦诚、值得信赖的品格。“fiduciary or confidencial relation”存在于正式或非正式信任关系中。该种关系广泛地存在于代理人与被代理人、监护人与被监护人、卖方与买方等当事人之间。④ 在罗马法中,信用与自然人的人格紧密相连,如果作伪证或侮辱他人的,将受到制裁被宣告为“无信用”人,丧失作证的资格。⑤ 可见,信用是罗马法民事权利能力的重要因素,其随着民事主体在具体活动中的行为表现而进行调整或限制。在现代西方,金融是现代经济的核心,而信用则是社会生活的核心。

(二)中西方信用文化比较

1. 中国传统信用文化概观

信用不仅是一种经济关系和社会关系,而且是一种文化现象。在

---

① 参见[德]马克斯·韦伯:《新教伦理与资本主义精神》,马奇炎、陈婧译,北京大学出版社 2012 年版,第 47 页。

② 参见艾茜:《个人征信法律制度研究》,法律出版社 2008 年版,第 14 页。

③ [意]朱塞佩·格罗索:《罗马法史》,黄风译,中国政法大学出版社 1994 年版,第 234 页。

④ 参见江平、程合红:《论信用——从古罗马到现代社会》,载江平:《江平文集》,中国法制出版社 2000 年版,第 512 ~ 528 页。

⑤ 参见江平、米健:《罗马法基础》,中国政法大学出版社 1987 年版,第 56 页。

中国古代典籍中,很少使用"信用"一词,大多使用"信""诚"来指称现代意义上的信用。"信"作为我国思想文化中一种传统美德,涵盖了日常生活中所指的诚实、遵守诺言、不欺诈、真实等内容。中国传统文化中儒、道、佛三家(又称为"三教")虽各成体系,但同时又相互影响、相互融通,故有"三教合一""三教汇通"的说法。三家思想中均有对"信"的理解与阐释,共同彰显了中国文化的特质。[①]

从表 1 - 1 可以看出,儒家对"信"的理解主要有三层含义:一是对人以诚相待;二是尊重事物的客观状态;三是表里如一。儒家普遍主张,一个人必须具有高度的正义感与社会责任感,才能在社会生活中做到诚信正直。诚是人的内在德性,信是人之言行的外在效果,也可谓"诚则信矣,信则诚矣"[②]。诚与信是体和用、里和表、本和末的关系,二者相辅相成。[③] 另外,儒家还强调,统治者在社会治理中只有取信于民,才能促使公众诚信交往,社会才能稳定。法家将"信"作为一种治国手段予以强调,反映了法家的国家本位主义思想。韩非子认为,"忠信"是礼的根本,君主治国必须取信于人,"小信成则大信立,故明主积于信"。[④] 韩非子同时将"有信而无诈"作为治国安邦的七种方略之一,充分体现了韩非子对信的重视。相对而言,道家比儒家更强调诚信德性的重要性。道家创始人老子从内圣和外王两个层面强调诚信的重要性。老子后学中的两大学派各有侧重,《庄子》主要从内圣方面强调诚信的重要性;黄老学派主要从外王角度讲诚信,有时

① 参见王菊英:《中国人的传统诚信观》,载蓝寿荣主编:《社会诚信的伦理与法律分析》,华中科技大学出版社 2010 年版,第 57 页。

② 《河南程氏遗书》卷二六。

③ 参见张树卿:《儒、释、道的诚信观比较研究》,载《东北师大学报(哲学社会科学版)》2004 年第 6 期。

④ 《韩非子 · 外储说左上》。

连带也在内圣层面讲诚信,以诚心专一作为修身的主要法则。[①] 佛教元典中所指的“信”往往指信仰。信仰比诚信的层次更高。诚信是佛教道德的基本要求,在为人处世上强调诚信乃做人之本,在修行方法上是成佛之基。如果自己不诚实,则无法取得他人的信任,也将无法达到自度他人的目的。

表 1-1 中国古代哲学思想中关于“信”的理解与统计

学派	代表人物	著作	论及“信”的次数	对“信”理解	备注
儒家	孔子	《论语》	38	诚实、信用、守诺、相信、取信于人、真	
	孟子	《孟子》	28	相信、守诺、取信于人、诚实、不欺、美德	未将“信”的两种通假形式:“参”与“伸”条目进行统计
	荀子	《荀子》	101	是一种美德,但要与立法结合	未将“信陵君”中两处关于“信”的条目进行统计
法家	韩非子	《韩非子》	143	是一种美德,更强调立法的重要性	
道家	老子	《道德经》	7	诚实、信任、规律、真实	
	庄子	《庄子》	38	美德,但不要强求	
佛家				是人的一种美德,应大力提倡	

资料来源:江曙霞、马理、张纯成:《中国民间信用——社会 · 文化背景探析》,中国财政经济出版社 2003 年版,第 4 页。

① 参见王菊英:《中国人的传统诚信观》,载蓝寿荣主编:《社会诚信的伦理与法律分析》,华中科技大学出版社 2010 年版,第 80 页。

由上可知,中国诸多学派都充分肯定"信"的重要性,但各自的立场有所差异。儒家十分重视诚信,侧重点在于强调为人处世的道德修养,营造诚信的道德氛围与舆论压力,引导人们追求人生的理想境界。由于儒家学说是中国传统文化的主流,因而其对中国社会的影响力是最为深远的,这也是其他学派所无法比拟的。佛教强调信徒应按照佛教教义去处理各种社会关系,使自己的生命和灵魂得到不断提升与完善。道教的影响力大体上限于士大夫层面,其社会影响较小。诚然,儒、释、道三家的诚信文化均存在不同的局限性。儒家学派关于信的主张仅限于一般道德层面的说教,而缺乏强有力的制度约束机制。佛教和道家的诚信思想由于适用范围局限于特定阶层,带有一定神秘性。①

总体来看,中国传统文化在相当程度上将"信用"与"诚信"作等同理解,认为诚信是内在仁爱之德的自然表现,是外在社会伦理规范的主要内容,也是高度自信的自然流露,是拥有健全人格和高尚境界的基本标志。② 如果把古代诸子百家谈到的信称为"信德",那么可以得出"信用"是"信德"的产物,"信德"是"信用"存在的大环境与基础,缺乏了"信德"就不可能存在良好的"信用"。因而,我国现代社会信用体系的建设更应注重对"信德"的培养。③

2. 西方社会信用文化简述

在西方社会,随着生产力水平的逐步提高和对外贸易的不断扩张,商品交换的形式逐渐从血缘关系向契约关系转变,原来建立在血缘关系基础之上的特殊主义的信任模式逐渐被基于利益机制调整的契约关

---

① 参见张树卿:《儒、释、道的诚信观比较研究》,载《东北师大学报(哲学社会科学版)》2004 年第 6 期。

② 参见王菊英:《中国人的传统诚信观》,载蓝寿荣主编:《社会诚信的伦理与法律分析》,华中科技大学出版社 2010 年版,第 82 页。

③ 参见江曙霞、马理、张纯成:《中国民间信用——社会 · 文化背景探析》,中国财政经济出版社 2003 年版,第 5 页。

系所取代。商品经济起源于古希腊古罗马时期,希腊的地理环境及其城市民主自治政治体制对于市场交易制度的形成具有重要影响。古罗马则不仅改善和发展了税收、交通、货币等商品经济社会所必需的基础性制度,还制定了罗马法律用以调整市场交易关系,促进了商品经济的快速发展和产权制度的建立。[①]

西方社会的信用观念发端于宗教思想。西方社会中契约神圣不可侵犯、履行契约的强制性和义务性等思想在很大程度上源于基督教文化。《圣经》中的"约"指的是上帝与人类之间订立的"契约"。古罗马人对信义女神和诚实女神的崇拜,成为其信用理念的源泉之一。[②] 这种契约化的信用精神在后世的发展中经历了从宗教到世俗哲学的演变,使信用成为商业文明的产物而始终与契约观念紧密地联系在一起。《基督徒守则》一书中指出,商业竞争中不能抛弃诚实这一美德。[③] 基于此,"诚实乃最精明的行为"成为清教徒商人流行的一句格言。在早期市场经济活动中,道德的约束与良心的承诺体现了信用的力量。因此,契约精神是从市场交易关系中引申出的伦理价值。

契约的本质为一种合作。诚信地履行契约,不仅是一种自我约束,更是为了长期持久的合作。[④] 在罗马法中,信用的核心内涵表现为两个因素:一是诚实、守信等人格因素和资本、资产等财产因素;二是社会评价与信赖因素。[⑤] 罗马法中的"善意"原则实质上是一种建立在商品交

---

① 参见赵文龙:《社会信用——一种经济社会学的初步分析》,西安交通大学出版社 2006 年版,第 57 页。

② 参见孙智英:《信用问题的经济学分析》,中国城市出版社 2002 年版,第 49 页。

③ 参见[英]R. H. 托尼:《宗教与资本主义的兴起》,赵月瑟、夏镇平译,上海译文出版社 2006 年版,第 173 ~ 174 页。

④ 参见赵文龙:《社会信用——一种经济社会学的初步分析》,西安交通大学出版社 2006 年版,第 58 页。

⑤ 参见艾茜:《个人征信法律制度研究》,法律出版社 2008 年版,第 15 页。

换基础上的商业道德准则和法律规范,从而使诚信原则把道德准则和法律规范合为一体。一方面,法律中信用以道德上的诚信为基础;另一方面,道德上的诚信又以相应的法律规范作为保障,两者相辅相成,共同对社会经济生活进行着价值指引和关系协调。

随着社会生产力和商品经济关系的发展,欧洲资本主义制度逐渐代替封建社会制度登上了历史舞台并不断壮大。18 世纪中叶,英国工业革命迅速遍及整个欧洲,资本主义进入自由竞争时期。由于实行自由放任的经济政策,导致市场上相互欺诈、违背诚信的现象大量存在。至 19 世纪末,绝对的契约自由和无政府主义的弊端使各种社会矛盾空前激化,经济危机频繁发生,导致市场秩序和社会秩序混乱。政府逐渐认识到依靠法律规制市场秩序、强调诚实信用原则的重要性。尤其在私法领域,在坚持人人平等、私有财产神圣不可侵犯、契约自由等民法理念的基础上,明确诚信原则为民法基本原则的法律地位。《德国民法典》明确规定,债务人应依诚实和信用,并参照交易上的习惯,履行给付,同时将诚实信用原则分解为客观诚信、主观诚信和裁判诚信。之后的《瑞士民法典》规定,任何人都必须诚实信用地行使权利,履行其义务。① 诚实信用的道德规范以法律的形式固定下来,使之成为近代民法的重要原则。与此同时,文艺复兴、宗教改革等社会性运动在欧洲社会全面展开,加之霍布斯、休谟、洛克、卢梭等思想家从人性和自然法的角度对契约思想的宣扬和倡导,使契约从经济、法律领域扩展到政治、文化领域,从而形成了西方的信用文化和契约精神。

当然,西方社会在近现代发展中经历过严重的信用危机,如商品以次充好、内幕交易、操纵股市等失信行为频繁发生,扰乱了整个社会秩

---

① 参见郑强:《合同法诚实信用原则研究:帝王条款的法理阐释》,法律出版社 2000 年版,第53 ~ 54页。

序。对此,西方社会进一步认识到信用对社会经济发展的重要作用,开始从理论上与实践中对失信行为进行深入研究,尤其是在法律制度层面上形成了较为完善的社会信用制度体系。信用商品化的出现,使信用成为一种资本和资源,构成了市场主体在经济活动中的第二张“通行证”。

3. 中西方信用文化比较

通过对中西方信用文化发展的简单分析,可以看出,中国和西方社会都非常重视信用对社会经济发展的重要价值和功能,但由于两者的文化发展轨迹和演变过程不同,使其各自信用文化的侧重点有所不同。

第一,两者的出发点不同。中国传统社会的信用主要是从个人的伦理道德层面来规范人的行为,囿于道德规范对人的行为进行调整;西方社会的信用则强调契约伦理和契约文化,并实现了从道德规范向法律规范的转变。信用作为一个明确的法律概念,直接通过法律规范形式作用于现实经济生活之中,成为民法的一个基本原则。在西方,人们追求信用的目的是相互信任合作而获得稳定的利益。而在中国传统社会中,人与人之间的诚信守诺的行为要求更多的是为了强调人的道德修养,具有淡泊利益的思想,反映了中国传统道德“重义轻利”的观念。

第二,两者存在的社会基础不同。中国长期处于自然经济占主导的农耕文明社会,与此相适应,中国传统社会是以血缘关系与宗亲关系为基础的熟人社会,重视人的身份等级和人身依附性,社会信用缺乏普遍性,没有存在的商品经济基础。而西方社会是以商品经济(或市场经济)为经济基础,强调人的地位是平等的,私有财产神圣不可侵犯以及契约自由。其信用观念以“契约”为核心,以“诚实信用”为主导原则,社会信用具有普遍适用性。每个人在追求自身利益时,只要不损害他人利益和社会公共利益,均应得到他人的信任和法律的保护。

第三,两者的理念不同。中国传统社会中的信用更注重价值理性,信用被视为一种道德规范,只是提高人的修养的一种道德实践,在伦理道德层面上与"仁、义、礼、智"相并举。信守诺言是一种良好品德的表现,不守信用的人仅受到舆论谴责和道德批评,没有受到法律上的惩戒与制裁。在西方,信用在理念上具有工具理性。正如马克斯·韦伯所说,信用与职业责任、诚实、节俭、忍耐和仁爱共同构成了西方社会的基本精神。① 如果一个人不信守诺言,他所遭受的惩罚除了道德谴责之外,更多的是经济上和法律上的惩罚。如此,失信将承担经济和法律责任,守信成为每个人应尽的社会责任。②

总体而言,中国传统社会的信用文化建立在自然经济基础之上,与儒家文化密切相连,将诚实守信视为一个人的优秀品质和道德追求。信用更多的是从治家、治国、人格修养、道德伦理来进行阐述和理解的;而西方社会的信用文化建立在商品经济基础之上,强调当事人之间的权利义务关系,往往与成本、收益联系在一起。在惩戒机制上,中国对失信行为主要从道德谴责和社会舆论评价进行惩戒,而西方更多的是从经济、法律角度进行制裁,承担不利的法律后果。③ 在保障机制上,西方社会已建立了相对完善的信用管理体系和信用制度体系来规范市场主体的信用活动。我国现阶段还未建立起完备的社会信用体系,在社会信用制度体系全面构建过程中应当立足中国本土的诚信观念和信用文化,积极参考与借鉴西方信用制度体系构建的路径和方法。

---

① 参见[德]马克斯·韦伯:《新教伦理与资本主义精神》,马奇炎、陈婧译,北京大学出版社2012年版,第42~53页。

② 参见赵文龙:《社会信用——一种经济社会学的初步分析》,西安交通大学出版社2006年版,第60~61页。

③ 参见孙智英:《信用问题的经济学分析》,中国城市出版社2002年版,第59~60页。

（三）社会进程中信用的发展变迁

1. 适用领域从道德范畴到法律范畴的变迁

从信用产生的历史过程来看，信用作为一种道德规范和伦理要求，涉及社会生活的各个方面，是社会交往中在当事人之间建立起来的以重承诺、守信用为道德基础的践约行为和被普遍遵守的道德准则。随着社会分工的细化和商品经济的发展，物物直接交易和以货币信用为中介的交易方式逐渐被以赊账、契约等信用中介的交易方式所取代，一方对另一方的信任主要建立在长期接触和充分了解基础之上，但这种交易限于熟人社会，相对比较可靠，易于达成。如果市场扩大到陌生人社会，原有的熟人社会信任关系将处于失灵状态，无法促进交易的达成和经济的发展。因此，基于经济发展产生了法律对信用规制的制度需求，信用也即从道德范畴上升到法律范畴，获得普适性、强制性、明确性等法律特质，从而将原本的道德规范作用放大，成为道德规范法律化的重要体现。由于法律具有国家强制力和拘束力，可以通过法律责任机制对失信人进行惩戒，故而对信用的法律规制促成了人们对契约和承诺的普遍遵守，成为驱动经济发展的动力和维系社会关系的纽带。著名历史学家黄仁宇在其著作《万历十五年》中指出，道德非万能，不能代替技术，尤其不能代替法律，而应当充当社会的最后防线。①

2. 本质属性从人格利益到与财产利益混同的变迁

古罗马法中，信用表征着一种特定的社会身份和法律地位，具有突出的人格属性，与民事权利能力资格密切相关。罗马法中关于信用具有人格属性的表述对后世产生了重大影响。信用在法律上表现为具有

---

① 参见［美］黄仁宇：《万历十五年》，生活·读书·新知三联书店 2006 年版，第 317 页。

某种法律资格,信用评价的高低与其法律资格范围相匹配。一个人的信用水平同时受到其相应社会身份、地位的影响。信用不但具有法律上的人格性,更具有伦理道德上的人格性。现代文明社会中,信用成为一个人顺利开展经济活动的必备要素。在熟人社会的社会结构中,仅拥有诚信优良品质等人格因素也可以支撑自然人的信用,但在陌生人社会是无法维系的,尤其是企业法人信用需要财产因素作为支撑条件。当市场不断扩大到陌生人社会结构时,信用逐渐演变为经济领域中的一种正式制度,信用的人格利益开始与财产利益密切融合和相互交叉,财产权的范围也从有形向无形扩张。[①] 当一个人与市场交易活动相结合时,良好的信用能够获得更多的交易机会,信用具有了间接的财产内容,某种程度上成为一种潜在的财产利益。这也是为何英美法系国家在司法实践中将具有信用内容的商誉视为一种无形财产权的重要原因。[②] 与此同时,也催生了大陆法系国家在讨论信用的本质属性时存在诸如人格利益说、财产利益说、混合利益说等多种争论。毋庸置疑的是,现代民法中的信用在具有人格利益的同时,也隐含一定的财产利益,但这种财产利益和传统民法财产权所具有的直接财产利益有所区分,这一点是大多数学者所认同的。

3. 信用信息从封闭向开放的变迁

"私人信息的收集同社会本身一样古老。它可能不是最古老的职业,但却是最古老的习惯之一。"[③]在早期社会中,市场主体信用的优良与否需要交易相对人通过其财产多少、交易内容、交易次数等多种因素

① 参见董灵娟:《信用含义的历史演进》,载蓝寿荣主编:《社会诚信的伦理与法律分析》,华中科技大学出版社 2010 年版,第 9 页。

② 参见陈仲主编:《无形资产评估导论》,经济科学出版社 1995 年版,第 164 页。

③ [英]戴恩·罗兰德、[英]伊丽莎白·麦克唐纳:《信息技术法》(第 2 版),宋连斌、林一飞、吕国民译,武汉大学出版社 2004 年版,第 297 页。

整体考察进行判断，信用信息呈现碎片化、不确定性和封闭性的特点。在信息不对称的经济条件下，必然会产生道德风险和逆向选择的社会现象。如果与陌生人交易，将不得不提高收集信用信息的成本，并增加交易风险，这使早期的交易活动范围仍然局限于熟人社会的格局中。随着信息技术的日新月异和互联网的快速发展，现代社会已步入信息社会，以计算机为基础的互联网信息技术使收集、储存、加工、利用个人信息变得便利高效，个人信息的采集与交换呈现“爆炸式”的增长，为信用信息的网络传输和征信行业的快速发展奠定了基础条件。在现代商业活动中，各类商家往往都会通过会员制方式收集、储存、传递和利用大量消费者的个人信息和数据，为广告宣传和扩大交易规模创造条件。美国经济学家汤姆·斯托尼尔认为，未来商业交易重点在于信用信息的转让，而不仅是货币交换。[①] 为了应对市场信息不对称的问题，现代国家大多通过立法允许专业的征信机构从众多的信息中提取与信用有关的信息，然后运用科学方法分析相关信用信息向社会提供数字化的征信产品。征信活动的每一个环节基本上都是围绕着信用信息和信用数据而展开的。[②] 现代征信业的发展离不开开放的信用信息这一前提条件，现代征信立法一般规定，除了国家秘密、个人隐私和商业秘密外，其他信用交易信息均可被征信机构所采集。因此，现代社会中的信用信息已呈现开放性的发展趋势。

4. 诚信原则从经济领域到社会多领域的延伸

现代社会的信用关系已从经济领域延伸到社会多个领域，信用关系已渗透到经济发展和社会生活的每一个角落。从一定意义上说，是

① 参见[美]汤姆·斯托尼尔：《信息财富——简论后工业经济》，吴建民、刘钟仁译，中国对外翻译出版社 1987 年版，第 17 页。

② 参见陈潜、唐民皓主编：《信用·法律制度及运行实务》，法律出版社 2005 年版，第 9 页。

信用保证了社会生活的正常秩序。[①] 与《法国民法典》相比，《瑞士民法典》的亮点在于肯认法官在民法解释和漏洞补充中具有不可替代的作用，允许法官可以根据具体情况进行司法适用。这也使《瑞士民法典》在许多问题上有意识地只勾画了一个轮廓，未作明确具体的规定，为法官创造性司法留下了广阔的余地和空间。因此，大量规定一般条款是《瑞士民法典》这种立法模式的必然结果。《瑞士民法典》在其第2条规定了诚信原则的一般条款，标志着诚信原则作为瑞士民法基本原则得以正式确立。《德国民法典》将诚信原则仅作为债的一般原则，仅约束债务人诚信履行约定。《瑞士民法典》要求不仅在履行义务时，而且在行使权利时均应遵守诚信原则，扩大适用于一切民事法律关系中。[②] 之后，《日本民法典》效仿《瑞士民法典》这一立法模式，均将诚实信用原则上升为民法的基本原则。[③] 在现代立法中，诚信原则已突破债法制度上升为民法的基本原则，甚至呈现从私法领域向公法领域逐步扩张的发展趋势。这在某种程度上印证了诚信原则是一切社会领域应共同遵守的行为规则。

二、多学科视域下对信用的解读

人类历史发展至今，“信用”的内涵不断扩展和丰富。不同学科对“信用”内涵有不同的理解和阐释。

---

① 参见石新中：《信用与人类社会》，载《中国社会科学院研究生院学报》2008年第5期。

② 参见徐国栋：《民法基本原则解释：诚信原则的历史、实务、法理研究》，北京大学出版社2013年版，第174页。

③ 《日本民法典》原来并无诚信条款的规定，战后在其民法典的开端部分把诚实信用原则作为基本原则；法国通过法官的解释和司法活动，使司法实践中诚信条款上升为民法基本原则的地位，从而正式确立了超越于债法适用范围的一般的诚实信用原则。

(一)经济学层面上的信用

在经济学上,信用是指在经济活动中一方在信任交易相对人能够履约的基础上,通过建立契约关系约束对方并保障自己预期利益实现的价值运动。信用是社会经济发展的必然产物,也是市场经济活动的基础。依据现代经济理论,“信用”(credit)一词是个“舶来品”,源自西方资本主义市场经济体系,是信用管理理论中最为基础的概念,也是现代经济学常用的术语。信用在经济活动中所体现的市场主体之间的社会关系,是交易顺利进行和市场有序发展的前提。[①] 随着商品经济的不断发展,信用交易极大地促进了商业贸易和金融服务业的发展。货币金融学认为,信用创造了货币和形成了资本。从一定意义上讲,现代市场经济是以信用关系为基础的信用经济。

经济领域的信用反映的是一种经济关系。经济学上的信用主要有以下特征:第一,交易性。它是一种以偿还为条件的商品和货币让渡形式和价值运动,而这种价值运动具体表现为各种各样的契约交易。无交易即无所谓价值的运动。第二,非即时性。主要指交易的产生和完成发生了时间和空间上的分离,这是信用交易产生的基本前提条件。第三,判断标准的客观物质性。金融实践中,银行等金融机构判断市场主体的信用往往以当事人的财产状况与收入水平作为首要考量标准,这一标准具有客观实在性,便于直观了解,而道德品质往往是主观抽象的,实践中难以把握,故而一般不直接考虑其道德水平。由此可见,传统经济学上的信用常指以财产实力为基础的经济偿还能力的评价。第四,动态表现性。信用作为一种评价,需要在动态的经济活动中综合判断才能得到体现。一般而言,参加非即时交易的次数越多,其信用评价

① 参见张亦春等:《中国社会信用问题研究》,中国金融出版社 2004 年版,第 7 页。

越全面,反之,其信用则无评价的基础。现代社会的征信即是如此,一个人有了消费信贷记录并按时偿还,才能得到良好的信用评价,如无信用消费或银行贷款情况,即使无任何欠债记录,征信机构将无从启动评价。

(二)社会学层面上的信用

在社会学上,信用是指相信他人的未来行动能够满足预期目标的心理现象。人们之间的信任心理是开展信用活动的基础,信用是人与人之间存在信任的表现形式之一。[①] 社会学理论认为,信用是指信守诺言的一种道德品质,体现为一种约束社会行为的道德准则。信用对一个人、一个组织、一个国家乃至整个社会都至关重要。信用以信任为基础,关系着人们之间合作能否达成和社会关系的和谐稳定。由于信用存在风险的不确定性,人们为了确保交易与交往安全,往往会充分地调查和了解对方的信息,为双方达成信任创造条件。因此,社会学领域的信用主要从道德伦理角度展开,本质上是自然人之间以诚实守信为道德基础的践约行为。

日常生活中大多将信用理解为遵守诺言、实践成约,取得别人的信任。有学者认为,信用是一种有条件的相互性信任担保和平等对应的信用责任。[②] 社会学上信用的特征主要表现为:第一,道德性。生活中评价一个人是否有信用并不单从其经济状况去判断,更多的是从其道德品质、社会地位、履约意愿等非道德状况进行综合评价。第二,整体性。社会学上的信用评价往往局限在熟人社会内部进行,将与其进行社会交往的每个社会成员的评价信息汇总到一起,才能构成对某个人

① 参见石新中:《论信用概念的历史演进》,载《北京大学学报(哲学社会科学版)》2007 年第 6 期。

② 参见万俊人:《信用伦理及其现代解释》,载《孔子研究》2002 年第 5 期。

的信用状况整体性和综合性的评价结果。第三,主观性。虽然人与人之间的交往行为是客观的,但由于评价不完全以客观的财产状况为依据,所以社会信用评价衡量和判断的标准往往是主观的,社会生活中的信用维持主要通过人们的道德舆论来保障。社会学上的信用和经济学上的信用以一种里表关系相互依存,最终需要法律的规制使其朝着正确的方向发展。

(三)法学层面上的信用

在法学意义上,信用是指当事人之间依法形成的以权利义务为内容的一种社会关系。从民法上来看,信用是民事主体在市场交易活动中应遵循的行为准则。其包含两个方面:一是当事人之间形成的一种法律关系,也即从签订契约时在当事人之间产生信用法律关系;二是双方当事人按照契约相互履行信用义务,承担失信责任。现代民法要求市场主体在开展各种经济活动中应以诚实信用作为基本的行为准则,在不损害他人利益和社会公共利益的前提下追求自己的合法权益。[①]民法上信用更强调信用道德规范的法律化,使承诺的兑现和契约的履行具有法律上的强制性。

从大陆法系与英美法系关于信用的立法来看,民法上的信用呈现两种不同的解释路径:大陆法系从道德出发,强调信用的人身属性,而英美法系从市场经济关系出发,强调信用的财产属性。我国民法学界对信用的理解主要有以下几种观点:(1)信用是主体在社会上应受的经济能力的评价;[②](2)信用是社会对其经济能力进行相应的经济评价;[③]

---

① 参见赵文龙:《社会信用——一种经济社会学的初步分析》,西安交通大学出版社 2006 年版,第 34 页。

② 参见史尚宽:《债法总论》,台北,荣泰印书馆 1954 年版,第 147 页。

③ 参见王利明:《人格权法研究》,中国人民大学出版社 2012 年版,第 586 页。

(3)信用是指民事主体所具有的偿债能力而在社会上获得的信赖和评价;[①](4)信用是基于人之财产上的社会评价所产生的信赖;[②](5)信用是指对一个人履约能力尤其是偿债能力的一种社会评价;[③](6)信用是指民事主体所具有的经济能力在社会上获得的信赖与评价。[④] 以上大多数观点都强调信用是一种社会的信赖与评价,不同之处在于信赖与评价的内容存在事实判断与价值判断之分。事实判断是对当事人偿债能力的判断,基于民事主体财产、能力等事实性内容基础之上,才能对其偿债能力作出客观公正的评价。价值判断是对当事人履约能力与意愿的信赖,主要是基于偿债能力相关信息基础上作出的主观判断。由于事实判断具有客观性,当事人对评价信息可以享有异议权。而价值判断具有主观性,被授信人一般不享有异议权。

依据《民法典》第7条之规定,笔者认为,就民法角度而言,信用是指民事主体在经济社会活动中就其履约能力和履约意愿在社会上获得的相应评价与信赖。从事实与价值两个层面来看,信用是在民事主体过往履约行为与现有履约能力事实判断基础上对其未来履约意愿所作出的价值判断。

三、信用与相关概念辨析

(一)信用与诚信

诚信的道德观念和文化思想源远流长,是中华民族流传千年的传

① 参见吴汉东:《论信用权》,载《法学》2001年第1期。

② 参见龙显铭:《私法上人格权之保护》,中华书局1948年版,第71页。

③ 参见江平、程合红:《论信用——从古罗马法到现代社会》,载江平:《江平文集》,中国法制出版社2000年版,第512~528页。

④ 参见杨立新:《人身权法论》,人民法院出版社2002年版,第695页。

统美德，更是中华民族历经千年的文化积淀。我国古籍中记载了很多关于诚信的思想，从词源和古代文献中考察，“诚”和“信”最初是两个分立的德目，是各有侧重、相对独立的范畴。“诚”与“信”均要求对人诚实不欺，故而在我国传统文化中两者关系密切，可以相互解释，这一点可以从《说文解字》的释义中证实：“诚，信也，从言成声”；“信，诚也，从人言。”[①]正因如此，从先秦时起，诚与信开始连在一起作为一词使用。

随着经济发展和社会变迁，诚信的含义逐渐丰富，词典中的释义项与日俱增。与古代汉语词典相比，现代汉语词典对“诚信”的解释更为丰富具体。《现代汉语词典》(2002 年版)将“诚信”解释为：“诚实，守信用。”可见，现代的“诚信”被看成一个由“诚实”和“信用”缩合而成的联合词。[②] 由此，从该词释义项观之，诚信的现代内涵及价值基础较之以往有所不同，诚信的内涵更加丰富，看待诚信问题多从不同视域探讨，即通常在个人、社会、经济、政治、法律等领域关注诚信问题。在个人层面上，视诚信为一个人的道德品质之基和立德修身之本。在社会层面上，诚信是社会赖以存在发展的必要条件和文明有序进步的重要标志。在经济层面上，诚信是经济运转中重要的伦理约束和交往准则。在政治层面上，诚信是政治社会的内在要求，是实现民主社会和政治文明的前提条件。在法律层面上，诚信是制度规范实现的价值追求和社会目标，现代私法制度无不渗透和体现着诚信的文化基因和道德价值。

在日常生活中，人们经常把信用与诚信作为同一内涵概念相混用。传统理论认为，两者虽然关系密切，但仍有区别，主要表现在三个方面：其一，诚信是一个社会概念，而信用更侧重于经济上的使用。诚信反映着人与人之间遵守诺言的能力，品德和情操对个人的修养起主导作用，

---

① (汉)许慎:《说文解字注》,(清)段玉裁注,中州古籍出版社 2006 年版,第 92 页。

② 参见杨方:《诚信内涵解析》,载《道德与文明》2005 年第 3 期。

追求良好的声誉和社会评价是一个人诚信的主要动力。而信用主要表现为民事主体的经济能力,其财产拥有的多少是衡量其信用等级的核心要素;其二,诚信更多地受社会道德规范的约束、制约和谴责,而信用则体现为双方当事人的权利义务关系,受到法律法规的调整、制约和制裁;其三,就市场经济而言,诚信属于市场经济运行的道德基础,而信用则是一种特殊的价值运动与交易手段。①

概括而言,信用是诚信的制度化表现,诚信是信用制度的内核。现实生活中,信用往往以制度的形式呈现,信用制度需要诚信道德规范作为基础和支撑。如果信用制度没有诚信的道德内核,那么制度只会约束那些遵守制度的人,不遵守制度的人反而从失信中获益,这显然违背了信用制度存在的价值,也不可能得到人们的普遍认同和共同遵守。换言之,信用制度是一种行为的外在约束和规范机制,而诚信精神是行为主体的内在约束机制。内在的约束机制不仅确定了外部规范的执行效率,而且彰显了信用制度本身试图实现的人类伦理精神和目标。② 概言之,人们对诚信的精神追求推动着信用制度的不断发展和完善,而信用制度是人们进行社会物质利益交换维系诚信价值的法律保障。

(二)信用与信任

“信任”是与“信用”密切相连的一个常用语。信任是信用的回报,信任产生信用。③ 也有学者将“信用”与“信任”相混用,做等同理解。《现代汉语词典》将“信任”解释为“相信而敢于托付”。信任是一种个

① 参见李晓安、阮俊杰:《信用规制论》,北京大学出版社 2004 年版,第 2~3 页。

② 参见王小锡主编:《社会主义核心价值观研究丛书:诚信篇》,江苏人民出版社 2015 年版,第 41~42 页。

③ 参见石新中:《信用与人类社会》,载《中国社会科学院研究生院学报》2008 年第 5 期。

人主观行为选择,是伦理学与社会学话语体系中的常用术语。从伦理学角度来看,信任是指人与人之间彼此诚实、合作的心理期待。在社会学上,信用主要指相信其他主体未来的行动能够满足自己预期的心理现象。人与人之间如果没有信任的心理预期,任何社会信用活动都无从开展。因此,人与人之间的信任感是一切信用活动的基础,信用则是显示人与人之间信任的表现形式之一。[①] 西方社会心理学者罗特尔认为,信任是个体认为另一个人的言辞、承诺以及口头或书面的陈述可靠的一种概括化的预期。[②] 德国社会学家齐美尔认为,信任是现代社会中重要的综合力量。如果人们之间缺乏普遍的信任,社会最终将瓦解。[③] 信任是对周围环境具有可期待性的一种态度,具体表现为对社会秩序、交往对象可信任、专家技术能力的期待。[④] 在信任与经济的关系上,信任是经济发展的高效润滑剂。德国社会学家卢曼指出,信任是简化复杂性的机制之一。[⑤]

信用是能否信任的前提和基础。在日常生活中,信用属于名词,即具有可信任性;而信任属于动词,常指主体对交易或交往对方可信与否的判定。信任与社会文化或环境有着直接关系。英国经济学家托马斯·图克认为,"信用是一种适当或不适当的信任"[⑥]。马克斯·韦伯将

---

① 参见石新中:《论信用概念的历史演进》,载《北京大学学报(哲学社会科学版)》2007 年第 6 期。

② 参见王小锡主编:《社会主义核心价值观研究丛书:诚信篇》,江苏人民出版社 2015 年版,第 36 页。

③ See G. Simmel, *The philosophy of Money*, London: Routledge, 1990, p. 178 – 179.

④ 信任关系具有三个特征:时间差和不对称性、不确定性和主观性。参见郑也夫:《信任论》,中信出版集团 2015 年版,第 14 页。

⑤ J. S. Coleman, *Foundations of Social Theory*, Cambridge University Press, 1990, p. 306 – 310. 转引自郑也夫:《信任论》,中信出版集团 2015 年版,第 12 页。

⑥ 《马克思恩格斯全集》(第 25 卷),中共中央马克思恩格斯列宁斯大林著作编译局编译,人民出版社 1974 年版,第 452 页。

信任分为两种方式:特殊信任和普遍信任。[①] 显然,西方社会重视契约精神,其信任是建立在契约根基之上的一种普遍信任;而中国传统社会的信任与儒家文化和家庭观念存在密切关系。费孝通先生在其著作《乡土中国》中指出,中国传统社会是一个熟人社会。在农村,人的交往范围具有特定地域性,人们习惯于用"熟人"和"生人"来构建不同的信任模式。"乡土社会的信用并不是对契约的重视,而是发生于对一种行为的规矩熟悉到不假思索时的可靠性。"[②]就研究角度而言,信任是社会学的核心问题,信用是经济学的重要问题,当经济与社会互动时,也就产生了信用与信任的关系论争。

(三)信用与信誉

信誉是指某个主体在长期的社会交往活动中,由于其本身的诚实守信等美德而建立起来的一种声誉,从而获得他人的信任与肯定。该主体可以是个人、企业、某个组织或单位等。信誉一般指良好的信用。《说文解字注》中注解:誉,美也。与英文中的"prestige"或"reputation"意义相同。杨立新教授认为,信用既包括信誉,也包括一般的信用。[③]经济学者李士梅认为,在市场经济条件下,信誉是指当事人在长期自我利益计算与践约能力基础上所建立的评价和声誉。[④] 信誉具有两个特征:一是普遍性,即良好的信誉能够说明该主体长期的行为特征;二是不准确性,即信誉仍旧不能确保其某个具体的行为,或群体中的某个具

---

① 特殊信任以血缘性社区为基础,建立在私人关系和家族等关系的基础之上;普遍信任以信仰共同体为基础,不需要血缘关系的维系。马克斯·韦伯和弗朗西斯·福山均将中国社会的信任归属于特殊信任类别。参见[德]马克斯·韦伯:《儒教与道教》,王容芬译,商务印书馆1997年版,第289页。

② 费孝通:《乡土中国 生育制度》,北京大学出版社1998年版,第10页。

③ 参见杨立新:《人身权法论》,人民法院出版社2006年版,第617页。

④ 参见李士梅:《信誉的经济学分析》,经济科学出版社2005年版,第44页。

体个体是诚实守信的。[1] 从这一点上可以反映出信誉侧重于对过去行为习惯的总结和肯定，而信用是在过往行为记录分析基础上着眼于未来行为的预测和评估。

在经济学界，经常将"信誉"和"信用"相混用，常用"信誉"指代"信用"。[2] 法学中的"信用"概念既包括市场经济中的信用，又包含社会生活领域中的信用，因而，法学中的信用内涵要大于经济学领域的信用。信用与信誉两者虽然均是一种评价，但仍有明显的区别。信誉是对诚信、善良等多方面品行美德行为的主观肯定性评价，评价主体具有广泛性，评价结果具有不确定性；信用是一个中性词，是对诚实守信单个方面的一种客观性评价，既包括肯定性评价，也包括否定性评价。其往往由专业机构作出，评价结果一般具有确定性。

概言之，日常生活中诚信、信任、信誉、信用几个概念经常混在一起，相互替代使用。虽然它们具有信赖的共性因素，但同时存在一定的个性。诚信主要是一种对他人的承诺，属于道德行为规范，信任是一种对他人信赖的社会心理状态，信誉是他人对自己的积极肯定评价，而信用反映的是信用权利和信用义务关系。诚信是内生的，取决于行为人的品德和认知。信誉是外生的，取决于社会的评价。信用和信任是互生于社会成员关系之间的。诚信是每一个人应遵循的道德准则和法律义务，信誉是某些人的权利，信任是一种心理认知，信用是信用权利和信用义务的关系统一体。

---

① 参见王小锡主编：《社会主义核心价值观研究丛书：诚信篇》，江苏人民出版社 2015 年版，第 35 页。

② 传统经济学界认为，信用是一种借贷行为，但随着信用在现代市场经济中内涵的丰富与发展，于是有学者用"信誉"一词指称信用的新内涵。这也是现代经济学著述中经常用"信誉"来表示信用的原因。参见石新中：《论信用概念的历史演进》，载《北京大学学报（哲学社会科学版）》2007 年第 6 期。

四、信用制度的功能分析

(一)信用制度有利于推动市场经济的有序发展

信用是市场经济的基石。社会主义市场经济具有市场经济的基本特征,因此,信用法治化是社会主义市场经济内在运行机制不可或缺的重要组成部分。信用制度的目的在于社会成员彼此之间建立相互信任。信用制度对经济功能主要表现在:首先,健全的信用制度可以促进资本集中与积累。马克思在《资本论》第1卷中深刻地指出资本集中的两个强有力的杠杆——竞争和信用。由于信用的存在,单个资本实现了资本融合,促进了资本的积累。其次,健全的信用制度有利于减少信息不对称,节约交易成本,达成经济合作。如果没有健全的信用制度,交易一方需要尽可能全面地了解对方的各方面信息,确保交易风险的降低,而这一过程需要付出相当的成本与代价。从经济学上说,交易成本的高低是市场交易能否顺利开展的关键所在。当社会信用水平普遍较低时,市场主体必然会把大量精力和时间用于了解交易对象尽可能多的信息,减少交易风险,这大大增加了交易的难度与成本。[①] 新制度经济学理论认为,契约的达成与否与交易费用的高低直接相关。契约的目标在于双方当事人信守契约,有效合作,争取利益的最大化。如果一方违背承诺,就必然会引发纠纷,增加交易的成本。博弈论的"囚徒困境"有力地明证了只有合作才能最大限度地共享利益。最后,健全的信用制度有利于市场经济秩序的健康发展。在计划经济体制下,所有制关系单一,各个社会主体之间的经济交往完全由指令进行,整个社会只需国家信用和银行信用,市场交易无须以市场主体信用为支撑,交易

① 参见石新中:《信用与人类社会》,载《中国社会科学院研究生院学报》2008年第5期。

行为呈现非自由经济化形态。在市场经济条件下,市场信用机制成为整个市场经济运行的基础性机制,信用成为维系市场主体间关系的重要纽带。社会信用体系的建立和完善是国内经济发展以及与国际经济接轨的基础条件。

(二)信用制度有利于实现社会治理体系与治理能力现代化

一个国家如果要发展市场经济和提升社会经济总水平,就必须高度重视社会管理制度的改革,合理构建国家治理体系与不断提高社会治理能力。市场经济发展水平的高低与社会信用制度体系的合理构建密切相关。在社会关系日益复杂的今天,信用制度的建立与完善是实现现代社会治理体系和治理能力现代化的一味良药。

从传统社会演进到现代社会,我国个人思想和价值观呈现多元化发展态势。社会统一的道德标准被打破,传统的道德价值体系无法对多样化的行为进行有效约束,进而导致社会的道德滑坡和信用缺失,阻碍经济社会的有序发展。在这种条件下,通过完善的法律制度对社会行为进行规范成为社会主义市场经济发展的必然要求和基本前提。首先,信用制度是法律有效实施的基础。从某种意义上说,法律也是一种信用,是一种类似于人们与银行之间进行交易时而不必从内心里担心将来银行会赖账的信用。① 法律秩序的稳定性、持续性和可预期性是与一个社会的信用度成正比的。法律的信用与银行信用、商业信用、国家信用等一样来自人们对他人外在行为的感知、学习、模仿与复制。当法律信用成为一种公共知识、公共经验与公共信念时,法律就会内化为人们的日常观念、行为模式的一部分。“欠债还钱,杀人偿命”的表述虽然

① 参见黎四奇:《对我国信用制度法治化关键性问题分析与建议》,载《河北法学》2006 年第 5 期。

在现代法理中并非完全准确,但在传统意识中已经内化为人们对自己行为的一种自我规范与评价。因而,信用观念内化于公共认知是法律所追求的价值目标。[①] 其次,信用制度的完善与否反映着一个国家的法治化程度和治理水平。一个国家的法治化进程与其社会信用制度的建立和完善密切相关。社会信用体系和信用法律制度越完善,人们对法律秩序的信仰与预期就越恒定。从物物交易到纸质化货币交易再到无纸化电子交易的形式变迁证明了信用对市场交易的方式革新与市场经济的活力推动。

(三)信用制度有利于社会主义和谐社会的构建

"人伦和谐"和"天人协调"是中华优秀传统文化中的两个基本思想,是我国提倡和谐社会和包容性增长的文化根基,蕴含丰厚的中国因素,闪耀着深远的中国智慧。"和谐社会"和"包容性增长"作为今天中国社会的一种价值导向和发展理念,既有现代因素,也有传统资源,将推动我国经济社会全面、科学、健康地发展。诚信有爱作为社会主义和谐社会的基本特征之一,具体指全社会互帮互助、诚实守信、全体人民平等友爱、融洽相处。可见,完备的信用制度是构建和谐社会中的一个关键因素。信用制度对守信者而言是一个"保护神",对失信者则是一把"利剑"。[②] 只有对遵守信用规范的社会行为进行鼓励,人类社会的创造活动才能得到激励,市场才能充满活力。没有信用法治作为保障,社会秩序和市场主体权益将受到破坏和侵害,人与人之间的和谐关系将无法实现。和谐社会建立在各个利益主体之间相互信任、利益共享的基础上。

① 参见王永强:《信用制度与科技创新》,载蓝寿荣主编:《社会诚信的伦理与法律分析》,华中科技大学出版社 2010 年版,第 88 页。

② 参见艾茜:《个人征信法律制度研究》,法律出版社 2008 年版,第 28 页。

构建和谐社会与建立社会信用体系紧密相关，两者相辅相成，只有两者密切配合，才能实现经济发展、社会和谐和信用文化的有机统一。

第二节　民法中个人信用的本质

一、个人信用的民法本质

个人信用，是指自然人在经济活动中就履约能力和履约意愿在社会上获得的评价与信赖。社会信用体系反映了整个国家的信用状态，是个人信用、商业信用、政务诚信、司法公信的综合体现。在现代社会，个人信用是社会信用的微观基础，是企业信用、政府信用等其他信用的基础。康芒斯指出，个人信用行为的标准就是“个人应该做在法律上是公道的和正确的事情，这是现代信用制度的基础”[①]。

（一）个人信用本质论说

个人信用的本质究竟属于什么？可谓仁者见仁，智者见智。从不同的角度分析将得出不同的研究结论。目前，主要有以下几种观点。

1. 资本说

关于信用的本质，马克思在其《资本论》第 3 卷主要着眼于经济领域中信用的本质研究，目的在于研究和考察资本主义经济制度运行的规律，认为信用本质上是一种借贷资本运动形式。马克思认为，信用是以偿还和付息为条件的价值的特殊运动形式，受特定生产方式所制约，

① ［美］康芒斯：《制度经济学》（下卷），于树生译，商务印书馆 1997 年版，第 416 页。

同时反映着一定的生产关系。[①] 为了解决交易双方信息不对称的难题,现代信用制度应运而生。马克思指出,资本主义生产方式的变革是信用转化为法律和道德、契约和诚信的根本动力。现代信用制度的产生和发展是市场经济不断发展的必然结果。单个市场主体一旦积累了较多的信用,其他交易对象就会对其产生足够的信任。[②] 信用是一种无形财产,是未来社会最重要的资产之一。[③] 对个人而言,个人信用的评价以个人财产状况为基础,虽然是对个人履约能力的反映,但其具有内在的经济价值内容,可以为其参与经济活动创造良好的社会条件,具有重要的工具性价值。个人信用评价越高,其潜在的交易机会和经济活动范围越大。

2. 人格说

个人信用是自然人参与市场经济活动的"第二张身份证",也被称为"经济身份证"。它体现为一种道德上的人格因素,专属于自然人,与人身密不可分,不能像个人财产一样随意转让和放弃。个人信用本质上表现为一种社会评价和信赖,本身不具有直接的财产内容,但与潜在的经济活动利益密切相关。

信用可以理解为一种人格主张,作为一个具有民事主体资格的自然人必然需要拥有完整的人格利益,既包括生命、健康、身体等物质性人格利益,又包括名誉、荣誉、信用等精神性人格利益。个人信用作为社会人应有的一种基本道德属性,是个人履行对他人和社会承诺的诚信度和具体表现。个人信用是评判一个人道德价值的重要标准之一,是不能用金钱换取的人格资本积累。个人信用是通过人际交往履行与他人约定的事项而建立的一种信任,是一种任何人都不可抗拒也无法

① 参见焦国成主编:《中国社会信用体系建设的理论与实践》,中国人民大学出版社 2009 年版,第 30 页。

② 参见石新中:《信用与人类社会》,载《中国社会科学院研究生院学报》2008 年第 5 期。

③ 参见[美]康芒斯:《制度经济学》(下卷),于树生译,商务印书馆 1962 年版,第 69 页。

排斥的强制力量。诚信的品格在长时间的积累过程中会形成良好的信用评价,进而在社会交往和信用交易中处于可信任的有利地位。

3. 关系说

个人信用表现为一种社会关系,是发生在交易双方之间的社会关系。现代市场经济实质上是由各类信用关系交织而成的巨大网络。[①]在个人信用关系建立过程中自然人有追求自我信用社会化的特点,需确立褒奖守信、惩戒失信的运行机制,防止“劣币驱逐良币”的群体行为效果。个人信用是现代社会健康发展的基础。西塞罗在其《论义务》中认为:“行其言谓之信。”[②]按斯多葛学派的观点,“信”是承诺和协议的遵守和兑现,它是正义的基础。依据这样的“信”,人与人之间编织成巨大的社会关系网络。所谓“法不责众”是对从众心理的一个经典概括。个人信用的从众心理现象受到社会信用意识、信用历史与文化、诚信道德观念与传统、信用行为惯例等方面的影响。由于个人信用具有深厚的社会性基础,个人信用制度才成为社会信用的基础,支撑着整个社会和经济的有序运行。政府作为社会的管理者和服务者,有必要对关涉信用的社会活动和经济交易进行引导、监管,对违背信用的行为进行制裁和惩戒,从而引导社会公众强化信用意识,培养良好的信用行为和培育健康的社会信用环境,形成有序的社会信用秩序。

以上三种关于信用本质的观点是站在不同的角度分析的结果,均存在一定的合理性。个人信用资本说是从经济角度将个人信用定性为一种经济资本,突出了个人信用的财产属性和潜在的经济利益价值;个人信用人格说是从伦理道德角度视信用为一种人格因素,强调个人信

---

① 参见[美]罗德里克·M. 克雷默、[美]汤姆·R. 泰勒编:《组织中的信任》,管兵、刘穗琴等译,中国城市出版社 2003 年版,第 195 页。

② [古罗马]西塞罗:《论义务》,王焕生译,中国政法大学出版社 1999 年版,第 147 页。

用的人格属性；个人信用关系说是从社会关系角度分析信用本身所体现的社会关系本质。综合分析，资本说和人格说仅从某一角度进行分析，均存在一定的片面性。事实上，个人信用既包含了经济因素，也具有人格因素，而无论是经济因素，还是人格因素，都离不开社会关系这一基础前提。就法律角度而言，由于法律调整的目的在于规范某类社会关系，故而，个人信用关系说较为合理。个人信用关系即是在自然人与其他社会主体之间形成的以信用权利和信用义务为内容的社会关系。笔者认为，就法律关系而言，个人信用表现为自然人在经济社会交往活动中与他人形成的以信用权利和信用义务为内容的社会关系。

(二)个人信用的民法本质：信用权利和信用义务的统一

在语义上，罗马法上的信用与“fides”①(确信、信用)相对应。徐国栋教授将罗马法上的“fides”分为两种；一种是客观信用，即行为人要求裁判官及其他人对自己是否履约作出正确评价的权利；另一种是主观信用，即行为人确信自己未侵害他人权利的心理状态。② 因此，罗马法上的信用在客观与主观上的区分本质上反映的是信用权利和信用义务的统一性。③ “契约本身是权利得以实现的工具或手段”④，这凸显了契约制度蕴含权利的地位和内容。传统的信用观念单从维护债权人利益角度出发施加于债务人义务，并未从债务人角度在法律上赋予债务人可以基于无数债务履行获得客观评价和合理信赖的权利。一般而言，

---

① 据考证，该词是西塞罗从“fio”(完成)一词中得出的。参见[古罗马]西塞罗：《国家篇 法律篇》，沈叔平、苏力译，商务印书馆1999年版，第112页。

② 参见徐国栋：《诚实信用原则研究》，中国人民大学出版社2002年版，第10~11页。

③ 参见胡大武：《侵害信用权民事责任研究——以征信实践为中心》，法律出版社2008年版，第19页。

④ 刘云生：《传统中国契约权利形态三论》，载《西南民族大学学报(人文社会科学版)》2006年第7期。

在双务合同中，权利与义务是相互对等的，合同双方当事人互为债权人与债务人，债权人的权利就是债务人应履行的义务，而债务人的权利就是债权人的义务。履行义务的一方在对方违反义务时可以通过司法救济维护自己因守信而应得到的利益回报，对这种履行义务应得利益回报的维护就是信用权利维护的表现。[①] 从这一意义上说，契约的本质就是信用交换。现代社会中，一个人往往会签订多个合同或从事无数个信用消费行为，如果其积极履行诚实守信的信用义务，就应获得他人和社会对其履约行为表现的积极评价。当这种评价不客观和不公正时，守信主体应当通过信用权利的行使排除他人对自己因守信而应得正确评价的不法侵害。可见，在积极履行信用义务基础之上，行为人拥有了信用权利，而信用权利的维持离不开信用义务的持续依约履行。因此，信用权利和信用义务相互统一与依存于信用本体。信用就如同一枚硬币，信用权益与信用义务属于它的两面，这两面共同构成了信用本身，缺少任何一面都将会导致信用的不完整。因此，在民法中，个人信用的本质表现为自然人与他人、自然人与社会之间形成的以信用权利与信用义务为内容的统一法律关系。个人信用本质的这种理解的价值和意义主要表现以下三个方面。

第一，个人信用权利与信用义务统一关系形成的平等义利观，有利于尊重守信人的权益，抑制失信牟利行为。自然人具有信用权利意识与具有信用义务和责任意识同等重要。在一般情况下，“我有权利做一个诚实的人”的表述比“我有义务做一个诚实的人”的表述更具道德震撼力。[②] 民法应将这种道德震撼力和义利观在具体规范中体现出来，通

---

① 参见胡大武：《侵害信用权民事责任研究——以征信实践为中心》，法律出版社 2008 年版，第 18 页。

② 参见余涌：《道德权利和道德义务的相关性问题》，载《哲学研究》2000 年第 10 期。

过明确和配置个人信用权利和信用义务责任构成内在的逻辑制度设计,从而对信用行为形成一种“硬约束”。平等义利观对信用观念的维护就如同漏电保护器一样,自行遏制失信牟利行为。自然人一旦具有了平等的信用义利观和信用意识,就会在经济社会交往中充分考虑他人合法权益,抑制自己贪欲而遵守约定。具体而言,在合同关系中,一方当事人意识到交易相对人应得到合同条款中约定的预期利益,就会自觉遵守合同而不毁约。现实中,大量的违约失信行为,往往都是一方当事人只考虑自身利益而缺乏对他人应得利益尊重的结果。因此,我国信用危机的形成既有惩戒机制不健全方面的原因,也与社会公众缺乏平等的信用义利观密切相关。自然人具有平等的义利观,也会积极维护和保护自己应得利益不受他人侵害。如因购买假冒商品及低质服务导致自身权益受到侵害时,应积极主动运用法律手段维护自己的合法权益,并且法律应规定受害人的维权成本由侵权人来承担,以此充分调动守信人维权的积极性与主动性。这种权利意识和维权机制的形成,才能真正对失信行为形成法律上的威慑力。

第二,个人信用权利与信用义务统一关系形成的公平正义观,有利于社会成员树立诚信观念。公平性是道德和法律生存与发展的基础。对守信行为的褒奖与失信行为的惩罚是社会对行为本身是否符合道德和法律原则赏罚分明的具体体现。赏善罚恶不仅是道德公平与道德回报,更是法律对公平正义的价值追求。社会成员诚信观念的树立需要公平的法律规则为支撑。每个人的公平感不是与生俱来的,而是在经历了社会对诚实守信行为给予利益保护与制度激励、对欺诈失信行为施以惩罚与谴责的生活实践后切身感受和体验到的。如果守信之人在社会上未受到应有的尊重或未得到积极评价,失信之人未受到应有的惩戒甚至从失信行为中获取了不法利益,人们就会对当前法律制度的公平正义功能产生怀疑,从而削弱人们遵守诚信的动力与信念。亚当·斯密认为,“大自然给予每一种道德和罪恶的那种报答或惩罚,最能鼓励前者或约束后者。……两者都是为了促进同一个伟大的目标:人世间的安定,人性的完满和愉悦”①。如果个人信用权利与信用义务呈现非统一逻辑关系,将使社会成员对法律制度尤其是民法制度失去信心,社会公平正义的底线也将受到严重挑战。当前社会上存在的信用缺失现象,在相当程度上是源于社会缺乏信用权益保护机制和失信责任惩戒机制的结果。也可以说,一个社会只有当虚假失信之人无处获益并受到法律惩戒之时,诚实守信原则才会得到社会成员的普遍遵守,诚信的社会才会真正到来。②

第三,个人信用权利与信用义务统一关系形成的社会价值观,有利于推动社会成员积极践行诚信。古人认为:“德,得也,得事宜也。”③道德的本意是“合意、适中”。亚里士多德认为,德性就是中道,德性的本性就是恰得中间。④ 按照法的起源,最早的自然法主要源于社会道德规范。民法来自习惯法,是最具伦理性的法律部门。将道德融于民法规范中是民法制度的本义所在,将“应然”变为“实然”需要权利、义务、责任相协调才能实现。在民事生活中,一方面,每个自然人应当遵循民法的诚信原则,秉持诚实,恪守承诺,积极履行诚信义务;另一方面,社会应当对守信者给予尊重和肯认,使其获得应有的信用权益和积极的社会评价。那种只强调民事主体诚信义务而不尊重其信用权益的立法实与社会道德相背离,将最终破坏整个社会的公平正义,诚信社会的构建也将无从谈起。

---

① [英]亚当·斯密:《道德情操论》,蒋自强等译,商务印书馆 1998 年版,第 207 页。

② 参见王淑芹、曹义孙:《德性与制度:迈向诚信社会》,人民出版社 2016 年版,第 475 页。

③ 刘熙:《释名·释言语》,中华书局 1985 年版,第 51 页。

④ 参见[古希腊]亚里士多德:《尼各马科伦理学》,苗力田译,中国人民大学出版社 2003 年版,第 34 页。

二、个人信用在民法中的特性

(一)归属性

个人信用作为信用权利和信用义务的统一体,其权利义务内容均归属于自然人本身。当一个人在经济活动中积极履行信用义务,必然会获得他人和社会的积极评价,从而赢得更多的信赖利益,这一信赖利益的享有只能归属于自然人自己,其他人无从享有。传统民法只强调信用义务的归属性,要求每个自然人在开展民事活动时遵循诚信原则。现代民法应改变过去单独强调义务归属的简单做法,将履行信用义务之后所产生的信用权益同样归属于信用义务主体,实现信用义务和信用权利归属的统一。在现代社会,个人信用的归属性特征表现得越来越明显,个人征信制度构建的理论基础源于个人信用的归属性。每个人的信用评价不同,他人或社会根据信用的归属性识别不同人的诚信品质。正是基于个人信用的归属性,个人信用报告如同“身份证”一样具有明确的标识功能。个人信用评价所标识的信用等级不是别人赋予的,而是其自己在日常经济社会交往中不断累积形成的。就民法角度而言,信用权益是自然人拥有的民事权益,如同现实物权等财产权一样受到法律保护,他人不得任意侵犯。信用的归属性与标识性是个人和企业信用利益的基础与信用追求的动力源,也是形成良好社会信用环境与信用秩序的内在力量。①

(二)信息标识性

个人信用标识性主要是指自然人的信用记录、经济行为等综合信

---

① 参见吴晶妹:《三维信用论》,当代中国出版社2013年版,第6页。

用信息应当用最简单明了、最容易流传的方式和符号标识出来，以便社会了解其信用状况。[①] 由于初步收集的信用记录庞杂和零散，需要进行分类、整理和专业技术分析，才能得出比较客观、公正的信用报告和信用评级信息，标识出自然人的综合信用状况，为市场交易的开展提供信息参考。

信用制度往往表现为有关信息提供、信息获取、信息评估和信息责任的法律制度。[②] 在信息社会中，个人信用作为一种社会评价与信赖，主要是通过个人信用数据的采集、分类、分析、评估而得出的。从某种程度上说，个人信用是由个人信息汇聚提炼而成，又通过个人信息的形式在经济与社会生活中发挥作用的。个人信用作为可以量化的信息，一方面，具有间接的财产价值。良好的信用是取得他人信赖的基础和依据，信用状况的好坏会直接关系到未来交易机会的多少。另一方面，个人信用能够通过一定的价值判断标准来判断。目前，个人信用评级主要是对涉及信用的各种因素进行综合分析，依据一定的标准进行评估，然后通过一定的符号来表示信用的级别或评分，从而为自然人提供一个简洁而又直观的判断依据。[③] 简言之，实践中的个人信用均是通过一定符号和数据进行标示，根据该标示判断其当前的信用状况和信用水平。

（三）风险性

风险是指不确定性事件发生的客观存在。所谓信用风险，狭义上是指因债务人违约而给债权人造成损失的可能性。广义上是指由于市场因素、利率汇率因素、价格因素以及债务人的信用状况等综合因素而

① 参见吴晶妹：《三维信用论》，当代中国出版社2013年版，第7页。

② 参见江平、程合红：《论信用——从古罗马法到现代社会》，载江平：《江平文集》，中国法制出版社2000年版，第512～528页。

③ 参见刘燕：《个人信用权制度研究》，山东大学2005年博士学位论文，第7页。

使当事人遭受损失的可能性。个人信用风险主要源于以下因素：其一，交易信息不对称。信息不对称是产生风险的根本原因。其二，财务风险。债务人以经济能力为基础予以清偿，但债务人的财产状况往往受其职业收入、消费习惯、投资喜好、市场价格等因素影响存在不确定性，如果其财务状况出现恶化无力支付债务，债权人的预期利益将无法实现。其三，道德风险，即恶意利用法律漏洞侵犯他人权益的可能性。如在知识产权侵权案件中，因我国相关法律制度不健全，侵权人的违法成本低，导致市场中大量恶意侵权现象的产生，其根本原因在于制度对恶意失信行为惩罚力度不足，进而产生了“劣币驱逐良币”的市场乱象。因此，欲降低个人信用风险，一方面应加大民法内在失信惩戒机制的完善，另一方面应加快个人征信制度的建设，从根本上解决信息不对称问题。

在经济发展中，信用交易时间和空间发生了分离，因而成为投机的基础。信用有时会突破需求的制约，推动需求的增加，造成对交易的虚假需求从而表现为虚假信用。在以信用为基础的交易关系中，一旦经济泡沫破裂，整个社会的债务链断裂，就不可避免地引发经济危机。对此，马克思认为，信用加速了生产力的发展和世界市场的形成，使二者作为新生产形式促进资本主义发展到一定的高度。同时，信用加强了旧生产方式的解体，加速了旧矛盾和危机的爆发。① 因此，信用只有建立在客观真实评价基础上，才具有正外部性和激励功能。个人信用作为市场信用的基础环节部分，同样具有不确定性，给交易相对人造成潜在的威胁。在经济交易之前，只有对一个人的信用状况进行充分了解，才能最大限度地降低交易风险。如果个人信用风险延伸或扩大到企业或社会层面，其风险的危害程度和后果将是严重的。从上述分析来看，

① 参见《马克思恩格斯全集》（第25卷），中共中央马克思恩格斯列宁斯大林著作编译局编译，人民出版社1974年版，第499页。

信用具有两面性，在积极促进经济社会发展的过程中，一旦违背了客观真实性，则具有负外部性，潜藏着巨大的风险性。

三、个人信用与企业信用

个人信用和企业信用作为私法上两大基本信用类型，都属于民法的调整范围。企业在我国《民法典》民事主体分类中属于营利性法人的范畴。个人信用是企业信用的基础，企业法人具有人合兼资合的特点，企业信用的维系从根本上说需要投资人或法定代表人个人信用的支撑。如果一个企业的负责人或核心管理人员的信用评价低劣，那么这个企业很难发展成为一个信誉优良、产品质量和服务可靠的诚信企业。但企业信用并非个人信用的简单之和，两者在信用主体、信用基础和信用机制方面存在显著区别，这也是我国和世界各国在征信制度中往往把个人信用和企业信用进行二元化区分的主要原因。

第一，两者的主体不同。个人信用仅限于自然人的信用信息收集、分析和评价。主体资格单一，信用评价比较简单。而企业有公司制企业、合伙制企业、个人独资企业等多种形态，每一种企业内部的管理和运作机制并不完全一样，使企业信用的主体类型具有复杂性。

第二，两者的信用基础不同。个人信用与自然人的道德品质、性格素养、财务状况、职业特点、教育程度密切关联，通过长期的交往与合作，相对容易判断出其信用倾向。虽然在个人信用报告中其经济能力是重要的信息参考因素，但在具体判断时主观判断占较大比重。现实生活中经常存在一个人的财产规模并不大，但其履约意愿非常强，同样可以获得较高的信用评价等级。反之，有的人经济实力雄厚，但履约意愿低，失信记录较多，则很难获得较高的信用评价等级。相比而言，企业的信用评价基础比较复杂。公司企业一般以独立的财产为基础，经营者与管理者之间需要相互配合才能维系企业的发展，很难通过某一个经营者的个人信用来判断企业的整体信用水平,以至于在实践中往往主要依据企业的综合经济实力来判断其信用水平,也即对企业信用评价中,从经济财务状况方面客观度量其偿债能力占较大比重。

第三,两者评价标准不同。个人信用往往局限在特定的当事人之间,活动范围较小,社会影响相对较小,对其评价主要依据其消费信贷、合同履行等交易记录和财产收入状况进行分析,评价指标相对简单。个人信用判断更多取决于一个社会的文化、历史及其社会规范,而企业信用的实现取决于企业内部的契约与制度安排。由于企业信用是市场信用的核心,企业的生产、销售和服务直接关系到万千消费者和劳动者的合法权益,社会影响力较大,故而对企业信用的评价标准非常严格和复杂,涉及多个方面:(1)合法性。企业应当依法经营,如有偷税、违法生产、拖欠员工薪酬等非法行为将严重影响到信用等级。(2)历史性。主要依据其过往合同履约记录情况进行判断和评价。(3)客观性。主要依据企业的市场份额、管理体系、发展前景综合表现进行分析。

第三节 个人信用民法调整的正当性

一、个人信用公法调整的限度与不足

2011年,以宪法为统帅,以宪法相关法、民商法,行政法,经济法等多个法律部门的法律为主干,由法律、行政法规、地方性法规与自治条例、单行条例等三个层次的法律规范构成的中国特色社会主义法律体系已经形成,我国实现了从无法可依到有法可依的历史性转变,各项事业发展步入法治化轨道。党的十八大以来,以习近平同志为核心的党中央站在实现党执政兴国、人民幸福安康、国家长治久安的历史高度,全面推进依法治国,把法治的一般规律与我国实际情况有机结合,坚持

党的领导,坚持中国特色社会主义制度,贯彻中国特色社会主义法治理论,开拓了中国特色社会主义法治道路,使我国法治建设取得重大进步。

目前,我国法律规范体系日益完备,但不同部门法之间矛盾冲突现象依然存在,法律制度之间的体系性和系统性仍显不足,直接影响法治的实施效果。尤其在社会信用领域,社会信用体系是一个复杂的系统工程,需要做好顶层的制度设计,使公法与私法相互配合共同规制信用行为。但当前的信用行为的法律规制侧重于采用公法手段惩戒失信行为,尤其片面强调失信行为的行政制裁,如《产品质量法》《消费者权益保护法》《商标法》《反不正当竞争法》等分别对制假售假进行规制并明确规定处罚措施,但各法之间却存在一定的交叉重叠,因此,在处理一个失信案件时可能会存在多个法律法规"择轻而量"的现象,各个执法部门常常因难以形成相互协作机制导致执法效率不高。[①] 公法规制实践中"以罚代惩"屡见不鲜,执法人员数量紧张和执法覆盖面较小等问题一直是我国个人失信行为惩戒乏力的重要原因。而主要原因在于法律规定不统一,或者侧重于对企业组织的财产处罚,而缺乏对具体管理人和负责人的个人信用惩戒。针对相同失信行为,不同的法律法规规定不同的处理方式,导致执法部门处罚依据和标准不统一,有的依据查到的违法产品的市场价格计算,有的按照当事人的报价计算,实践中大多以当次违法失信行为涉及违法所得进行处罚,未对之前的违法所得进行累加,导致失信人的违法成本小于违法所得,使行政处罚本身的威慑效果大打折扣。

在市场经济条件下,信用机制需要健全的法律法规体系给予保障,

---

① 参见艾洪德、范南:《市场经济中的个人信用问题研究》,经济科学出版社 2004 年版,第 153 页。

法律制度是防范和治理失信行为、维护良好社会秩序的最后一道屏障。虽然我国《民法典》《公司法》《证券法》《票据法》等对部分信用行为的债权保护提供了一定的保障,但还无法涵盖到所有市场领域的个人信用行为,没有真正形成守信激励与失信惩戒机制。失信成本明显低于违法所得,由此引发的失信行为存在于社会经济的各个领域。如果缺乏严厉惩戒的法律制度,现实活动中就会出现“信用报复”现象,即当一个自然人由于交易对方失信受骗后,得不到公正合理的赔偿,往往会选择“以牙还牙”的手段进行回应甚至采取加倍的报复措施,使经济交易和社会交往陷入一种恶性循环。①

在法律层面上,我国信用缺失除了法律制度缺乏系统性方面的问题外,公法本身的不完善也是一个较为突出的现象。例如,我国《刑法》第 140 条虽然对产品假冒伪劣行为作出了明确制裁规定,但实践中,多数受害企业和执法部门反映 5 万元的门槛过高,制假者一般以销定产,每次现场查获到的违法商品数值有限,很少能达到 5 万元的要求,但一般违法者长期制假售假金额大大多于 5 万元。因此,《刑法》上述规定使很多失信人逃脱了法律的制裁。再如,《反不正当竞争法》规定的罚款额度在法律规范中却没有规定相应的处罚标准,主要由执法人员自由裁量处罚的轻重,而执法人员执法不严,以罚代惩导致行政处罚措施对失信行为人没有形成真正威慑力。另外,司法部门对逃废债行为惩治不力,胜诉判决执行难在某种程度上纵容了失信人对失信后果的有恃无恐,严重破坏了公正的市场交易秩序和良性的营商环境。

除了单行法之间不协调和法律制度不完善外,在信用领域更为突出的问题在于有法不依、执法不严。实践中人情执法、地方保护主义引

---

① 参见赵文龙:《社会信用——一种经济社会学的初步分析》,西安交通大学出版社 2006 年版,第 146 页。

发的执法内外有别、执法队伍素质不高、执法水平不高等问题都在某种程度上削减了执法的威慑力和执法效果、效率，最终导致部分法律法规的规定形同虚设，违法失信现象依然大量存在。尤其在金融领域中，个别证券管理部门工作人员和上市公司高管滥用职权，操纵股价、不依法披露相关信息，从中牟利，严重扰乱证券市场和金融秩序。在农村，大量“三无”产品、伪劣商品、山寨食品充斥着农村小商店、小超市，因执法队伍力量薄弱，无法对上述失信行为进行有效查处，严重威胁农民的人身财产安全。另外，因中小企业融资难，催生了大量的民间借贷和非法集资，恶意失信现象频发，造成群体性事件不断发生和社会秩序的不稳定。

上述情况反映出我国现行公法对失信行为的规制虽然取得了一定成效，但与公法治理的预期目标还有一定的差距，问题的原因除了公法制度不完善外，主要是公法的定位在于对严重违反社会秩序的失信行为进行打击和制裁，而对经济社会活动中一般的违约失信行为则交由民法规制，公法并不全面介入，加之公法执法资源的有限以及执法不严，违法企业承担责任后，其实际的经营者个人并未受到任何惩罚和信用影响，使部分严重的恶意失信违法行为未得到应有制裁，且行为人从失信行为中获取了较大利益，反而形成“违法获益”反面示范效应，导致失信行为屡禁不止的恶性循环。另外，公法只侧重失信的惩戒和制裁，未建立对守信行为的制度激励机制，这也是公法对个人信用调整方式的一大缺陷。针对公法对个人失信行为规制的局限性和不足，除加大公法对失信的惩罚力度和强化执法力度外，更重要的是强化民法对个人信用的调整，以弥补公法治理的不足。

二、个人信用民法调整的制度优势

在伦理学上，一般以“诚信”概念指代经济学上的“信用”概念。诚信作为一种经济社会上的交往准则和伦理上的道德约束,在现代经济社会中彰显出和隐含着重要经济价值和社会意义。在法治社会中,社会主体的行为操守和道德准则共同构建了实现公共福祉和社会正义的基础和平台,伦理道德上的精神文化不可避免渗透到人们的思想观念和行为活动中来,并通过行为规范折射出对个体自由和社会正义的价值考量和利益平衡。

中国传统的诚信观历史悠长,内涵丰富,其是完全伦理化的信用观。虽然这样一种信用观念有利于整个社会的接受和认同以及信用文化的延续和传承,但其更多的是以道德因素存在并规范社会活动,而没有形成法律层面上的信用观。随着社会的进步,经济不断发展和活跃,信用便由道德规范上升发展为法律规范,成为民法以及多个法律部门的基本原则。诚信法律化是基于伦理化的信用观,它一方面采撷伦理道德的现实观念倾向与内容,另一方面酿制出法律自身所要求的制度、原则、规范、规则、概念等技术或程式意识。① 伦理化的信用观只有通过法律制度路径,由道德层面上升到法律层面,使其成为义务性、强制性的、人人遵守的社会规范,才可能孕育出健全的个人信用制度。

市民社会②的秩序维持通常依靠道德和法律两个方面。民法与其所隐含的道德之间有一个共通性的基础链接——诚信。诚信更多地体现为一个人的道德品质,其中,诚实表征着一个人的内心世界,信用体现为一个人的外部行为或评价。虽然诚信原则成为民法的基本原则,但在诚实和信用两者关系上,信用作为一种外部行为直接融入民事法律行为中,是一个人与他人产生、变更和消灭民事法律关系的直接原

---

① 参见龚勇:《信用中国》,中国方正出版社 2002 年版,第 10 页。

② 黑格尔沿用了“市民社会”概念,被认为是西方思想史上将市民社会与政治国家进行二元区分的理论先驱。

因。信用行为最终能否获得民事法律规范的认可关键在于其外部行为与其内心意思是否取得一致。这也是经常将诚实和信用两者联合使用的主要原因。现代社会对“诚信”的判断,不再过多地探究一个人的真实内心世界,更多的是从其外部行为进行社会评价。原因在于一个人的内心只有其自己最为清楚,外人较难作出真实判断,能够信赖的只有其外部行为表示。这也是为什么大多将其称为“个人信用评价”,很少使用“个人诚信评价”概念的原因所在。可以说,民法中的个人信用不仅是对自然人道德的评价尺度,还含有经济内容的利益要求和法律要求。民法以意思自治为理念,更重要的原因在于它以诚信为核心建构起了社会道德体系和法律规范体系,对民事主体信用行为起着直接的指导、调整与约束作用。

民法作为市场经济和市民社会的基本法,隐含着要求每个人都是“理性经济人”,但由于市场经济的竞争性和逐利性,市场这只“看不见的手”一旦失去了道德指引与法律规制,将会导致“市场失灵”和经济失序,整个社会生活和竞争市场就会变成丧失理性的利益争斗场和不讲信用的非理性社会。在这种情况下,必须依靠法律规则来维持市场和社会秩序的正常运作。诚实守信与和谐有序乃市民社会的基本价值追求。[①] 我国《民法典》进一步强化了诚信原则的基本原则地位,明确了守法与公序良俗原则,并在各个分编中强化诚信在现代民事关系中的重要作用。鉴于个人信用是整个社会诚信和契约社会的道德基石,现代民法应不断改进制度设计,通过个人信用权益权利化和个人信用义务配置和责任强化加强对个人信用的基础调整,健全其内在的守信激励与失信惩戒机制,为个人征信制度和社会信用体系的建立和完善奠定

① 参见唐献玲、张成飞:《论诚信之德与法治之道的和谐共进》,载《工会论坛(山东省工会管理干部学院学报)》2013 年第 6 期。

私法保障。

三、个人信用民法调整的理论依据

(一)不对称信息与信息经济理论

不对称信息,是指交易的一方拥有但另一方不拥有的信息。按照不对称信息发生的时间不同,会产生逆向选择和道德风险的危害。逆向选择又称“签约前机会主义”,主要指交易或签约前信息分布差异导致的交易方对交易的选择问题,也即一方面,交易中信息优势一方可以利用自身信息优势签订对自己有利的契约,形成对信息劣势方的失信。另一方面,由于信息不对称,交易一方可通过隐藏行动或隐藏信息侵占交易对方的利益或转嫁风险,被称为“事后机会主义”,即所谓的“道德风险”。

信息经济理论,又称机制设计理论,主要指在信息不对称的情况下,当事人之间如何签订合同、达成契约及对当事人行为的规范问题,即如何设计一个经济机制使经济活动参与者的个人利益和设计者既定的目标相一致。即每个人主观上追求个人利益的同时客观上也达到机制设计者既定的目标。从信息经济理论来看,市场主体之间信息不对称必然会产生投机者的失信行为。如在银行借贷中,借款人真实的偿债能力等信息只有借款人自己最清楚,银行并不能完全了解。在这种信息不对称的情形下,有可能造成银行放出的贷款无法按期收回,从而形成呆账,借款人也因此失去信用。长此以往,如果没有有效的机制加以制约,杜绝这类失信行为,类似的失信现象将最终导致信用危机。当然,信息优势一方不是天生的失信者,一般情况下,只有其认识到失信成本小于失信收益时,才会趋之若鹜,选择欺诈或选择违约。如在保险合同中,投保人为了获得保费而故意隐瞒自己的疾病;在二手车市场交易中,车主为了获得更高的价款而故意隐瞒车辆的事故和故障信息。

因此，逆向选择说明了事前信息不对称对市场主体信用行为的影响；而道德风险则反映了事后信息不对称的社会危害性。

经济学家研究表明，社会经济生活中的不对称信息引发的逆向选择和道德风险可以通过失信惩戒与守信激励机制形成"激励相容"[①]。该机制既包括对失信者的惩罚，同时又包括对守信者的激励。对失信者的惩罚恰恰是对守信者的激励。[②] 当然，上述失信惩戒与守信激励机制除了建立和完善征信平台和征信机制外，更重要的是需要民法内在的调整机制作支撑。民法是市场经济和市民社会的基本法，以平等主体之间人身关系和财产关系为调整对象。不对称信息和信息经济理论归根结底是为了解决市场交易中平等市场主体间的信息不对称问题，而这一问题本质上仍然属于私法调整的范围，理应通过私法内在调整机制的调适和完善加以应对和解决。失信惩戒最终应由包括民事责任在内的法律责任来落实，守信激励可以通过信用利益权利化的方式加以完成。另外，在信息共享平台的运行中，必然涉及隐私和个人信息的保护问题，该问题应归属于民法内部权利体系间不同类型利益的平衡和协调问题。

（二）博弈理论

博弈论以"理性经济人"假设为前提，可分为完全信息和不完全信息下的静态和动态博弈模型。博弈论在信用研究领域运用广泛。根据"囚徒困境"模型，如果在一次性交易中，当事人都会选择欺诈或失信，

---

① "激励相容"是指在市场经济中，每个"理性经济人"都会有自利的一面，并拥有只有自己知道的私人信息，其个人行为会按照自己的规则行动即显示自己的私人信息。激励相容制度能够使行为人的个人利益与社会利益相协调。参见杨咸月：《信息不对称与机制设计理论——2007年诺贝尔经济学奖获得者的贡献》，载《经济理论与经济管理》2008年第2期。

② 参见颜少君：《我国失信惩戒机制构建研究》，中国经济出版社2013年版，第40～43页。

但在常态化交易中,当事人为了长远利益和目标,将会选择守信与合作。按照美国经济学家乔治·阿克诺夫的研究,合作博弈形成的一个必要条件之一就是对背叛行为或失信行为进行惩罚,即所谓的"可激怒的"(infuriatable),否则,信用合作就无法成为集体稳定战略。①

事实上,在复杂的市场环境下大量存在一次性交易,由于信息不对称,"理性经济人"都存在机会主义倾向,一次性交易很难达成博弈的合作结果。在这种情况下,双边博弈中的惩戒要想发挥作用必须具备更加严格的条件。如市场主体失信行为信息快速在全社会进行传播,只要失信者的失信信息以较低的成本迅速地传播,失信者便会选择守信的博弈策略。如我国普通列车上和临时交易市场的买卖,因其与过往的乘客或消费者之间交易大部分是一次性交易,故其为了追求利益最大化故意出售价高质次的商品,甚至有大量假冒伪劣商品或山寨商品充斥其中,但如果其失信信息可以通过较低成本迅速传播或者施以惩罚性赔偿,行为人就会担心声誉受损或得不偿失而选择公平交易。现代社会在相当程度上是一个"陌生人社会",尤其在市场交易中,故而信息的低成本收集和传播需要依靠第三方组织的力量来提供信用信息服务,才能保证交易的顺利进行。② 就恶意违约成本偏低的问题,则需要民事责任制度完善加以解决。传统民法的责任机制以填补损害为原则,实践中违约或侵权成本较低,获益可能性较大,而民事权利救济成本较高,尤其针对标的额较小的欺诈违约纠纷,"赢了官司赔了钱"的案例大量存在。针对以上情况,为了加大违法成本,我国《民法典》在填补原则的基础上,对恶意失信行为加大惩罚力度,在产品责任、知识产权

① See George Akerlof & Janet Yellen, *Efficiency Wage Models of the Labor Market*, Cambridge University Press, 1986.

② See Avner Greif, *Contract Enforceability and Economic Institutions in Early Trade: The Maghribi Traders Coalition*, American Economic Review, 83(1993).

侵权、环境和生态侵权等领域适用惩罚性赔偿,充分调动受害人维权的积极性,最大限度地遏制失信者的违约逐利行为。

(三)制度经济学理论

美国制度经济学家康芒斯认为,制度就是"集体行动控制个体行动"①。从最普遍意义上讲,制度是一个社会的"游戏规则"②,是确定权利,对风险、义务和责任承担具有约束力的关系束。③ 柯武刚和史漫飞认为,制度是由人制定的规则,它需要依靠某种惩罚而得到贯彻。只有确立惩罚规则才能将人类行为导入可合理预期的轨道。④ 按照新制度经济学代表人物、美国经济学家道格拉斯·诺斯的观点,制度分为正式制度和非正式制度。正式制度包括法律、法规及具有强制约束力的行为规则。非正式制度包括习惯习俗、文化传统等不具有强制拘束力的行为准则。如未按照交通规则横穿马路,不按秩序排队上车往往会受到大众的道德谴责。我国当前社会信用缺失的根本原因在于失信惩戒正式制度的不完善,因而迫切需要完善失信惩戒机制,改变原来的路径依赖,形成新的自我强化机制。失信惩戒的制度安排既包括由立法机关做出强制性的制度安排,也包括行业协会内部的自律管理。失信惩戒机制是由一系列正式制度和非正式制度组成的,具体由市场性惩戒、行政性惩戒、行业性惩戒、司法性惩戒、社会性惩戒等多种惩戒手段方

---

① [美]康芒斯:《制度经济学》,于树生译,商务印书馆 1962 年版,第 87 页。

② 诺斯认为,制度是一个社会的游戏规则,或更正式地说是人类设计的构建人们相互行为的约束条件。参见颜少君:《我国失信惩戒机制构建研究》,中国经济出版社 2013 年版,第 46 页。

③ 参见[美]阿兰·斯密德:《制度与行为经济学》,刘璨、陈国昌、吴水荣译,中国人民大学出版社 2004 年版,第 5 页。

④ 参见[德]柯武刚、史漫飞:《制度经济学:社会秩序与公共政策》,商务印书馆 2004 年版,第 32 页。

式共同作用的、多层次全方位失信惩戒体系。①

在正式制度里,民法是其最为基本的组成部分。民法的价值原则主要包括两个方面:一方面是关于自由的,体现为意思自治和与之相应的任意法制度;另一方面是关于自由限制的,体现为合法、诚信与公序良俗的要求和违反要求的无效民事行为制度。② 可见,现代民法是关于自由与自由限制的基本正式制度。俗话说:"没有规矩,不能成方圆。"③法谚有云:"没有边界的自由不是自由。"只有人人都遵守法律规则和契约精神,真正的自由和秩序才能生成。马克思曾言:"法典是人民自由的圣经。"民法反映了市场经济和市民社会的基本条件,不仅告诉人们可以自由地去做什么,也告诉人们不能或者禁止做什么。民法是民事主体自由的基本尺度、划定了自由的基本边界。个人信用就是民法为自然人划定自由边界的一部分,每个人在经济社会活动中必须诚实守信,才能换取他人和社会对自己的信任。如果民法不对市场交易中的信用行为加以规范,那么市场自由无从谈起。民法所包含的民事权利、民事义务和民事责任所构成的民事法律关系实质上是一个内在的守信激励和失信惩戒机制。针对市场经济中的信用缺失现象,现代民法应将权利本位和社会本位相并重,改变原始路径依赖,适度强化惩戒失信行为的强制性规范,形成新的制度约束机制,引导市场发展形成健康有序的社会经济秩序。

四、个人信用民法调整的价值基础

(一)个人信用是市场经济良性运行的基石

信用及信用秩序是市场经济良性运行的最重要基础之一,是经济

① 参见颜少君:《我国失信惩戒机制构建研究》,中国经济出版社 2013 年版,第 48 页。

② 参见王利民:《人的私法地位》(第 2 版),法律出版社 2013 年版,第 369 页。

③ 《孟子·离娄上》:"离娄之明,公输子之巧,不以规矩,不能成方圆。"

交往的重要保障。[①] “信用经济”一词最早是由德国旧历史学派代表人物布鲁诺·希尔布兰德(Bruno Hildbrand)提出的。瑞典经济学家尼特·维克赛尔在希尔布兰德的信用经济概念基础上提出了“纯现金经济”“简单信用经济”“有组织的信用经济”“纯信用经济”等四种信用经济形态。英国经济史学家约翰·希克斯在维克赛尔信用经济理论基础上提出了“信用经济”的两种模式:单中心模式和多中心模式,强调信用在商品经济中的具有重要地位。[②] 达斯古波塔从功利性的角度认为,信任是一个商品,人们只有在有利可图的情况下才会提供这种商品。一方给予对方信任意味着一方接受对方的承诺,而不加防范;但承诺必须有利益的保证,只有受到利益驱使的行为才值得信任。在这个意义上,任何没有建构在实际利益之上的道德约束都是脆弱的。[③] 市场经济之所以被称为“信用经济”,从根本上说是一个价值判断和事实判断问题。这里的价值判断是指市场经济作为建立在高度分工合作基础上的经济形态,对信用有较高要求;而事实判断是指健全市场环境中的市场主体一般都应自觉或不自觉地遵循诚信准则。这既需信用伦理之教,也取决于制度约束之效。否则,一旦信用关系和秩序破坏,市场经济的正常活动就无法开展。市场经济越发达,对信用的要求就越高,而信用越普遍化,社会信用程度越高,经济活动的成本就越低。

信用是市场经济的基础和前提,这是市场经济关系的基本准则。市场经济是建立在社会化大生产的物质经济条件基础上的商品经济,其基本特征是通过市场供求关系与机制实现资源的配置。市场机制的核心乃是基于信用进行等价交换,交换双方以信用为守约条件,构成相

---

① 参见孙智英:《信用问题的经济学分析》,中国城市出版社 2002 年版,第 4、120、152 页。

② 参见骆玉鼎:《信用经济中的金融控制》,上海财经大学出版社 2000 年版,第 10 页。

③ 参见周雪光:《组织社会学十讲》,社会科学文献出版社 2003 年版,第 252 页。

互信任的经济关系。[①] 随着交易关系的复杂化和多元化,整个市场关系被信用关系所联结和支撑,从而维系着市场秩序的稳定和有序进行。可以说,没有信用,就没有交换与市场;没有信用,就没有经济活动存在与发展的基础;没有信用,就没有人类社会稳定发展的社会秩序。事实证明,诚实守信已成为现代文明对个人发展和经济社会进步的基本要求,有利于提高全社会的诚信意识和信用水平。

在经济交往活动中,交易一方可能对对方的信息缺乏充分了解,交易另一方不排除故意隐瞒真实信息的可能性,这必然导致交易双方信息不对称。在信息不完全和不对称的条件下进行交易,存在诸多不确定性和潜在的风险性。为了规避风险,市场主体的行为将会脱离信守承诺的轨道,使市场异化,发生"逆向选择"和"道德风险",无法通过市场机制对资源实现有效配置,市场经济的效率将大大降低。由于信息的不完全与不对称,市场主体需要在经济和交易活动中收集、识别各种各样的信息,而且需要对收集的信息进行专业处理和分析,这一过程必然直接提高市场主体的交易成本,阻碍市场经济的发展。因此,必须构建信守诺言、积极履约的信用制度和信用管理体系,建立信用建设长效机制,通过制度规范和失信惩戒机制来规范交易行为和制裁失信行为,使每个市场主体自觉塑造自己的信用形象和维护自己的信用利益。因此,不健全的市场经济活动中大量存在信息不对称和博弈心理过程,这就需要完善的信用制度、信用管理体系和专业的社会信用服务机构为市场经济的稳定发展提供基本保障。

法乃社会利益的平衡器。"民法规定的财产法确立了有关财产的归属及其转移的基本框架和规则,这恰好是规定经济关系最基本部分

---

① 参见吴晶妹:《三维信用论》,当代中国出版社 2013 年版,第 84 页。

的法。从这个意义上说,这里所说的财产法是经济关系的基本法。”[①]民法是调整市场经济关系的基本法,市场主体在市场经济活动中所形成的信用法律关系自然属于民法的调整范围。根据我国《民法典》的规定,民事主体分为自然人、法人和非法人组织,其中,法人又分为营利性法人、非营利性法人和特别法人。市场主体的一切经济活动离不开个人信用利益的动力推动。在大陆法系国家,按照法人的内部结构不同,将法人分为社团法人和财团法人。社团法人具有人合兼资合性。法人的成立和资本集合均是建立在发起人或投资人相互之间信任的基础之上。其中,企业和公司是社团法人社会信用活动最为活跃的市场主体。企业与企业之间或者企业与金融机构之间的交易和信贷都离不开个人信用的基础支撑。企业法人或非法人组织都是拟制的市场主体,组织或团体信用均是建构在经营者或管理者个人信用之上的,因而,企业或社会组织等市场主体之间的信用交易本质上是建立在个人与个人之间信用基础之上的,个人信用是维系整个社会经济活动的基础动力源。自然人作为第一类民事主体,对市场经济活动个人信用关系的调整是民法义不容辞的使命所在,也是彰显民法是市场经济基本法的重要体现。

(二)个人信用是诚信社会构建的根基

信用是社会经济活动和金融活动不断衍生和发展的基础,是现代社会经济发展的润滑剂和重要工具。社会信用体系是一个庞大系统工程,主要包括规制失信行为的法律体系、恪守承诺的诚信体系、成本低

① [日]山本敬三:《民法讲义Ⅰ:总则》,解亘译,北京大学出版社2012年版,第10页。

廉的征信体系等。[1] 有学者认为，社会信用体系是一种社会治理机制，应包括信用行为载体的信用工具体系、道德和制度规范体系、信用服务体系、信用教育体系四个部分，四个体系构成一个有机的整体，共同承担塑造社会信用的功能。[2]《社会信用体系建设规划纲要（2014—2020年）》从政策层面将我国社会信用体系分解为政务诚信、商务诚信、社会诚信、司法公信四个方面。其中，社会诚信中的个人信用是整个社会信用体系和诚信社会建设中的基础和根基。

在现代社会，个人信用不仅涉及消费信贷、市场交易等经济活动方面，而且涉及个人的职业信誉、遵章守法等社会交往方面。如按揭购房、买卖交易、信用卡消费等各种以个人信用为担保的信用交易和消费性贷款，以及租房、就业、升职等社会生活行为都和个人信用密切相关。个人信用制度的发展促进了现代社会经济的发展，使消费能力有限的个人也能够超前消费和扩大市场需求，创造出更多的市场机遇和就业机会，促进整个社会经济的繁荣和发展。从发达国家社会经济的发展历程来看，个人信用是诚信社会发展的根基。每个自然人是社会的最小组成单位，人与人相互关系构成了社会。建设社会信用体系是我国从社会管理转向社会治理的深刻变革，意味着将开启政府、社会组织、公众共同参与的多元共治模式。社会信用体系所涉及的各类自然人，无论是公务人员、企业经营管理人员、司法人员，还是普通的自然人，只有遵循诚信，坚守职责，才能支撑起政府、企业、司法、社会诚信的良好风尚，实现诚信社会的不断发展。

市民社会倡导个人在享有自由权利的同时，应履行和承担对社会

---

① 参见吴晓灵：《以征信发展促进社会信用体系建设》，载《宏观经济管理》2003 年第 9 期。

② 参见谢名家：《信用：现代化的生命线》，人民出版社 2002 年版，第 338 页。

共同体的义务和责任。诚信社会是市民社会的应然状态,而民法是市民社会的基本法,市民社会的社会关系需要通过民法加以调整以实现正常的秩序。“民法是市民社会的权利典章。”[①]民法的最基本原则是私法自治和诚实信用,最基本的功能是对民事权利的确认和保护,民法的内容鲜明地展现了市民社会的基本价值理念,如人格平等、契约自由等。民法调整对象是市民社会中最主要的社会关系,平等主体间的人身关系和财产关系实质上是市民社会一般社会生活关系的基本形态,而财产关系和人身关系是市民社会一般生活的两个基本面。[②] 无论是民事权利还是民事义务,都与自然人密不可分。个人信用作为权利与义务的统一体,从制度规范上需要民法采用“信用权益—信用义务—失信责任”逻辑结构进行调整和规制。

---

① 胡宝海、王晓君:《民法上的人》,中国社会科学出版社 1999 年版,第 3 页。

② 参见李双元、温世扬主编:《比较民法学》,武汉大学出版社 1998 年版,第 1 页。

第二章　调整方式一：个人信用权益的确认保护与侵权救济

美国学者伯纳德·施瓦茨曾言："法律目标的实现途径是，承认一定的利益，确定法律确认这些利益的限度，在确定的限度内尽力保护得到承认的利益。"[①]换言之，法律所保护的利益必须要通过一定的路径实现，而实现利益的路径即是规定主体享有一定的权利。当前，"我们的时代是一个迈向权利的时代……越来越习惯于从权利的角度来理解法律问题，来思考和解决社会问题"。[②] 个人信用权的法定化是对守信者利益的法律确认和保护，表明了人类对自身价值认识的发展和完善。个人信用权的微观价值目标是保护自然人的信用利益，鼓励其重视信用、利用信用，宏观价值目标则是促进交易，维护市场秩序。[③] 个

---

① ［美］伯纳德·施瓦茨：《美国法律史》，王军等译，法律出版社2007年版，第22页。

② 张文显、姚建宗：《权利时代的理论景象》，载《法制与社会发展》2005年第5期。

③ 参见艾茜：《个人征信法律制度研究》，法律出版社2008年版，第27页。

人信用权的提出旨在充分保护个人信用利益,也是民法调整个人信用的一种重要手段。

第一节　个人信用权的界定与权利化意蕴

德国法学家耶林认为,权利就是受到法律保护的一种利益。所有的利益并不都是权利,只有为法律所承认和保障的利益才是权利。[①] 也就是说,权利是为法律所肯认和保护的利益。任何一种权利既与法律有关,又与道德有关,它能够通过法律的强制力来维护其合法利益要求,而相关道德规范无法像法律一样确保利益的维护。[②] 法律与道德均是社会治理的手段。道德调整个人全部具有社会效用的行为,而法律仅仅调整其中具有重大社会效用的行为。[③] 就逻辑上而言,权利是受法律和道德双重保障的利益。

一、个人信用权的概念界定

个人信用权是自然人在经济社会交往活动中对其履约能力与履约意愿在社会上获得的评价与信赖而享有的保有、维护、利用和救济的权利。个人信用权的主体是自然人。个人信用权以信用利益为权利客体,信用利益兼具人格利益和财产利益属性,既具有人格权的专属性,又像知识产权一样,包含无形财产利益的内容。其与其他民事权利相

---

① 参见[美]罗斯科·庞德:《通过法律的社会控制》,沈宗灵译,商务印书馆1984年版,第46页。

② 参见[英]鲍桑葵:《关于国家的哲学理论》,汪淑钧译,商务印书馆1995年版,第204页。

③ 参见王海明:《新伦理学》(修订版)(中册),商务印书馆2008年版,第815页。

比主要具有以下四个方面的特征。

(一)非恒定的独占性

个人信用权的权利内容并非一成不变,其保护范围随着自然人在经济社会交往中的财产状况、履约情况、履行义务能力与意愿评价的高低始终处于不断的动态变化之中。它既无法像所有权那样基于客观存在的物来设定权能类型和权利范围,也不能依照知识产权通过登记备案方式对其效力范围加以确定。一个人一段时间内信用评价等级高,并不意味着其将来一定会遵守信诺,同理,一个不守信的人如果改正自己的不诚信的缺点,其将来可能通过守信累积成为一个信用优良的人。因此,自然人的信用评价所伴生的信用利益会随着经济、道德以及其他社会因素相互作用处于不断变动中,其独占的权利范围不具有永久的确定性。

(二)有限的支配性

个人信用权如同物权、人格权、知识产权一样都属于一种绝对权,权利人有权对其信用加以支配,可以利用其信用获得他人信任而取得交易机会和经济利益,并排除他人的干涉和侵害。当市场经济进入信用经济时代后,越来越多的场合需要查询个人信用状况,如现代生活的个人信贷、申领信用卡、就业、共享单车免押金等。自然人拥有的信用等级越高,其获得交易机会可能性越大和间接利益也越多。但个人信用权如同人格权,只是一种有限的支配权,无法像财产权一样任意处分。人格权的行使与支配受到伦理观念、公序良俗等限制与影响。[①] 个

① 参见曹险峰:《人格、人格权与中国民法典》,科学出版社 2009 年版,第 102 页。

人信用权本身不可以与主体分离，不得转让和死后发生继承。[1]

（三）间接的财产性

信用权不仅具有人格专属性，而且具有一定的财产属性。吴汉东教授认为，信用是特定民事主体的财产利益，是一种没有物质形态的财产利益，所以它不是人格利益而应归入无形财产的范围。[2] 该观点对企业信用权较为合理，因为企业的信用可以评估作价，并可以作为资产转让，但对于个人信用权而言，其本质上是社会对其经济能力和履约意愿的评价，具有较强的人格属性，其与自然人紧密不可分离，不可进行转让。个人信用权依附于自然人，一旦自然人死亡，其信用权也将不复存在。[3] 个人的信用评价越高，其拥有的潜在交易机会越多，信用评价并不像知识产权一样具有直接的财产内容，其潜在的利益需要通过交易完成后才能间接取得。因而，个人信用权的财产属性表现为间接的财产利益可能性。

（四）载体的信息性

信用的核心是信用信息问题。信用本身是一种可以量化的信息，可以通过一定的符号表示信用的好坏程度、高低水平。信用利益往往通过个人信用信息来记载和展现。个人信用信息是与信用主体信用行为与信用状况相关的信息，对这些信息的获取和利用能够为交易主体挖掘潜在的交易对象并区分客户群体，从而增加交易的机会和利润。由于信用信息具有价值性，故而在法律层面上会产生信用利益关系。

---

① 参见王利明：《人格权法研究》（第 2 版），中国人民大学出版社 2012 年版，第 589 页。

② 参见吴汉东：《论信用权》，载《法学》2001 年第 1 期。

③ 参见李晓安、阮俊杰：《信用规制论》，北京大学出版社 2004 年版，第 18 页。

自然人可以通过对个人信用信息的控制实现其信用价值和利益。如果没有制度和规则的约束，行为主体为了追求利益最大化，便会对信用信息的利益追求不择手段，引发社会秩序的混乱。现代信息技术的发展使个人信用信息的大量收集和传输成为可能，发达的通信与网络实现了信息传播的批量性与低成本性。这为个人征信体系的建立和完善创造了信息技术条件，促成信用信息的快速传播和获得信用信息的低成本，在更广泛范围内实现市场领域和社会领域对个人信用信息的共享。

二、个人信用权的法律属性

理论之价值在于化解不同问题之间的冲突并寻求一种体系内的和谐，以达成对现实的最大限度的整体解释。由此观之，关于信用权概念的学说，也同样需要回答现实与理论的双重追问："信用权"之创设是否是对信用体系的妥当的法律理论上的回应？此项创设是否遵循了民法理论的基本体系逻辑？①

目前，法学界对信用权概念界定主要存在本质属性和权利客体两大方面的分歧。关于信用权的权利属性，主要有三种代表性观点：一是认为信用权是一种独立的人格权。该观点以王利明教授、杨立新教授和张俊浩教授为代表。② 二是将信用权归属于无形财产权的范畴。吴汉东教授是持此观点的主要代表。③ 三是认为信用权是一种兼具人格权和财产权双重属性的民事权利。以谢怀栻先生为代表。④ 对于信用

① 参见姚辉：《信用法律制度的若干前提性判断》，载《政法论丛》2008 年第 2 期。

② 参见王利明主编：《民法典 · 人格权法重大疑难问题研究》，中国法制出版社 2007 年版，第 58 页。

③ 参见吴汉东：《论信用权》，载《法学》2001 年第 1 期。

④ 参见谢怀栻：《论民事权利体系》，载《法学研究》1996 年第 2 期。

权的客体，主要有两种认定标准：一种认为信用权是对其经济上评价享有的权利。另一种认为信用权是基于对其社会评价赋予的权利。①

关于个人信用权的本质属性，虽然在现代经济学理论中重点关注“信用”契约经济方面的意义，这是信用经济学理论研究所不可或缺和偏重的，但在社会交往中，信用并非完全与财产相联系，其作为法律意义上的人格利益具有一定的独立性。在信用的发展史中，诚实、守信的良好品德等人格方面的因素与财产因素既相联系、又相分离，发挥着同等重要的作用。② 人格权和财产权有共同的理念基础，也就是人格尊严和人格自由的发展，无论是宪法或民法上的保护，都兼有静态的“现状”保护与动态的“发展”保护两个层面，也都包含了精神和物质的利益。③事实上，在“熟人社会”条件下，一个人仅有诚信良好品德等人格方面的因素，也可以在一定期限内维持其信用，并不完全以财产为基础。④ 一般而言，自然人具有良好信用等级为其拥有更多的交易机会或社会交往提供了可能性，但并不意味着其如同财产权一样可以对特定的财产直接行使支配权。财产权具有直接的财产内容，而个人信用权只是间接地反映了财产利益，就这一点而言，其与财产权存在重大差异。信用权是信用主体享有的社会对其履约能力和履约意愿进行客观公正评价的权利，这如同名誉权是民事主体享有的他人不得对其品德、品行进行侮辱、诽谤的权利一样，都要求他人对权利主体的行为进行客观真实的社会评价。依照上述逻辑分析，个人信用权和个人名誉权同属人格权

---

① 参见尚国萍：《民法典编纂中信用权保护模式的立法选择》，载《河南师范大学学报（哲学社会科学版）》2015 年第 6 期。

② 参见尚国萍：《民法典编纂中信用权保护模式的立法选择》，载《河南师范大学学报（哲学社会科学版）》2015 年第 6 期。

③ 参见苏永钦：《寻找新民法》（增订版），北京大学出版社 2012 年版，第 67 页。

④ 参见程合红：《商事人格权——人格权的经济利益内涵及其实现与保护》，中国人民大学出版社 2002 年版，第 94 页。

范畴,这也是为何我国司法实践中通过名誉权间接保护个人信用利益的根本原因。[①] 但其与名誉权最大的区别在于个人信用权又反映了无形财产的内容,而个人名誉权只涉及一个人的综合评价,并不具有财产内容。

关于个人信用权的客体——信用,究竟基于经济评价还是社会评价?简言之,个人信用权的客体是客观偿债能力的评价还是既包括客观偿债能力也包含主观偿债意愿的评价?这需要对我国征信机构对信用信息收集的范围进行判断。目前我国征信体系采用二元征信模式:个人征信系统和企业征信系统。个人信用报告是个人征信系统提供的基础产品。个人信用报告中的信息主要有六个方面:公安部身份信息核查结果、个人基本信息、银行信贷交易信息、非银行信用信息、本人声明及异议标注和查询历史信息。企业信用报告是全面记录企业各类经济活动,反映企业信用状况的文书,是企业征信系统的基础产品。企业信用报告是信息主体的"经济身份证"。企业信用报告主要包括四部分内容:基本信息、信贷信息、公共信息和声明信息。基本信息展示企业的身份信息、主要出资人信息和高管人员信息等。借贷信息展示企业在金融机构的当前负债和已还清债务信息,是信用报告的核心部分。公共信息展示企业在社会管理方面的信息,如欠税信息、行政处罚信息、法院判决和执行信息等。声明信息展示企业项下的报数机构说明、征信中心标注和信息主体声明等。通过以上对个人信用报告和企业信用报告的解读,信用报告主要是对个人和企业金融信贷等经济活动信息的汇总。但除此之外,还包括社会信息等其他非经济活动信息,如个人的职业信息、资产状况信息和其他领域欠费信息、企业的欠税信息、

① 参见尚国萍:《民法典编纂中信用权保护模式的立法选择》,载《河南师范大学学报(哲学社会科学版)》2015 年第 6 期。

法院判决和执行信息等,也体现了对一个人责任、义务、承诺兑现等信赖可靠性的社会评价。[①]

现实生活中,有的自然人虽然具有较强的经济实力和客观的偿债能力,但缺乏积极履行债务的主观意愿,恶意违约,不履行债务。相反,有的人虽然经济条件有限或财务状况不佳,但仍能克服困难信守约定,如期偿还债务。个人信用不能仅仅视为对自然人客观履约能力的评价,而应是对当事人客观的经济能力以及履约意愿的综合评价。因而,民法中信用基础并不完全是财产或经济评价,也包括履约意愿的综合评价,其实质上是一种履约的行为预测评价。根据《征信业管理条例》规定和《社会信用体系建设规划纲要(2014—2020年)》文件内容来看,征信的主体主要为金融机构、授权的具有管理公共事务职能的组织、其他社会征信公司等征信机构,法律和法规没有授权的其他社会机构无权对个人信用信息进行采集、整理、保存、加工以及向信息使用者提供。[②] 因此,笔者认为,在信息社会下,个人信用的评价主要由征信机构依据自然人的经济状况、信贷、履约记录等各方面信息进行综合评价,从而对未来履约意愿进行评估和预测。征信机构征信的专业性、信息全面性会得到社会公众的高度信赖,如果信用信息采集与分析错误导致信用评价不合理,将会给被征信人带来重要影响,征信机构也必然会成为主要的侵权主体,而信息提供者、信息使用者由于提交错误的信息和未按约定不当使用或向他人披露权利人的信用信息,也可以成为侵权行为人。

---

① 参见尚国萍:《民法典编纂中信用权保护模式的立法选择》,载《河南师范大学学报(哲学社会科学版)》2015年第6期。

② 参见尚国萍:《民法典编纂中信用权保护模式的立法选择》,载《河南师范大学学报(哲学社会科学版)》2015年第6期。

三、个人信用权利化的价值意蕴

个人信用被贴上权利的标签是信用问题社会化过程的必然结果。当侵犯个人信用利益只是社会偶然现象时,个人信用权没有植根的社会土壤,作为解决普遍性法律问题的权利制度安排也就没有介入的必要。对社会中极个别社会问题的解决通过相近的制度予以涵摄足矣。[①]但当社会信用体系成为一种新的治理体系和治理模式时,个人信用利益保护成为新治理模式确立的基本问题,亟待立法上予以积极回应,否则将抑制个人征信体系与牵制整个社会信用体系的发展与完善。

(一)个人信用权利化是建立守信激励机制与扩大信用消费的必然要求

市场经济具有信用经济特质,市场的一切交换都以信用为基础。在信用经济中,信用和风险成反比,“信用比金子珍贵”。我国个人信用评价制度发展滞后的主要困境在于缺乏民事权利基础,也即,个人信用评价或评级所指向的是何种利益?信用评价或评级作出后,市场主体的权能会发生什么变化,对其产生何种影响,这些问题均缺少深入的理论探讨和法理基础。因此,肯认一种新的受法律保护的信用利益,并将它以权利的形式确立,是社会主义市场经济与市场主体信用评价制度发展的必然要求。我国正处于深化社会主义市场经济体制改革的攻坚期,覆盖全社会的个人征信体系尚未真正建立,守信激励和失信惩戒机制未全面形成,个人信用服务市场滞后,个人信息权益保护机制缺失;失信和违法成本偏低导致个人骗贷、制假售假、偷逃骗税等现象屡禁不

---

① 参见胡大武:《侵害信用权民事责任研究——以征信实践为中心》,法律出版社 2008 年版,第 16 页。

止。[1] 个人信用权的确立有利于引导与激励自然人积极维护自己的信用利益，增强个人信用意识与观念，增进市场主体的交易信心，提高交易效率，扩大交易规模，进而促进社会经济发展。[2] 通过对物物交易到以货币为媒介的市场交易再到信用交易的经济变迁历程可以看出，信用交易成为第三次浪潮中的主导交易方式，为中国扩大内需、促进个人信用消费、优化营商环境奠定良好的经济基础。信用将成为一个人财富衡量和社会评价的核心标准，并成为社会资源配置的新依据。未来社会民事主体权利能力判断将受到其信用评价的影响。因此，个人信用权在立法上的确立是守信激励机制形成的前提条件，对增强社会成员诚信意识和提升国家整体竞争力具有重要意义。

（二）个人信用权利化是构建诚信社会的前提基础

中国在几千年的文明发展进程中崇尚与人为善、诚信为本，即所谓“人无信不立，信无诚不成”，反映了古人对自身信用评价的珍视和社会道德风尚的淳化，诚信成为维系古代社会稳定运行的基本道德准则。随着改革开放的深入，利益关系更加多元化，各种社会矛盾凸显，全面推进社会信用体系建设是推进社会治理现代化、增强社会诚信和互信、减少社会矛盾的有效手段和迫切要求。现实生活中的信用危机问题愈加严重，严重扰乱了市场经济秩序和社会秩序。由于现行社会信用体系正在建立，无法对失信行为人进行全面有效惩戒，守信人的信用利益得不到保障和激励，这使个人信用权保护问题尤为突出，如在合同的签订与履行、国家助学贷款、个人消费贷款、其他个人信贷活动中，都存在

---

① 参见尚国萍：《民法典编纂中信用权保护模式的立法选择》，载《河南师范大学学报（哲学社会科学版）》2015 年第 6 期。

② 参见杨立新主编：《中国人格权法立法报告》，知识产权出版社 2005 年版，第 154 页。

个人信用权保护的必要性。[1] 确立民事主体信用权是应对中国社会结构变迁、提倡、弘扬以民法为主导的权利文化的必然要求,对构建诚信社会具有积极的作用,尤其有助于个人征信制度的完善。[2] 征信制度的核心目标在于守信激励与失信惩戒,只有在民法中明确规定与保障个人信用权益,才能倡导人人守信风尚,为防止行政侵权(如“黑名单”制度)提供民事权利基础,从而推动诚信社会的有序构建。

(三)个人信用权利化反映了现代民事权利体系的发展趋势

民法是市场经济的基本法。民法是所有制发展到一定阶段的产物,是随着商品经济的产生、发展而不断演进的。不同历史时期的民法反映着不同时期商品经济的社会条件,维护和促进着商品经济的发展。随着社会经济的快速发展,现代民事权利体系处于不断扩张与发展中,尤其在人格权领域,随着社会观念和哲学价值的转变,现代人格权已突破了传统消极防御的权利特征,各种积极防御性权利内容逐渐得到现代民法的肯认,人格权的权利类型和结构体系不断丰富和发展。诚信原则作为民法的基本原则,被赋予市场经济活动“帝王原则”地位。传统民法中,将诚信视为开展民事活动应遵循的义务性行为规范,在民法具体规范中体现为具体类型的民事义务,但并未将与之对应的信用权益纳入民事权利体系中,《法国民法典》等近代民法中未规定信用权便是明证。事实上,诚信原则作为民事主体的基本遵循,在民法规范中应表现为信用权益和诚信义务两个方面,既要对失信行为进行惩戒与制裁,同时还需对守信行为给予保护和激励,只有这样才能维系民法功能

---

① 参见赖卓平:《关于建立和完善信用制度的法律思考》,载《中山大学学报论丛》2002 年第 2 期。

② 参见尚国萍:《民法典编纂中信用权保护模式的立法选择》,载《河南师范大学学报(哲学社会科学版)》2015 年第 6 期。

与彰显制度正义。《德国民法典》第824条对信用权的保护以及英美国家信用立法的颁布,表征着信用权作为一种新型民事权利正在被越来越多的国家和地区所认同。[①]

四、个人信用权与个人名誉权之关系

就民法角度而言,名誉是指对民事主体品行、声誉、德性等道德上的社会评价。它并不必然涉及对民事主体履约能力与履约意愿的社会评价,更不反映一种信赖关系。虽然名誉和信用均是对民事主体的一种社会评价,两者有时是相互影响的,虚构事实有时会导致信用评价的降低,但两者的评价标准是不同的。[②] 例如,在"周某诉中国银行股份有限公司上海市分行名誉权纠纷案"[③]中,法院认为,被告在审核信用卡申请资料中确实存在一定的过错导致原告的信用报告存在不真实的记载。但是,被告所报送的欠款信息是源于原告名下信用卡的真实记载,并不属于恶意捏造、虚构事实行为,不构成侵害原告名誉权的行为。而且,中国人民银行的征信系统是一个相对封闭的系统,原告的信用记录并未进行广泛传播,在结果上未造成其社会评价的降低,故未支持原告的诉讼请求。有学者认为,该案中原告的名誉可能并没有受到影响,但其信用利益确实受到了损害。[④]

从理论上分析,个人信用权与个人名誉权之间主要存在以下区别:第一,两者的客体不同。个人信用权的客体是信用利益,表现为对自然

---

① 参见尚国萍:《民法典编纂中信用权保护模式的立法选择》,载《河南师范大学学报(哲学社会科学版)》2015年第6期。

② 参见王泽鉴:《人格权法:法释义学、比较法、案例研究》,北京大学出版社2013年版,第168页。

③ 周某诉中国银行股份有限公司上海市分行名誉权纠纷案,载《最高人民法院公报》2012年第9期。

④ 参见王利明:《人格权法》(第2版),中国人民大学出版社2016年版,第308页。

人在经济社会交往中的客观履约能力与履约意愿进行社会评价而产生的信赖利益;而个人名誉权的客体是名誉,表现为对自然人品行、声誉、德性等人格利益的道德伦理综合评价。信用侧重于履约能力和履约意愿的评价,名誉侧重于品德等伦理上的评价,并不直接包含信赖因素。第二,两者的侵权主体不同。个人信用权的侵权主体主要有个人征信机构、个人信用信息提供者、使用者或其他主体;而侵犯名誉权的主体是除权利人以外的任何个人或组织。第三,两者侵害后果不同。侵害个人信用权主要损害其信赖利益或使其丧失交易机会,造成信用评价降低和间接财产损失。如不能获得银行按揭贷款、不能申领信用卡或透支额度降低、失去缔约机会等。而名誉权受到侵害时,权利人主要遭受精神上的损害与痛苦,并不涉及财产损失。第四,两者的责任方式不完全相同。侵害个人信用权往往意味着其预期经济利益和交易机会的丧失,侵权人责任承担方式除可以主张赔偿损失外,同时要承担停止侵害、消除影响、赔礼道歉等责任。因个人名誉权受到侵害主要造成权利人精神上的痛苦,故而侵权人除了承担停止侵害、消除影响、赔礼道歉外,还可主张精神损害赔偿。①

改革开放之初,由于我国正从计划经济体制向市场经济体制过渡,社会信用体系未真正建立,社会成员信用记录严重缺失,市场经济的信用基础未受到市场主体的高度重视和广泛关注,信用利益淹没在名誉权之中,司法实践中通过名誉权对信用利益进行间接保护比较符合当时的社会经济条件。时至今日,社会主义市场经济体制已基本建立并日趋完善,社会信用体系是社会主义市场经济体制和社会治理体制的重要组成部分。信用对自然人参与市场经济活动至关重要,已成为自

---

① 参见尚国萍:《民法典编纂中信用权保护模式的立法选择》,载《河南师范大学学报(哲学社会科学版)》2015 年第 6 期。

然人参加经济活动的“第二张身份证”，折射出的财产利益和交易机会直接影响每一个自然人参加经济和社会活动的广度和深度。在全面推进依法治国发展战略的背景下，社会信用体系的建立和完善必须在法治的轨道和路径上逐步推进。一方面要逐步建立健全信用法律法规体系，加强信用信息管理和信用服务体系发展；另一方面要健全信用信息主体权益保护机制和信用信息侵权责任追究机制，切实维护信用信息安全和信息主体权益。针对以上社会发展和时代要求，我国《民法典》也给予了立法回应，其第 1024 条第 2 款将“信用”纳入名誉权客体范围的同时，第 1029 条单独肯认了民事主体享有信用利益，并规定了请求权内容和信用评价人的法定义务。第 1030 条明确了信用信息法律关系纠纷的处理法律依据。整体上看，我国《民法典》对信用权益的保护仍采用通过名誉权间接保护的模式，但同时专门强调了民事主体的信用利益，为下一步社会信用立法和个人征信法律的出台提供了立法依据。随着社会主义市场经济的深入发展，将信用权通过单行法赋予其独立的法律地位，对信用利益给予法律保护将成为一种必然和期许。①

第二节　个人信用权的权能内容与立法模式

一、个人信用权的权能内容

个人信用权作为一种人格权和绝对权，是对其信用利益依法享有的保有、维持、利用、救济的权利，具有对世性。在个人信用法律关系

① 参见尚国萍：《民法典编纂中信用权保护模式的立法选择》，载《河南师范大学学报（哲学社会科学版）》2015 年第 6 期。

中,信用权利人作为特定的自然人,可以依法支配权利,而义务人是除权利人以外的一切不特定的个人或组织。

(一)信用保有权

信用的保有,是指自然人通过积极履约和守信维系自己信用评价不降低,并有权维护自己的信用获得客观、完整、全面的评价。信用保有权是信用权的基本内容,是维持信用评价完整性的权利。自然人只要在一切经济社会活动中恪守信用,将会不断累积和提高自己的信用评价,维持交易相对人和社会公众对自己的信赖。① 同时,为了保持自身信用信息的隐秘性,没有正当理由或法定理由,自然人有权禁止他人未经同意查询自己的个人信用报告等信用信息。即使获得本人的授权查询同意,使用人仅可在约定的范围内使用其个人信用报告,自然人有权禁止他人未经本人许可向第三人传播其信用信息。具体而言,信用保有权包括以下权能:(1)查阅权。权利主体可以查阅自己的信用状况。按照我国征信管理制度规定,每个自然人可以每年免费查询两次自己的信用报告,超过两次的应当收取一定的费用。(2)更新权。个人信用评价是依据自然人的职业、财产、收入、履约行为等多个指标作出的,但这些指标信息不可能永久不变,随着时间的推移,自然人的相关信息指标内容也可能会发生一些变化,如其职业的改变、收入的增减等,因此,为了保证信用评价的时效性,必须赋予当事人更新其过往的信息,完善其最新信息的权利。需要强调的是,由于征信机构需要采集的个人信用信息数量和规模非常庞大,要确保每一条信用信息均真实准确是相当困难的,必然会大大增加征信机构的运行成本,因而,大多立法规定只有当征信机构违反法定程序导致当事人信用信息错误时,

① 参见王利明:《人格权法》(第2版),中国人民大学出版社2016年版,第306页。

才应承担赔偿损失等民事责任。如收到要求纠错的通知或自身发现存在错误信息时,经核查确为错误信息时,只要及时更正没有造成严重后果,一般不承担赔偿责任。

（二）信用信息知情同意权

个人信用权中的知情同意权与消费者知情权具有相同的权利基础,即在于对主体权利的保障。自然人在交往活动中产生的信用信息归属于自然人,除已公开的信用信息外,有权决定是否将其披露给相关征信机构,也有权了解自身信用信息的内容,这体现了自然人控制和支配自身信用信息的权利,乃是意思自治的延伸。关于信用信息采集,世界上主要有两种模式:明示同意模式和默示同意模式。相应地,不同的采集模式决定了是否赋予被征信人知情同意权。因此,根据特定社会的价值判断,区分权利本质属性与权利实现途径,对了解权利实质以及构建我国信用模式至关重要。就根本上而言,是否赋予信用主体知情同意权,在不同的社会背景和条件下,立法应作出不同的价值判断。[①] 客观上,由于不同的信用信息涉及的领域不同,立法应对不同类型的信用信息设定不同的采集规则,如个人的敏感信息的采集需经过信息主体的同意。虽然知情同意规则增加了征信机构的征信成本和负担,但其有利于保护信用主体的信用信息控制权。本质上,知情同意规则在立法上的认可是在征信与隐私保护之间寻求一种平衡。值得注意的是,如果一切信用信息均需征得信用主体同意时,将不可避免使征信的成本大大提高,信用服务效率低下。[②] 因此,欧盟模式旨在强调自然人

① 参见姚佳:《个人金融信用征信的法律规制》,社会科学文献出版社 2012 年版,第 115～116 页。

② 参见叶世清:《征信:一个法律悖论》,载《经济体制改革》2007 年第 1 期。

对隐私信息的控制和保护,而美国模式则强调征信的效率。我国在设置知情同意权时,应当结合我国的现实国情,既要保护当事人的信息控制和隐私权等合法权益,又要促进征信行业的良性发展和服务效率,实现两者之间的利益均衡。

(三)信用信息异议权

个人信用信息的准确、真实直接影响其信用评价的结果。如果自然人发现征信机构采集的信用信息不准确、不完整,应有权向征信机构提出异议,并要求征信机构及时采取措施更正。《欧盟数据保护指令》第 10 条、第 11 条规定,数据控制人应当告知被采集人享有修改其相关数据的权利。美国《公平信用报告法》第 611 条(a)项规定,消费者如果发现公开的其个人数据有错误,可以要求征信部门重新调查,如果调查后发现个人信息有误的,可以请求改正或删除。英国《消费信贷法》(Consumer Credit Law)第 24 条规定,消费者有权在法律规定的合理期间内修正或删除其个人数据。另外,法院根据消费者的申请发现存在错误数据记录的,可以命令数据控制人修正或删除错误数据或信息。德国、日本的法律法规中均有类似的规定。

中国人民银行制定的《个人信用信息基础数据库异议处理规程》(以下简称《异议处理规程》)明确规定了自然人提出信息异议以及征信机构内部异议核查等错误信息更正和反馈的具体程序。程序的价值在于充分保证权利人实体权利的实现。[①]《异议处理规程》作为《个人信用信息基础数据库管理暂行办法》的相关配套文件之一,对异议程序的详细明确规定,为减少错误信息提供程序保障,更重要的是,充分保护了自然人对信用信息异议权的行使。另外,该办法专门将"异议处理"

① 参见江平、米健:《罗马法基础》,中国政法大学出版社 1987 年版,第 36 页。

规定为第四章，将异议程序分为个人异议申请、征信机构调查核实、异议信息处理规程等多个环节，保证了异议程序的透明性。同时《征信业管理条例》第四章的第25条和第26条也专门规定了“异议和投诉”程序。其中，征信机构的异议核查处理期限为20个工作日，并要求书面答复异议申请人。征信管理部门对异议人投诉的核查处理期限为30个工作日，同样要求书面答复异议投诉人。同时，还赋予信息异议人直接向人民法院起诉的权利。信用信息异议权与信用信息知情权密切相关，有了信用信息异议权，才能确保自然人信用评价的客观、公正。同时，这一制度设计也在某种程度上减少了征信机构的经营与管理成本，实现了被征信人与征信机构利益的双赢。[①]

（四）信用使用收益权

不同的信用主体可以充分地使用自己的信用权，以获取相应的经济利益。个人信用使用权是指自然人依法支配使用自己信用利益的权利。一般而言，个人信用评价随着自然人在经济社会交往活动中的履约评价好坏而处于不断的变化中，如果自然人欲使自己的信用评价保持或不断提高，就需要合理、有效地使用现有的信用权，进而累积自己的信用评价。个人信用权益与自然人本身不可分离，不能分割转让，不受一国地域的限制。个人信用权益作为个人的一种潜在的无形资产，只有合理地使用才能创造价值，获取更大的利益回报。就个人而言，一方面，个人信用利益表现为自然人的信用额度，只要合理使用，可以提高个人的消费水平，对信用行为进行更多的积极评价；另一方面，过度地使用或者滥用信用权，将会给自然人产生负面影响，丧失信用利益，

---

① 参见姚佳：《个人金融信用征信的法律规制》，社会科学文献出版社2012年版，第120页。

导致信用行为的消极评价。信用权益滥用的结果不在于丧失了交易机会或市场份额，而在于失去了被信任的权利。①

现实生活中，自然人在多个经济领域中可以就其信用利益进行支配和使用，从事信用交易，获得一定的经济利益。如消费者可以获得消费信贷，包括抵押贷款、分期付款、信用消费等。信用使用收益权主要体现在以下两个方面：一是自然人自己利用，自己取得收益，自己利用的方式是多种多样的，如自然人可以凭借自己的信用向银行申请贷款，也可以利用自己良好的信用评价，扩大经济社会交往与开展市场交易，以获得更多的经济收益，满足自身的经济社会发展需求。二是自然人为他人谋求利益，如信用评价良好的自然人可以为他人所负债务提供担保。在信用社会里，个人信用状况越高，就越能够获得他人的信赖。②利用这种信赖扩大经济社会交往，这有助于充分发挥信用间接的财产价值，创造更多的交易机会与扩大社会交往范围。

（五）信用救济权

自然人一方面有权要求他人或社会对其经济能力和履约意愿进行客观、真实的评价；另一方面有权请求他人不得侵害其信用权益，维护其信用的公正评价和信用利益。当其个人信用权益遭受不法侵害时，自然人可以请求侵权人承担停止侵害、消除影响，赔偿损失等民事责任方式，从而保护自己的信用权益。

在持续侵害信用权益的情形下，可以请求行为人承担停止侵害侵权责任。在侵害行为已造成了自然人信用评价非正常降低或产生不良

---

① 参见陈勇阳主编：《个人信用管理：理论、实务及案例》，重庆大学出版社 2016 年版，第 229 页。

② 参见王利明：《人格权法》（第 2 版），中国人民大学出版社 2016 年版，第 306 页。

社会影响时,可以请求通过采取相应措施消除因侵害信用行为产生的不良影响,或者在特定情况下,也可以要求加害人通过采取删除错误不良信用记录的方式达到停止侵害的保护目的。例如,在“中国工商银行股份有限公司新邵支行与何某名誉权纠纷上诉案”[①]中,因某工商银行的征信系统记录有误,原告请求更正,而被告未能及时更正,法院认为,被告某银行应当停止对权利人的侵害,并删除在征信系统中的错误不良记录。当侵害信用权造成不良社会影响时,为了给予权利人一种心理安慰,自然人可以请求侵权人承担赔礼道歉的民事侵权责任,要求侵权人主动承认错误,并请求权利人予以宽恕。一般而言,人身权不具有直接财产内容,不能用金钱直接衡量,因而,侵害人身权最直接的救济目标是恢复权利的圆满状态。[②] 与一般人格权相比,个人信用权益虽然具有间接的财产价值,但其与自然人人身不可分离,现实中,个人信用权益一旦被侵害,往往较难恢复之完满状态。因此,民事救济保护中,应以个人信用权利恢复为着力点,优先以停止侵害、排除妨碍和消除影响为主要的责任承担方式。

按照民法理论,人格权受到侵害时,可以请求财产损害赔偿与精神损害赔偿。《民法典》第 1183 条为自然人精神损害赔偿提供了请求权基础。前文将个人信用权主要定性为一种人格权,重要原因之一是在侵权中可以通过精神损害赔偿请求权获得救济。根据该解释第 5 条规定,个人信用权益遭受侵害的,受害人有权请求赔偿精神损害。如果造成严重损害的,除应承担非财产损害责任外,还应对精神损害所造成的治疗费用等经济损失承担赔偿责任。

在信用权救济中,财产损害赔偿请求权能否作为个人信用权侵权

① 湖南省邵阳市中级人民法院民事判决书,(2011)邵中民一终字第 87 号。

② 参见王利明主编:《民法 · 侵权行为法》,中国人民大学出版社 1993 年版,第 268 页。

救济的方式，各国立法态度不同。《欧盟数据保护指令》第三章第22～24条专门规定司法救济、责任以及经济制裁等内容，对损害赔偿持肯定态度。另外，英国《消费信贷法》和德国《联邦数据保护法》均明确规定了当事人享有赔偿请求权。① 虽然美国《公平信用报告法》规定消费者针对征信机构的非法数据收集，可以主张对其"私生活的侵犯"，但在判例上尚未被认可。② 考虑到中国实际，由于个人信用权益主要具有人格权属性，兼有间接的财产利益，可以考虑在一定限度内适用财产损害赔偿的救济方式。即在征信机构接到异议通知后怠于对异议的信用信息进行核实或纠正造成信用权利人丧失交易机会造成直接财产损失的，可以在一定范围内支持财产损害赔偿请求权。

二、个人信用权立法模式的比较考察

（一）个人信用权立法模式比较

1. 民法模式

该种模式又可分为两种具体情况：一是通过民法典明确规定信用权。如《奥地利民法典》第1330条Ⅱ规定："如果某人散布危及他人信

① 参见［日］小林麻理：《IT的发展与个人信息保护》，夏平、王俊红、周伟民译，经济日报出版社2007年版，第57～64页。

② 由于信用征信机构的调查及信息收集都是在消费者不知情的情况下进行的，所以缺少隐私权被侵害的受害人这一条件。此外，由于信用征信机构拥有附条件的免责特权，所以消费者几乎没有胜诉的希望。同时，关于信用征信机构向其用户提供信息，个人即使以"私生活被公开"为理由，提出自己的隐私权受到侵害，但因同样缺少权利侵害的条件，依靠"附条件的免责特权"，消费者仍然无法胜诉。另外，因虚假信息的提供而受害的消费者可以将名誉受损作为起诉征信机构的有力武器，但受害的消费者必须对该信息的真实性承担举证的责任。在判例中也认可征信机构拥有"附条件的免责特权"，所以消费者的处境极为不利。消费者不仅要对现实的损害进行举证，还要找出证据证明对方利用了免责特权或主张对方怀有恶意，这几乎是不可能的。参见［日］小林麻理：《IT的发展与个人信息保护》，夏平、王俊红、周伟民译，经济日报出版社2007年版，第80～81页。

用、职业或生活的事实,而且,其知道或应当知道该事实的不真实性,也适用这一规定。在此情形,受害人还可以请求撤回该言论并公开该情况。对于非公开告知的消息,如果告知人并不知道消息的不真实性,而且,告知人或被告知人对于该消息享有合理的利益,则告知人不应承担赔偿责任。”[①]《德国民法典》第 824 条第 1 款规定:“违背实情,声言或传播适合于危害他人的信用或造成对他人从业或发展的其他不利益的事实的人,即使不知道不真实性,但应当知道的,也必须向该他人赔偿因此而发生的损害。”这一规定反映了当时德国社会经济的时代要求。德国法学家鲁道夫·冯·耶林曾在其论著《为权利而斗争》中指出:“对商人而言,与军人的名誉、农民的所有权相当的是信用,能够维持信用对商人是生死存亡的问题。”[②]另外,《葡萄牙民法典》第 484 条、《荷兰民法典》第 6. 167 条[③]、《希腊民法典》第 920 条均明确规定了信用权。二是未明确规定信用权,将侵犯信用利益纳入名誉权的保护范围。如《意大利民法典》第 2598 条第 2 项规定,在知识产权保护中,对竞争者的产品和活动散布足以使之名誉扫地,或者诋毁其产品或企业优点信息与评价的,则构成不正当竞争行为。[④]《俄罗斯民法典》第 1100 条规定,传播诋毁名誉、侵害人格尊严和商业信誉而造成的损害,无论致害人有无过错,均应补偿精神损害。[⑤]

---

① 《奥地利普通民法典》(2012 年 7 月 25 日修改),周友军、杨垠红译,清华大学出版社 2013 年版,第 220 页。

② [英]巴里·尼古拉斯:《罗马法概论》,黄风译,法律出版社 2000 年版,第 34 页。

③ 《荷兰民法典》第 6 编第 167 条第 1 款规定:“根据本章的规定一人因发布具有误导性的不实或不完全的事实性信息而应对他人承担责任的,法官可以依该他人的请求命令此人按其指定的方式予以公开更正。”参见《荷兰民法典》(第 3、5、6 编),王卫国主译,中国政法大学出版社 2006 年版,第 204 页。

④ 参见尚国萍:《民法典编纂中信用权保护模式的立法选择》,载《河南师范大学学报(哲学社会科学版)》2015 年第 6 期。

⑤ 参见《俄罗斯联邦民法典》,黄道秀译,北京大学出版社 2007 年版,第 377 页。

2. 单行法模式

该模式主要为英美法系国家采用。如英国《消费信贷法》、澳大利亚《统一消费者信用法典》(Uniform Consumer Credit Code)和《统一消费者信用规定》(Uniform Consumer Credit Regulations)。而美国有关信用的立法更是体现了多层次的特点,具体包括《信用修复机构法》(Credit Repair Organizations Act)、《平等信用机会法》、《公平结账法》(Fair Credit Billing Act)、《公平信用报告法》(Fair Credit Reporting Act)、《诚实租借法》(Truth in Lengding Act)、《信用卡发行法》(Credit Card Issuance Act)、《公平信用和贷记卡公开法》(Fair Credit and Charge Catrd Disclosure Act)。[①] 其中,《公平信用报告法》是美国关于个人信用的最基本立法,《平等信用机会法》主要规范授信的机会平等,《格雷姆-里奇-比利雷法》(Gramm-Leach-Billey Act)主要规范信用信息的使用方法及使用范围。此外,德国《消费信贷法》和《个人数据保护法》、日本《分期付款销售法》、韩国《批货、零售业振兴法》也是涉及信用的单行立法。[②]

3. 反不正当竞争法模式

有的国家在广义的商誉权之下,涵盖了个人信用、信誉等特殊标的,并将其规定在反不正当竞争法之中。如匈牙利《禁止反不正当竞争法》规定:"禁止以制造或散布虚伪事实,或对真实事件进行歪曲,或通过其他行为破坏或者危害竞争者的名声或信誉。"日本《不正当竞争防止法》第2条第11款直接规定了禁止侵害他人信用的条款,同时还规定了停止请求权和恢复信用的措施。[③] 另外,德国除了在其民法典中规

① 参见杨立新主编:《中国人格权法立法报告》,知识产权出版社2005年版,第147页。

② 参见尚国萍:《民法典编纂中信用权保护模式的立法选择》,载《河南师范大学学报(哲学社会科学版)》2015年第6期。

③ 参见王为农:《中日反不正当竞争法的比较研究》,载《浙江大学学报(人文社会科学版)》1999年第1期。

定信用权外,在其《反不正当竞争法》第4条第8项规定了禁止侵犯商事信用的行为。[①] 我国《反不正当竞争法》也采用这一模式,在其第11条规定:“经营者不得编造、传播虚假信息或者误导性信息,损害竞争对手的商业信誉、商品声誉。”该保护方式实质是将信用权涵盖在商誉权内,这有利于企业法人商誉的保护,但适用主体仅限于商主体,无法涵盖自然人的信用利益,因此,该种立法模式对个人信用权益的保护有相当的局限性。

(二)个人信用权立法模式的利弊分析

关于个人信用权的保护,有的国家仅将其作为公法上的一种法益进行保护,不承认其为一项民事权利。有的国家虽将信用利益纳入私法保护范围,但在立法模式上采取直接确认和间接保护两种不同方式。直接确认是将信用权确立为一项民事权利,如《德国民法典》第824条规定;间接保护又可分为通过名誉权和商誉权两种方式,如意大利通过名誉权间接保护信用利益,俄罗斯通过商誉权间接保护信用利益。

前文已述及个人信用权和个人名誉权之关系,此处不再赘述。实践中个人信用权与商誉权虽有关联,但两者的内涵和外延不同。这里重点讨论信用权和商誉权的不同。第一,两者的主体范围不同。信用主体涵盖整个民事主体范围,既包括自然人,又包括法人和非法人组织。如果将信用权的主体限定于商主体,则势必造成其他民事主体的信用利益无从保护,有悖于民法的平等精神。第二,两者的适用法律依据和评价指向不同。信用权是一项民事权利,主要受民法调整和保护,属于私法的问题范畴;而商誉权在大多数国家是通过反不正当竞争法

---

① 参见尚国萍:《民法典编纂中信用权保护模式的立法选择》,载《河南师范大学学报(哲学社会科学版)》2015年第6期。

来保护的，而反不正当竞争法本质上属于公法的范畴。信用权的内容乃一般信用利益，无特定评价指向，既可以是积极肯定的社会评价，也可以是消极否定的社会评价；而商誉仅限于商事活动中的积极肯定评价。第三，两者的侵权构成要件不同。信用权作为一种绝对权，权利人可以像所有权人一样，有权排除自己以外的其他一切人的非法侵害[①]，义务人是除权利人之外的任何民事主体，不要求侵权行为人与权利人之间存在竞争关系；而侵犯商誉权必须要求侵权行为人与受害人之间存在竞争对手关系，这是适用反不正当竞争法的必要前提。侵犯商誉的主要目的在于破坏对方竞争实力而谋取不正当利益。

虽然通过《反不正当竞争法》来保护信用利益具有一定的合理性，但也有其固有的缺陷：第一，随着市场竞争的深入，信用权益侵权纠纷不断增加，这些侵权案件被法院受理后，法院应当通过民事审判予以解决。虽然也可以依照《反不正当竞争法》予以判决，但该法并非民事纠纷裁判的依据。第二，违反《反不正当竞争法》主要导致行政责任的产生[②]，而如果将信用权规定于民事立法中，则其民事责任的成立就比较顺理成章。尤其是侵害了个人信用权，适用精神损害赔偿更有利于个人信用权益的保护。第三，规定个人信用权，有利于自然人直接请求排除侵害，从而更好地与侵害信用权益行为作斗争，维护自己合法权利。[③]

概言之，两大法系国家有的采用直接保护方式，有的采用间接保护方式加强对个人信用利益的保护，反映了个人信用在市场经济中的重要地位和功能。间接保护模式虽然也是个人信用权保护的路径之一，

---

① 参见陈勇阳主编：《个人信用管理：理论、实务及案例》，重庆大学出版社 2016 年版，第 227 页。

② 我国《反不正当竞争法》第 23 条规定："经营者违反本法第十一条规定损害竞争对手商业信誉、商品声誉的，由监督检查部门责令停止违法行为、消除影响，处十万元以上五十万元以下的罚款；情节严重的，处五十万元以上三百万元以下的罚款。"

③ 参见王利明：《人格权法研究》（第 2 版），中国人民大学出版社 2012 年版，第 605 页。

但该模式回避了信用权的权利归属问题，导致法律适用不统一，即侵犯商事信用权适用《反不正当竞争法》，侵犯民事信用权仍然适用《民法典》有关名誉权的规定。与此同时，《反不正当竞争法》对商事信用权的保护主要限于赔偿损失，对排除妨碍、消除影响等责任方式适用不足。另外，虽然个人名誉权与个人信用权同为人格权，均为对自然人的社会评价，但两者各有不同的评价标准，所保护的利益侧重点不一样，个人信用权体现的经济因素和信用利益，这是个人名誉权不能完全涵盖的。因此，间接保护方式对个人信用权的救济与保护存在局限性，保护不够全面。比较而言，通过《民法典》和单行立法相结合的保护方式不仅为个人信用权提供事前预防措施，而且在信用权侵权后可以通过主张赔偿损失、停止侵害、排除妨碍、赔礼道歉、消除影响等多种责任承担方式，为其提供全面的保护。[①] 由于我国目前还未出台专门的社会信用法，故而，在我国《民法典》将信用评价和信用利益纳入民法的保护范围，有助于为实践中信用权益侵权纠纷解决提供适用依据，也为下一步社会信用立法保护个人信用权益奠定了法律基础。

三、我国个人信用权立法模式之选择

恩格斯指出："民法准则只是以法律形式表现了社会的经济条件。"[②]法律制度的设计应为社会经济生活保驾护航，当社会经济生活的发展冲破现有法律制度的约束时，法律就必须做出相应的回应。同时，法律应当具有民族性和本土性，一项法律制度必须深深地植根于一个国家和民族的历史之中，而且其真正的源泉是普遍的信念、习惯和民族

---

① 参见尚国萍：《民法典编纂中信用权保护模式的立法选择》，载《河南师范大学学报（哲学社会科学版）》2015 年第 6 期。

② 《马克思恩格斯选集》（第 4 卷），中共中央马克思恩格斯列宁斯大林著作编译局译，人民出版社 1995 年版，第 248 ~ 249 页。

的共同意识。[①] 诚如黑格尔所言："民族的宗教、民族的政治制度、民族的伦理、民族的法制、民族的风俗以及民族的科学、艺术和技能，都具有民族精神的标记。"[②]德国法学家萨维尼曾言："法律精神，一如民族的性格和情感，蕴涵并存在于历史之中，其必经由历史才能发现，也只有经由历史，才能保存和广大。……法律乃是那些内在地、默默地起作用的力量的产物。"[③]在我国《民法典》间接保护信用权益的情况下，如何选择个人信用权的立法模式，亦应与我国的现实国情和文化相契合，才能使个人信用权与征信系统的完善和社会信用体系的推进密切配合，形成制度合力。

传统中国社会是熟人社会和乡土社会，乡土社会的秩序和观念决定了道德教化与伦理谴责在日常秩序维护中的重要地位，其有限经济活动中的信用问题作为一种"服礼"而得到有效的调整。"乡土社会从熟悉到信任，乡土社会的信用并不是对契约的重视，而是发生于对一种行为的规矩熟悉到不假思索时的可靠性。"[④]我国 1986 年颁布《民法通则》时，社会仍处于有计划的商品经济阶段，真正的社会主义市场经济体制还未建立，交易主体主要以国有企业和政府为主，商品交易建立在国家信用和银行信用之上，商业信用和个人信用在日常经济活动和人们的观念中异常淡薄，也就导致《民法通则》中仅仅规定了名誉权，而未单独规定信用权。客观上讲，这一立法模式还是比较符合当时国情的。[⑤]

---

① 参见[美]E. 博登海默：《法理学：法律哲学与法学方法》，邓正来译，中国政法大学出版社 2004 年版，第 92 页。

② [德]黑格尔：《历史哲学》，王造时译，生活·读书·新知三联书店 1956 年版，第 104 页。

③ [德]弗里德里希·卡尔·冯·萨维尼：《论立法与法学的当代使命》，许章润译，中国法制出版社 2001 年版，第 7 页。

④ 费孝通：《乡土中国》，人民出版社 2008 年版，第 7 页。

⑤ 参见尚国萍：《民法典编纂中信用权保护模式的立法选择》，载《河南师范大学学报（哲学社会科学版）》2015 年第 6 期。

1992年党的十四大报告正式提出建立社会主义市场经济体制的改革目标,市场开始成为市场资源配置的主要手段。长期以来,由于社会信用体系的缺失和市场交易的信息不对称,恶意违约、假冒伪劣、诋毁等失信行为和不正当竞争行为层出不穷,严重扰乱了社会经济秩序和社会主义市场经济体制的深入发展。尽管我国原《民法通则》、《反不正当竞争法》和最高人民法院《关于审理名誉权案件若干问题的解释》(已失效)为信用利益的保护提供了间接的司法依据。但对于商事信用权保护适用《反不正当竞争法》的特别规范,而对于自然人信用利益的保护只能借助于名誉权的相关规定。[①] 这直接导致对于平等的市场主体信用权施行分别保护,削弱了法律的统一性,并未从根本上推进诚信社会构建和遏制信用权侵权行为。

进入21世纪,社会信用危机愈演愈烈,学术界奋力疾呼将信用权从名誉权分离出来,作为一项独立的人格权。2002年的《民法(草案)》中,信用权被作为一项独立的民事权利写进该草案第四编"人格权法"中。其第21条规定:"自然人、法人享有信用权。禁止用诋毁等方式侵害自然人、法人的信用。"在中国人民大学起草的《中华人民共和国民法典(草案)学者建议稿》亦将信用权作为一项独立的人格权予以规定。该草案第350条规定:"自然人、法人和其他组织享有信用权。禁止捏造、散布虚假事实,危害自然人、法人或者其他组织的经济上信用,或对他人营业或职业造成损害。"令人遗憾的是,2009年颁布的《侵权责任法》只新增了隐私权,而未将信用权列为一项独立的民事权利。[②] "人无信不立,国无信不强,企无信不兴。"个人信用立法滞后成为我国征信业

---

① 参见赵万一、胡大武:《信用权保护立法研究》,载《现代法学》2008年第2期。

② 参见尚国萍:《民法典编纂中信用权保护模式的立法选择》,载《河南师范大学学报(哲学社会科学版)》2015年第6期。

发展的“瓶颈”。2013年以来，《征信业管理条例》等一批信用体系建设的法规与规章相继出台，2014年6月，国务院印发《社会信用体系建设规划纲要（2014—2020年）》明确提出，要健全信用信息主体权益保护机制，强化信用信息的管理与信用利益的保护，为个人信用权的立法保护奠定了政策依据，相关立法积极回应全面推进社会信用体系这一战略部署乃是中国社会发展的必然要求。在我国《民法典》编纂过程中，有多位学者积极主张直接规定信用权，立法机关考虑我国的社会信用体系和征信系统还未全面建立和覆盖，将信用权独立为一项民事权利的社会条件还不成熟，但考虑社会征信体系正在完善之中，信用主体权益保护问题应给予立法上的回应，最终采取折中的方法，通过名誉权间接保护民事主体信用权益。①

比较西方国家信用利益的保护模式，采用《民法典》立法和单行立法直接保护方式一方面有利于全面保护自然人的信用利益，积极构建诚信社会；另一方面，在《民法典》中将信用权益纳入人格权保护范围，符合民事权利体系化的要求和我国民商合一的立法模式。随着现代社会人格利益的强化和地位不断攀升，我国《民法典》作为体现新时代精神的权利宣言书，突破传统民法典理念和体系的窠臼，将人格权独立成编，从而引领未来民事权利的新发展和民事立法的新常态。2020年12月，中共中央印发《法治社会建设实施纲要（2020—2025年）》，勾画了我国法治社会建设的总体框架和具体步骤，明确提出加快推进社会信用体系建设，提高全社会诚信意识和信用水平，推动出台信用方面的法律，推进社会诚信建设。因此，法治社会的建设，除将民事主体信用权

① 我国《民法典》第1029条规定：“民事主体可以依法查询自己的信用评价；发现信用评价不当的，有权提出异议并请求采取更正、删除等必要措施。信用评价人应当及时核查，经核查属实的，应当及时采取必要措施。”

益纳入《民法典》保护之外，我国还可以参考美国和德国的经验，通过制定与个人信用相关的单行法律和法规，与《民法典》中的信用权益规范密切配合，建构一套体系严密、科学有效的社会信用制度体系。[①]

第三节　侵害个人信用权益的民法救济

一、个人信用权益侵权责任之构成

个人信用权益侵权行为是一般侵权行为，应适用过错责任原则。按照民事侵权构成要件理论，一般侵权责任构成须具备侵权行为、损害结果、因果关系和主观过错四个要件。

（一）行为人实施了侵害行为

侵害个人信用权益的行为结果在于导致自然人的社会评价降低与信赖利益丧失。如何判断个人征信机构提供的征信产品是不准确、不公正的呢？现实中这种不客观公正的评价主要是通过个人信用报告和个人信用评级评估报告反映出来的。虽然个人信用报告只是被征信自然人各方面信息的综合反映，未直接做出评价，但如果罗列的关键事实不真实，也可以给信用使用人一种误导。实践中由于个人征信评价是一种专业性的评价业务，涉及多个评价指标和标准，且法官对信用评价专业技术具有知识局限性，在审理主要是认定个人信用信息是否属实，征信机构对信息的采集和分析是否遵守了法定的规范要求和履行了程序性的审查义务和有关注意义务。个人信用立法主要目的是为个人征

① 参见尚国萍：《民法典编纂中信用权保护模式的立法选择》，载《河南师范大学学报（哲学社会科学版）》2015 年第 6 期。

信机构设定一些行为规范，个人征信机构也会制定法人章程、开展征信业务的程序和管理体系。如果个人征信机构严格依法规范开展征信活动，则评价结果相对而言是比较准确和公正的，否则将可能是不准确和不公正的评价。由于征信机构每天需要采集海量的信息数据进行分析，如果要求其保证每一条信息都确定无误，将大大增加征信机构的运行成本，事实上这一点也不可能做到。因而，用这种程序性审查的标准来衡量征信产品的准确性和公正性虽然存在一定局限性，无法达到绝对的准确和公正，但这也是在个人信用利益保护和征信业良性发展之间综合利益平衡的一种选择。在个人信用侵权纠纷中，个人征信机构只要违反了法定程序、法定职责和规范要求，可推定其存在侵权的可能性。

在征信活动中，被征信人针对征集错误的信用信息要求征信机构及时更正的，如果征信机构拒绝改正虚假、错误、残缺、过时的信用信息，或者应当履行通知义务而未通知的，则可能造成被征信人信用评价的降低，这些情形属于不作为侵害个人信用权的形态。从个人信用权益侵害行为表现形式上分析，传统侵害行为主要表现为一种作为行为，在个人征信制度不断完善的情况下，征信机构的法定职责和义务越来越明确，违反法定程序和义务的不作为侵权行为也越来越多。从司法实践来看，侵害个人信用权益的行为主要有以下几类：

1. 散布有损他人信用的不真实信息。所谓“散布”，是指通过公开使不特定之多数人或公众知悉。散布方法包括采用语言、文字、网络数据传播等使第三人知悉的方法。散布的内容通常是捏造或不真实的，即凭空捏造或散布与有关他人信用的真实情况不符的虚假表述，或有时通过不公正、不准确陈述有关事实对他人信用状况产生一种误导。

2. 假冒行为。假冒他人姓名，导致他人信用降低，构成对他人信用权的侵害。例如，在“中国工商银行股份有限公司新疆维吾尔自治区分行营业部与刘某等姓名权纠纷上诉案”中，法院认为，新天期货经纪有限公司利用原告在其公司设立期货账户提供的身份证复印件，在原告不知情的情况下，以原告的名义与工行区分行营业部订立借款合同，办理了综合消费贷款，此行为已构成对原告姓名权的侵害。新天期货经纪有限公司作为原告名下贷款的实际贷款人，逾期归还借款，导致原告在中国人民银行征信系统中留下不良记录，导致原告的信用利益受侵害，主观存在过错，应承担侵权责任。[①] 该案虽然是以侵害姓名权受理的，但实际上也构成对原告信用利益的侵害。

3. 对他人的信用状况进行非法评价。征信机构开展个人征信业务必须具有资质，且征信机构应当在其信用评价资质允许的范围内对他人的信用状况进行评价。缺乏个人信用评价资质，不得对他人的信用状况进行评价。行为人超越自身的资质范围对自然人的信用状况进行评价，或者违反法律规定对自然人的信用进行评级或者降级，均构成对他人信用权的侵害，权利人有权请求行为人停止侵害并赔偿损失。

4. 对信用信息记录的错误记载。现代信用记录实际上是大数据时代的产物，其通过互联网信息技术的应用具有强大的信息搜集、传播和查阅功能，让那些背负不良信用记录的人都面临着资格上的限制。在一定程度上，各种资格限制同样是向当事人施加的一种“不利后果”，这些不良信息的记载，可能对被征信人产生各种资格限制，如不能获得银行的贷款、无法乘坐高铁和飞机、无法出国旅游等。由于信用信息是个人信用状况的具体反映，信用记录的错误记载必将对个人信用产生不良的影响。而且此类错误信息一旦公开，也直接影响对当事人信用状况的正确评价。[②] 例如，在一则案例中，原告在深圳鹏元个人征信系统

---

① 参见新疆维吾尔自治区乌鲁木齐中级人民法院民事判决书，(2010)乌中民一终字第677号。

② 参见王锐等：《完善我国个人信用征信体系的法学思考》，载《中国法学》2002年第4期。

和中国人民银行个人征信系统中,被记录有 8 条逾期还贷的记录。该记录有误,导致其向银行贷款遭到拒绝,因此原告向法院起诉,请求消除该不良信用记录。[①] 由此可见,对信用资料的不真实记载或歪曲,无论该信息是否对外公开,都将构成对他人信用权的侵害。

5. 对错误信用信息拒绝更正的不作为侵害。在个人信用信息记载有误的情形下,权利人有权请求征信机构或信用信息提供人删除或者更正该信用信息,如果行为人拒绝更正,也构成对他人信用权的侵害。例如,在“朱某与尉氏县农村信用合作联社名誉权纠纷案”中,原告因被告过错导致征信系统记载其不良信用记录,被告在原告多次要求下仍然拒绝更正,法院认定被告构成侵权,应删除原告在银行系统中的不良信用记录。[②] 又如,在“马某诉中国农业银行股份有限公司郑州中原支行名誉权纠纷案”[③]中,原告马某曾向中国农业银行贷款 16 万元,其与农业银行间的债权债务纠纷经人民法院裁判后,双方在执行过程中达成和解,马某已经清偿了全部债务,但农业银行在时隔 9 年之后,仍拒不协助马某删除因该债务所产生的银行不良信息记录,导致原告不能取得银行贷款。法院认为,被告的行为已经构成对原告信用权的侵害,应当及时删除该信息。

除以上侵权行为外,新闻媒体对自然人履约情况的失实或不客观报道,竞争对手通过发布虚假错误信息,影射攻击对方信用等其他行为也会构成对自然人信用权益的不法侵害。

---

① 参见《深圳首宗个人信用权案开庭》,载新华网 2007 年 4 月 10 日,http://news.cctv.com/law/20070410/108152.shtml。

② 参见河南省尉氏县人民法院民事判决书,(2013)尉民初字第 2649 号。

③ 河南省郑州市中级人民法院民事判决书,(2014)郑民二终字第 585 号。

(二)损害后果

侵害个人信用权的直接后果即是造成自然人信用评价的降低或不公正,间接后果是自然人在市场交易中丧失交易机会和信赖利益。按照侵权法理论,信用权益损害的存在,表明侵权行为侵犯了法律所保护的个人信用利益,应通过对侵权行为人的制裁和惩戒对受害人给予救济。关于损害事实的认定,其标准在于有无个人信用权益损害的发生。在实践中,认定个人信用权益是否受损害应基于以下两方面来判断:第一,侵权行为指向某个特定的自然人,而非社会组织,也非不特定的人。如果行为指向是不特定的,则无法构成确定的损害。第二,行为的客观结果在于造成自然人信用评价降低的事实。该损害事实可基于以下两个方面进行考量:一是自然人经济能力或履约意愿的社会评价是否因该侵权行为而降低,表现为信用评分或等级等指标下调;二是侵权行为是否造成权利人丧失原有的信赖利益。因此,损害事实包括社会信用评价非正常降低和信赖利益丧失两个方面。值得注意的是,现实中该损害事实可以通过权利人的外部环境和外在事实得到体现和反映,如丧失银行借贷和投保的交易机会。

(三)因果关系

这里的因果关系是指侵害信用行为与个人信用利益损害之间存在内在的关联性。损害事实是导致自然人社会评价降低与信赖利益丧失的不利后果。判断损害后果的标准在于自然人原有信用利益的损失。只要证明损害事实是因侵权行为引起的,即可认定两者之间存在因果关系。为了保护消费者的信用权益,有的国家在征信活动中为授信人设定了告知义务。也即当消费者被拒绝授信时,授信组织应当告知消费者记载其不良信用记录的征信机构名称与联系方式,便于消费者进行查询、异议和进行权利救济，这一义务的设定同时起到了当事人对征信业务的监督作用，促使征信机构严格规范征信业务。如美国《公平信用报告法》规定，当授信人基于消费者个人信用报告中的不良信息准备拒绝消费者的信用申请时，应当通知消费者，并向其出示所依据的信用报告副本，保障消费者的知情权。[①] 这种情况下，自然人可以初步判断，其信用利益损害与侵权人的侵权行为之间是否存在因果关系。然后，可以进一步通过查询其个人信用报告进行查证核实。如果个人信用评价非正常降低的损害事实是由于个人信用报告或征信产品存在不真实的记载时，则可判断符合因果关系要件。杨立新教授认为，信用权侵权案件中侵权行为与损害事实之间因果关系的判断标准在于不真实的信息记载是否被第三人所知悉。[②] 现实中的难点在于，虽然个人信用报告中有错误或不真实信息记录记载，大多数情况下是受信人同意授信人查阅其信用报告，被侵权人很难通过证据证明征信机构是否将错误信息主动提供给第三人，这为当事人举证带来一定的困难。

（四）主观过错

关于侵害个人信用权的主观状态如何界定，学界主要有两种观点：一种观点认为，侵权人对信用利益损害的侵权责任以故意为限。行为人知其行为可能发生损害他人之结果而敢为者，即为故意。[③] 另一种观点认为，侵害个人信用权益的主观状态不能仅限于故意，还应包括过失。[④] 实践中，由于征信机构的征信活动是在法律规范程序要求下开展的，征

---

① 参见吴汉东：《论信用权》，载《法学》2001 年第 1 期。

② 参见杨立新、朱呈义、薛东方：《精神损害赔偿：以最高人民法院精神损害赔偿司法解释为中心》，人民法院出版社 2004 年版，第 386 页。

③ 参见史尚宽：《债法总论》，中国政法大学出版社 2000 年版，第 154 页。

④ 参见王利明主编：《民法 · 侵权行为法》，中国人民大学出版社 1993 年版，第 301 页。

信机构故意侵犯自然人信用权益的情况并不多见。征信机构侵权行为大多属于违反注意义务的过失侵权,如采集信息违反法定程序,对个人敏感信息未经被征信人的明示同意;采集信用信息不准确、不完整;对数据匹配错误;对信用信息数据未采取严格保密措施导致个人信息泄露等,[①]均属于过失侵权之类。因此,侵害个人信用权的主观状态应当既包括故意,又包括过失。

(五)抗辩事由

任何权利的保护都是有限度的,以此达到个人利益和社会公共利益的协调和平衡。个人信用权益的保护也不例外,应受到公共利益的对抗和限制,以保障行为自由和交易安全。在下列情形下,可以免除行为人承担侵权责任。

1. 执行公务行为。凡依法执行公务的组织和个人,因执行公务向社会公布信用主体失信行为的,不构成侵权。例如,人民法院将恶意失信被执行人纳入失信"黑名单",并在公共场合向社会进行通报的。又如,有关行政执法机关将一些失信行为人通过媒体向社会进行披露的。但如果在执行公务中向社会公布的个人信用信息有误造成个人信用利益损害的,则构成行政侵权,不在免责范围之内。

2. 新闻报道真实。新闻媒体对有关事件进行报道涉及有关自然人信用状况的,只要媒体报道的内容真实,不构成侵权责任。如果报道的事实未经核实即行公开或故意捏造,则构成新闻诽谤行为。新闻诽谤往往指通过捏造或者歪曲事实进行的不实报道,该情况下需要承担侵权责任。如果报道符合事实或基本符合事实,则不构成新闻诽谤,无须承担民事侵权责任。

---

① 参见艾茜:《个人征信法律制度研究》,法律出版社 2008 年版,第 212 页。

3. 根据有关公务部门或权威部门消息作出的客观评价。征信机构依据从有关行政机关或权威部门获取的个人信用信息,按照规定的信用评级制度和评价标准对当事人作出的信用报告与信用评级结果,即便因行政机关错误统计或登记导致原有信息有误使信用评价降低的,征信机构可以进行抗辩,拒绝承担侵权责任。

征信实践中,有的征信机构为了防止侵权风险,往往在个人信用报告格式条款中明确写明“此报告仅供参考,相关风险自行承担”的声明内容。这实际上是通过格式条款约定免除自己的义务。对此声明,英国司法实践中给予了支持,而美国征信立法禁止征信机构通过事先约定免除自己义务,禁止征信机构在向消费者提供当事人查询前,要求消费者承诺放弃向征信机构追究责任的权利,放弃对争议资讯重新查证不当义务提起诉讼的权利。① 征信机构具有明显的专业性和技术性优势决定了其应当承担更高的防止信用侵权的注意义务,如果允许征信机构依据该格式条款进行免责,这意味着信用报告使用人仍须进行其他调查,增加报告使用人的额外成本,违背了征信机构存在的价值和目的。保证信用信息的准确、全面、时效和公正评价是征信机构法定职责之所在,不能凭格式条款约定而免除。当然,如果征信机构对个人信用报告和个人信用评价均为客观和公正的,相关报告使用人的交易风险应由其本人承担。

二、侵害个人信用权益的责任承担

个人信用具有精神利益和财产利益内容。侵害个人信用权益是指因其行为致他人在经济活动中的可信赖性受到负面的评价。这种评价直接呈现两个显著后果:一是经济损害;二是心理情感的伤害。对于这

---

① 参见胡大武:《侵害信用权民事责任研究——以征信实践为中心》,法律出版社 2008 年版,第 148 ~ 149 页。

两种损害的救济，在司法实践中均是难题。无论个人信用侵害对权利人带来的是心理情感上的损害，还是经济上潜在利益的损害都难以用数量方法直接加以衡量。因此，法律是否应该保护？在多大程度上保护？采取何种措施加以保护？这些问题是分析个人信用侵害问题的关键所在。

实践中，一个侵害个人信用权益的行为可能同时侵害权利人多个方面的利益。例如，在“王某宽诉南召县农村信用合作联社名誉权纠纷案”①中，原告签署的2份借款合同，经司法鉴定机构出具的鉴定意见，均非原告所签，因此原告与被告之间不存在借贷法律关系。原告发现本人被列入失信“黑名单”后，向被告提出异议，被告未采取积极措施予以纠正并使侵害行为持续时间长达几年。被告的侵权行为导致原告的信用评价降低，导致原告不能贷款购房，生意上失去信誉无人愿意合作，给其生活上、经济上、精神上造成了不良影响和损失，损害了原告的信用利益和姓名人格利益。法院裁判中仅支持了原告的停止侵权和精神损害赔偿1万元的诉讼请求，而对给原告带来经济上的利益损失未给予赔偿，不能全面有效保护原告的信用利益。

一般认为，侵害信用权益的责任承担方式主要有以下三种。

（一）停止侵害

当侵害行为和事实仍在进行中，权利人有权请求侵权人承担停止侵害的民事责任。例如，行为人通过网络散布有关他人偿债能力的不实言论，无个人信用评价资质或者超越自身的信用评价资质对他人的信用状况进行评价，也构成对他人信用权的侵害。权利人有权请求行为人停止侵害，停止相关的个人信用评价行为。当个人信用信息错误

① 参见河南省南召县人民法院民事判决书，(2015)南召民初字第958号。

记载或评价不客观的事实持续进行时,权利人有权要求征信机构予以删除、更正、补充。在收到权利人的通知以后,行为人应当在合理期限内删除、更正、补充,如果义务人不愿意进行相应的更正,法院就可以采取一定的措施予以强制执行,因此造成权利人损害的,权利人也有权请求行为人赔偿损失。如果侵害行为造成个人信用评价降低引发社会不良影响的,可以同时要求侵权行为人承担赔礼道歉、消除影响之责任。

(二)赔偿损失

个人信用权益主要关涉自然人经济方面的评价与信赖,侵害行为往往会带来可得利益、机会利益的损失。所以,在侵害个人信用权益的情况下,要注重运用损害赔偿的方式对受害人进行救济。如由于征信机构的信用信息不真实使自然人的信用受损,导致银行拒绝贷款,使其蒙受财产损失,此种财产损失应当予以赔偿。此外,受害人为调查其信用受侵害事实所支付的合理费用也应当纳入受害人财产损失的范围。杨立新教授和张新宝教授认为,间接损失是受害人可得利益的丧失。①在部分学者看来,可得利益与间接损失含义基本相同,可以等同使用。美国对信用权损害赔偿区分了不法行为和主观状态两种情况。如美国《信用平等机会法》中受害人可以要求授信人赔偿实际损失、不超过1万美元的惩罚性赔偿、诉讼费和合理的律师费。美国《公平信用报告法》中关于征信机构、信用提供者、信用信息使用者的侵权责任,如果由于疏忽造成侵害的,应赔偿实际损失、诉讼费和合理律师费,如果是主观恶意造成损害的,除承担上述赔偿责任外,还应承担惩罚性赔偿,加大对主观恶意的惩罚力度。我国《民法典》第1182条是人身侵权财产

① 参见杨立新:《侵权法论》(第2版),人民法院出版社2004年版,第311页;张新宝:《侵权责任构成要件研究》,法律出版社2007年版,第152页。

损害赔偿的请求权基础。虽然精神损害赔偿是侵害非物质性人身权的主要责任方式，但信用如同姓名、肖像、隐私一样，具有一定的间接财产利益，侵权同样会导致权利人一定的财产损失。因此，个人信用权属于人格权范畴，自然可以适用该条请求财产损害赔偿。

（三）精神损害赔偿

由于个人信用权是他人对权利人履约能力和履约意愿的一种评价和预测，主要体现为人格利益内容，因而，个人信用权在遭受侵害的情况下，权利人可能会遭受一定的精神痛苦，此时，权利人能否主张精神损害赔偿在学界存有争议。肯定说认为，精神损害赔偿是侵害信用权民事责任的基本方式。[①] 否定说认为，法律保护民事主体信用的目的在于保护其经济利益而非人格尊严和情感利益，故不存在精神损害赔偿的问题。[②] 折中说认为，信用权系以人在经济上的评价为保护利益，有无精神上的痛苦，应就个案审慎认定之。[③] 笔者认为，既然个人信用权益本质上为一种人格权，根据我国精神损害赔偿司法解释的精神，任何人格权益遭受严重精神痛苦的，都可以主张精神损害赔偿。因而，如果侵害个人信用权使自然人遭受严重精神痛苦的，可以请求侵权人进行精神损害赔偿。确定精神损害赔偿数额时，应当综合考虑行为人的过错程度、侵害手段、场合、行为方式等具体情节，由侵权行为人的财产状况来确定。在故意歪曲、捏造信用资料的情况下，行为人的主观恶意较重，法官在衡量精神损害赔偿数额时，应当提高赔偿数额。[④]

---

① 参见杨立新主编：《中国人格权法立法报告》，知识产权出版社 2005 年版，第 160 页。

② 参见张新宝、唐一平：《网络商业诽谤第一案：恒升诉王洪等侵权案评析》，载易继明主编：《私法》第 2 卷，北京大学出版社 2002 年版，第 376 页。

③ 参见王泽鉴：《侵权行为法》（第 1 册），中国政法大学出版社 2001 年版，第 142 页。

④ 参见王利明：《人格权法》（第 2 版），中国人民大学出版社 2016 年版，第 314 页。

第三章　调整方式二：个人信用的义务配置与责任强化

由于传统民法以民事权利体系为轴心，强调民事权利在民法规范中的核心地位，忽视民事义务与民事权利的均衡配置，导致实践中民事主体过分强调民事权利意识，弱化了民事义务的遵守，加之民事责任制度具有局限性，进而形成民事权利、民事义务、民事责任之间不均衡的制度格局。这也是我国失信现象时常出现在民法层面上的一个重要原因。我国《民法典》虽然在具体规范中强化了民事主体的诚信义务，适度扩大了惩罚性赔偿的适用范围，对遏制失信行为有了一定的作用；但整体来看，我国《民法典》未直接规定信用权，仍未跳出通过名誉权保护信用利益的窠臼，个人信用权利与信用义务配置不足，对恶意失信行为的民事惩戒仍显乏力。因此，通过进一步优化民事规范的规则设计，完善个人信用义务的配置和强化个人恶意失信的民事责任与惩戒，才能最大限度地防止恶意失信行为的发生，促进市场主体之间信任关系的维系。按照法的一般理论，责任是指因违反义务而应承担的否定性后果。在民法上，虽然民事义务和民事责任是两个不同的概念，但义务是责任承担的前提，责任是违反义务的结果，理论上常将义务与责任关联进行探讨。同理，个人信用义务的违反意味着个人失信责任的承担。个人信用义务的民法配置和个人失信的民事责任属于现代民法个人信用调整的重要问题。为了行文方便，本章将个人信用义务和个人失信责任作为一种民法调整方式的两个侧面展开研究。

第一节　个人信用义务的本质与法律特征

一、个人信用义务的本质

个人信用义务，又称个人信用维持义务，是指自然人在经济社会活动中为维护自身信用评价而应履行的约定和法定义务。它是民法诚信义务之下的一个类概念，包含具体的约定的信用义务和附随义务等法定的信用义务等。从本质上分析，个人信用义务从诚信原则推演而生，如同公序良俗社会义务性质一样，是一种法定的社会义务，具体可从以下三个方面来理解。

（一）信用义务是一种法律义务

义务是法律的基本概念之一。当人们笼统地说“义务”时，实际上是包括道德义务、习惯义务、法律义务等不同规范系统的义务。法律义务是社会义务的重要组成部分。《布莱克法律词典》对法律义务（legal duty）的解释是：“对此项义务的违反将构成法律上的过错（legal wrong），一项由合同或法律的运作而产生的义务。”①美国法学

---

① Henry Campbell Black & M. A., *Black's Law Dictionary*, 6th ed., West Publishing Co., 1979, p. 522.

家罗斯科·庞德指出:“对奥斯汀来说,义务是命令的逻辑结果,因此,法律义务源于法律,即来自法律规则。”①

法律义务是法律规定当事人应当采取的行为模式;如果违反该法定行为模式,当事人则需承担相应的法律责任。这里的“应当”包含逻辑上的应当和价值上的应当两个层面的含义。前者是法律的规范性和强制拘束力使然,后者是共同体的公共秩序和共同利益使然。② 值得注意的是,虽然法律义务和道德义务对行为人有“应当”的义务要求,但两者实现行为规制的手段不同:法律义务通过国家强制力和制度拘束力来实现,而道德义务则通过道德评价、舆论监督等非制度的方式来实现。因前者采用“硬性”手段,后者采用“软性”约束,故而,两者的行为约束效果会有很大差距;也可以说,前者的规制结果是可预期的,而后者的规制结果是不确定的。③ 因此,法律义务本身存在“应然”和“实然”的矛盾与冲突和对抗,最终通过法律责任的承担使二者得以调和。正如美国大法官奥利弗·温德尔·霍姆斯把法律义务解释成一种预测一样,他认为,法律规则的制定应从不道德的人或恶人的立场出发,最终实现对不道德或施恶之人行为的规制和惩罚。虽然法律义务适用于一切人,无论是善的还是恶的,但法律通过对不法之人强加以法律义务的履行,最终达到惩恶扬善的价值目标。在这一过程中,法律义务主要对不法行为起调整作用,通过责任承担进行惩戒,守法之人最终获得的是受法律保护的权利和利益。④ 同理,个人信用义务是对一切自然人信

---

① [美]罗斯科·庞德:《法理学》(第4卷),王保民、王玉译,法律出版社2007年版,第133页。

② 参见钱大军:《法律义务研究论纲》,科学出版社2008年版,第42页。

③ 参见李桂林、徐爱国:《分析实证主义法学》,武汉大学出版社2000年版,第240~241页。

④ See Oliver W. Holmes, *The Path of Law*, Harvard Law Review, 1897, p. 459, 461. 转引自钱大军:《法律义务研究论纲》,科学出版社2008年版,第4页。

用行为的法律规制：对失信行为，法律通过责任进行惩戒或制裁；而对守信之人，法律将保护其权益并肯认其守信行为带来的积极利益。

（二）信用义务是一种利他义务

信用体现为一种交互关系，是对双方当事人共同的义务要求。一方遵约履行的直接结果在于对他方权益的尊重和支持。在双务履行合同中，交易双方分别向对方提出的信用履约请求，则共同指向双方交易的共享利益。正因为交易关系是一种交互合作关系，所以，一方积极履行信用义务，有利于他人利益和双方共同利益的实现，也为交往的持续性开展奠定了合作基础。德国古典哲学创始人伊曼努尔·康德曾提出了道德理论是义务论①，即它是基于人的社会性所产生的、用以调整个人与“陌生人”之间关系的行为规范体系。同时，社会义务的设置也会受到法律内外各种因素的限制和影响；尊重这些因素将使社会义务具有合理性和有效性，从而保证社会义务与法律的目的——保障人的自由相契合。②

在合同关系中，合同当事人之间总是表现为权利义务关系：一方在作为债权人的同时，又是向另一方履行义务的债务人；一方债权利益的实现需要以另一方合同义务的完全履行为前提。然而，“权利与义务的联系并非总是直接的、一对一的”③。在非契约交往关系中，往往权利人特定，义务人不特定，权利人和义务人的权利内容和义务内容并不总是一一对应关系。如在绝对权关系中，权利人是特定的，在单个法律关系中仅享有权利，不承担义务；而其他义务人仅承担不侵害权利人权利的

---

① 参见李超杰：《哲学的精神》，商务印书馆2010年版，第178页。

② 参见朱寅昊、王小璇：《个人的社会义务及其限制》，载《盐城工学院学报（社会科学版）》2012年第3期。

③ 张文显：《法学基本范畴研究》，中国政法大学出版社1993年版，第75页。

义务,不享有权利。就个人信用关系而言,在各类合同中,双方互为信用义务人;但在非合同关系中,信用义务人往往设定为其中一方。马克思曾言:“没有无义务的权利,也没有无权利的义务。”这句话的意思并非指在每一个法律关系中权利和义务都一一对应存在,而是整体分析了权利和义务之间的交互关系。就单个自然人而言,在社会交往关系中,既是权利主体,又是义务主体,两者的角色和地位往往根据不同的法律关系进行不断变化或互换。信用义务作为一种利他义务,是单个法律关系中的常态表现,也是权利义务关系的直接反映。

(三)信用义务是一种利己义务

19 世纪英国著名法学家约翰·奥斯丁指出,在法律中存在“自利义务”,即为义务人的利益而规定的法律义务,义务的履行不仅为了尊重他人利益,而且也为了自身利益。[①] 如信用主体通过履行信用义务满足了他方利益,同时提高了自己的信用评价与等级;由是观之,义务人履行信用义务不仅是为了他人和社会的利益,也是为了自己最终获得相当的利益。正如有学者所言,“普遍的、一般的、持久的法律义务根据的社会共同生活需要中也包含了每一法律主体的自身需要。因此,承担这种义务对于法律主体而言并不意味着不利。相反,因为得到满足的社会共同生活需要融合每一法律主体的自身需要,这种法律义务对于每一法律主体都是有利的”。[②]

守信不仅是法律和道德的基本要求,而且是信用利益累积转化为信用权益的前提基础。行为人通过长期恪守承诺,积极履行约定或法定的信用义务,不断累积自己的信赖和评价等级,最终转化为潜在的预

① 参见钱大军:《法律义务研究论纲》,科学出版社 2008 年版,第 37 页。
② 张恒山:《义务先定论》,山东人民出版社 1999 年版,第 74 页。

期利益。[①] 自然人一方面通过积极履行信用义务保持自己的信用不降低;另一方面通过增强经济能力和履约能力,使自己的社会经济评价和信赖感不断增加。就个人信用义务而言,自然人积极履行经济交往活动中的各类信用义务,直接目的在于免受法律的制裁和责任的承担,最终目标是获得社会的积极评价与可预期的信用利益。法律设定个人信用义务的目标是为了个人利益与社会利益之间形成一种利益均衡。只有通过进一步健全民法规范,使诚实信用这一基本原则细化为具体民法规范,明确民事主体应履行的各项信用义务,编织一个诚实守信者切实受益而失信者付出沉重代价的法网,才能使诚信意识和观念深深植根于社会经济生活中。

二、个人信用义务的法律特征

传统民法是以权利为本位进行构建的,民法理论研究往往侧重于民事权利,而忽视和弱化民事义务的探讨。随着现代民法的发展,部分学者对民法的权利本位思想提出了质疑,呼吁注重社会本位和义务本位。[②] 有学者认为:现代民法既不得为权利本位,也无须为义务本位,当以社会本位为理想。[③] 信用义务以社会本位为重,从根本上是为了维护自己的信用利益、他人利益和社会秩序。个人信用义务以民事义务为载体和基础,在某种意义上与民事义务的特征相趋同。

(一)产生基础多样性

个人信用义务作为诚信义务的一个类概念,以经济活动中的民事

---

① 参见李明发:《信用维持的民法思考——关于信用权的进一步解读》,载《安徽大学法律评论》2006 年第 2 期。

② 参见王利明:《民法总则研究》(第 2 版),中国人民大学出版社 2012 年版,第 471 页。

③ 参见史尚宽:《民法总论》,中国政法大学出版社 2000 年版,第 20 ~ 21 页。

义务为基础和载体。信用义务主要源于当事人之间的约定或者基于诚实信用原则等其他原因。约定的信用义务是双方当事人在平等自愿协商的基础上达成的,对双方当事人产生拘束力。而法定的信用义务一般是依据诚信原则要求自然人作为或不作为的注意义务,是法律所明确要求的,如合同附随义务等信用义务类型。义务来源的多样性构成了信用义务区分于其他法律义务的显著特征。每一项经济社会交往中信用义务的设置都意味着自然人有义务积极、诚实、完全地履行应尽的民事义务;只有当完整地履行了社会经济交往中对他人的民事义务,才意味着相应的信用义务履行完毕,在相关信用记录中才会得到积极评价。

(二)内容表现为作为义务或不作为义务

个人信用义务同民事义务一样包含作为或不作为的拘束,具体体现为按照约定要求或法律的规定为一定的行为或不为一定的行为,他人权益的实现都需要借助信用义务人的作为或不作为。如果某人负有某种义务,就意味着权利人对该人享有请求的权利。[①] 本质上,信用义务无论是积极行为还是消极行为都是一种负担和约束。对于义务人而言,其承担着法定或约定范围内不可选择的约束,对义务的违反将导致责任的产生。一般而言,义务是以不利益为内容的;如果说权利体现为利益,那么义务就体现为不利益。[②] 但在信用法律关系中,个人信用义务以相对不利益内容为基本前提,同样表现为作为或不作为;认真履行了具体的诚信义务,即意味着遵循了信用义务的要求,这时相对范围的不利益就延展为一种客观的肯定的社会评价,并为信用义务人本身带

---

① 参见[德]迪特尔·施瓦布:《民法导论》,郑冲译,法律出版社2006年版,第135页。

② 参见张俊浩主编:《民法学原理》,中国政法大学出版社1991年版,第89页。

来潜在的信用利益。

(三)以直接实现相对人利益与间接积累自身信用利益为目的

传统民法理论认为,义务的履行是为了实现权利人的利益要求,而非直接满足自身利益,但民事义务的履行并非与信用义务人的利益没有关系。英国法理学家、哲学家杰里米·边沁认为,人有两种义务:对自己的义务和对他人的义务。履行对自己的义务表现出来的品质是慎重,履行对他人的义务表现出来的品质是正直和慈善。正直是消极的义务,因为它对别人的幸福"避不减损之";慈善是积极的义务,因为它试图增加别人的幸福。正是慎重与正直、慈善的协调一致,保证了个人幸福与共同体幸福的协调一致。[①] 这一观点深刻阐明了个人信用义务对自己义务和对他人义务的内在机理和价值目标意义。在双务合同中,民事义务与民事权利往往是相对应的,而信用义务人履行约定的义务和法定的义务是其应尽的义务,也是其享有信用评价所带来的信用利益的前提。义务人对信用义务的按时、完全履行间接地积累了积极的信用评价与信用利益,增加了未来交易机会的可能性。

(四)效力具有法律与道德双重拘束力

无论是法定的信用义务还是约定的信用义务,都受到强制力的拘束,否则,将依法承担失信的民事责任。古罗马法中具有信用意义的拉丁词"*fides*",既有义务内容,也包含责任意义。[②] 英美法与罗马法相同,亦未对义务与责任加以区别。直到日耳曼法,才开始在民法上有了义务与责任的区分。近代民法受日耳曼法的影响,沿袭了义务与责任区

---

① 参见李超杰:《哲学的精神》,商务印书馆 2010 年版,第 180 页。

② 参见黄风编著:《罗马法词典》,法律出版社 2002 年版,第 114 页。

分的做法。我国受苏联民法影响,在《民法通则》中将民事义务与民事责任视为两个不同概念。义务的强制拘束性是法律和道德的根本区别。按照民事义务和民事责任关系原理,个人信用义务和个人信用责任也是两个不同的概念,信用责任是信用义务违反的结果,是对信用义务遵守的强制拘束力。

个人信用义务是以诚信道德规范为基础的,是道德上诚信义务要求的升华。[①] 从本质属性而言,信用义务虽然归属于法律义务,但其效力基础并不仅限于法律,其最根本源于人类社会的道德性;信用义务只是为诚信道德穿上了法律的"外衣",通过法律义务形式督促人们共同遵守,以维护整个市场交易和公共秩序。[②] 需要强调的是,任何一项民事义务都具有现实的可履行性,否则,将不具有强制拘束的意义。直观而言,个人信用义务直接来自社会的道德义务,其自然而然应受到道德的约束;但其上升为法律义务时,其将受道德和法律双重的拘束力,其道德性仍然是其本质要求。因而,未履行或未完全履行信用义务,除了需要承担失信的民事责任外,还应遭受道德的谴责,进而导致社会评价的降低,带来个人信用上的不利益。

三、个人信用义务的理论分类

(一)约定的信用义务与法定的信用义务

从民法上看,民事义务主要表现为两种形式:一是约定义务;二是法定义务。我国《民法典》第176条确立了民法上约定义务和法定义务

---

① 参见胡大武:《侵害信用权民事责任研究——以征信实践为中心》,法律出版社2008年版,第28页。

② 参见[德]卡尔·拉伦茨:《德国民法通论》(上册),王晓晔等译,法律出版社2003年版,第50页。

分类的法律依据。[1] 信用义务是民事义务中诚信义务之下的一个类概念，主要涵盖经济活动中涉及诚信的具体民事义务。因而，信用义务也可分为约定的信用义务和法定的信用义务。约定的信用义务主要体现在具体合同法律关系中；合同是双方意思一致的达成，在双方当事人之间形成法律拘束力。在英美法系中，合同被形象地表述为当事人之间的连续承诺或彼此承诺。积极履行和兑现自己对他人的承诺和允诺，是契约精神与诚信社会的灵魂。合同是市场经济中经济活动行为的基本表现形式，以合同形式来确立双方之法律关系，价值在于相互之间生成一种具有法律拘束力的信用义务，不可违背；否则，不仅要承担违约责任，还要承担失信的不利后果。

法定的信用义务是指通过法律规范方式将某种信用行为要素设置为民事主体应遵循的民事义务。个人法定信用义务的履行与否及好坏同样可以反映出一个人信用水平的高低，也是自然人信用评价因素的重要内容。法定信用义务在规范类型上常常表现为强制性法律规范形式。如在我国《公司法》中，明确规定公司董事在履行公司管理职责中应当恪守诚信和勤勉义务[2]，即是董事对公司和股东应承担的法定信义义务。这一法定信义义务产生的依据在于，董事受公司和股东之托履行管理职责，其与公司和股东之间形成了法律上的信托关系（fiduciary confidential relation）。“Fiduciary”一词源于罗马法中的拉丁词汇“*fides*”，有信任、信义、诚实的含义，表现为一个人具有委托人所期待的可以给予信任、信赖和善意的品格。因此，董事与公司、股东之间的信

---

① 我国《民法典》第 176 条规定：“民事主体依照法律规定或者按照当事人约定，履行民事义务，承担民事责任。”

② 我国《公司法》第 147 条规定：“董事、监事、高级管理人员应当遵守法律、行政法规和公司章程，对公司负有忠实义务和勤勉义务。董事、监事、高级管理人员不得利用职权收受贿赂或者其他非法收入，不得侵占公司的财产。”

托关系实质上是一种以信任为内核的信用关系。值得信赖和信任是作为董事被受托的基本条件,而能够被信任和信赖的依据在于担任董事的自然人具有良好的信用评价。实践中,个人法定信用义务更多地体现在担任某种职位或从事特定职业的自然人身上,不管是何人,只要担任特定的职位和从事特定的工作,法律都为其配置了明确的行为义务,且不能通过约定而放弃,这在实践中大多体现为职业伦理的义务要求。另外,为了保障契约和交易的顺利开展,法律还为当事人配置了一定类型的辅助行为义务,如《民法典》合同编中的缔约过失注意义务、附随义务、后合同义务、保理合同中信用交易义务等。为了贯彻我国民商合一的立法体例和思路,《民法典》总则对营利法人中出资人的信用义务进行了明确规定,以实现投资人利益、营利性法人利益、债权人利益之间的平衡。其第 83 条意味着在商法中除了要求企业诚信经营外,投资人必须遵守法定的信用义务,不得滥用股东权利和法人地位损害第三人利益。①

(二)积极的信用义务与消极的信用义务

积极义务是指义务人按照法律的规定或当事人的约定,通过某种积极行为满足权利人的利益,如侵权法中公共场所管理人应承担的安全保障义务、买卖合同中当事人应承担交付标的物或价金义务等。消极义务是指义务人按照法律的规定或当事人的约定,通过不实施某种行为来保障权利人利益的实现,如《民法典》物权编中不得妨碍所有权人行使财产权利的义务、侵权责任编中不得侵害他人合法权益的义务、

① 我国《民法典》第 83 条规定:“营利法人的出资人不得滥用出资人权利损害法人或者其他出资人的利益;滥用出资人权利造成法人或者其他出资人损失的,应当依法承担民事责任。营利法人的出资人不得滥用法人独立地位和出资人有限责任损害法人债权人的利益;滥用法人独立地位和出资人有限责任,逃避债务,严重损害法人债权人的利益的,应当对法人债务承担连带责任。”

合伙协议中对当事人的竞业禁止义务等。在个人信用义务中，积极的信用义务指自然人应当按照法定或约定主动全面履行相关民事义务的义务。消极的信用义务是指自然人不得违反法律规定或违背当事人约定实施损害交易相对人或他人利益的义务。

(三)实体的信用义务与程序的信用义务

实体义务指依据实体法应当承担的义务，是区别于程序性义务的概念。程序性义务主要是保障实体义务所产生的诉讼程序和非诉程序中的义务，诸如遵守法庭秩序、不得作伪证等。实体的信用义务指民事实体法中规定的各种恪守承诺、诚信履行的信用维持义务。程序的信用义务是指民事程序法中要求不得进行虚假诉讼和作伪证、积极履行生效民事裁判文书等信用义务。本书所讨论的个人信用义务限于民事实体法上的信用义务，对民事程序法上的个人信用义务暂不涉及。

第二节　个人信用义务的配置

诚信作为社会主义核心价值观的核心价值之一，已融入《民法典》具体法律规范中。《民法典》总则编确定了诚信原则的至高地位，并在物权编、合同编等分编部分对信用义务进行了相应的配置，将对我国社会主义市场经济的深入发展发挥重要推动作用，体现了对相关民事主体和交易相对人信赖利益的保护。总的来说，我国《民法典》在具体规范中进一步细化了诚信义务或信用义务配置，为维护市场经济秩序和促进社会秩序稳定奠定了法治基础。为了行文方便，本部分中所指的信用义务自然包含了当行为人为自然人时的信用义务，故书中不再单独对相关个人信用义务逐一赘述。

一、个人信用义务的一般条款配置

根据《民法典》第7条的规定，当事人在行使民事权利、履行民事义务、承担民事责任时，都应当秉持诚实、善意，信守自己的承诺。将诚信原则确立为民法的核心基本原则对构建诚信社会、规范经济秩序、引领社会风尚具有重要意义。早在1986年制定的《民法通则》中已将诚实信用确立为民法基本原则之一。之后，我国原《合同法》、《保险法》、《票据法》、原《担保法》等多部民商事单行法都将诚信原则规定为基本原则。如原《担保法》第3条规定，担保活动应当遵循诚实信用原则。其他诸如《消费者权益保护法》《劳动合同法》《个人独资企业法》《合伙企业法》《信托法》《反不正当竞争法》《拍卖法》等许多单行法均将诚实信用原则作为其基本原则。值得注意的是，不仅大量民事实体法规定了诚信原则，民事诉讼法也规定了诚信原则。[①] 由上可见，诚信在整个市场经济发展中具有极为重要的地位，成为市场主体开展市场经济活动的基本遵循与要求。

诚信原则作为民法主要的基本原则之一，学者常称为民法的“帝王原则”，是许多国家民法公认的基本原则。《瑞士民法典》第1条第1款和《日本民法典》第1条第2款均规定，行使权利及履行义务时，应诚实履行。《韩国民法典》关于诚信原则的表述与《日本民法典》表述基本相同，其第2条第1款规定，权利的行使及义务的履行，应恪守信义，诚实履行。《俄罗斯民法典》第1条“民法的基本原则”第3款规定，民事法律关系参加者在确定、行使和保护民事权利时，以及在履行民事义务

① 参见李适时主编：《中华人民共和国民法总则释义》，法律出版社2017年版，第24～25页。

时,应当善意地开展活动。《加拿大魁北克民法典》第 1 章第 6 条规定“任何人均应诚实信用地行使民事权利”,第 7 条规定任何人均不得以损害他人为目的或违背诚实信用的要求以过分且不合理的方式行使权利。《法国民法典》与《德国民法典》并未在总则中规定诚信原则,但在分则中有关于诚实信用的要求。《欧洲合同法通则》第 1 篇总则第 1:103条“诚实信用与公平交易”规定,诚实信用是考虑交易相对人利益的一种行为准则。特别是,一方当事人违背对方当事人已经对之产生合理信赖的在先陈述或行为,从而损害对方当事人利益的,即构成对诚实信用与公平交易原则的违反。可见,诚信原则已成为国际社会在民事活动与市场经济中被普遍认可的基本原则。

诚信原则是民事主体信用义务生成的总根源,也是个人信用义务的一般性规定。于某种意义上而言,诚信原则具有民事主体信用义务的一般条款地位。依据诚信原则,个人信用义务可以在不同部门法和单行法中延伸配置,这也进一步体现了诚信原则对各个民法具体制度和规范的统帅和指导作用。自然人作为基本的民事主体,根据《民法典》第 7 条的规定,从事任何民事活动都应当遵守诚信原则,尤其在与相对人交易之前、之中、之后都必须遵循诚信原则,按照诚信原则善意行事,尊重与维护对方的合理期待与信赖利益。每个自然人都应当尊重他人合法权益,尊重社会公共利益,不得滥用权利。由于诚信原则的内涵与外延都具有概括性与抽象性,具有较大的弹性,因此,一般认为,只有在当事人没有明确约定或法律没有具体规定时,法院才可根据诚信原则作出裁判,填补法律漏洞,平衡当事人之间、当事人与社会之间的利益,实现社会的公平正义。民事法律行为以意思表示为要素。意思表示是否真实以及真意如何理解直接关涉到相关民事法律行为的效力,也同时构成了信用义务履行的前提,在司法实践中具有重要意义。

对此,《民法典》第142条对意思表示真意如何理解作了明确规定[①],有利于在实务中对具体法律行为所涉及的意思表示进行公平合理解释,督促义务人恪守承诺,积极履行其信用义务或民事义务。

二、民法中个人信用义务的具体配置

诚信原则作为我国《民法典》的基本原则和核心价值,贯穿于民法规范始终。在我国《民法典》各个部分中大量规定或体现了诚信原则,因篇幅所限,本部分仅撷取总则、合同、物权等部分具体规范分析其信用义务配置依据。

(一)合同法中的个人信用义务

诚信原则是合同规范的核心原则。当事人在合同的订立、履行、保全、终止、解释中均须遵守诚实信用义务。诚信原则在现代合同法中主要有四项功能:一是确立合同行为准则。诚信原则在合同法中不但拥有基本原则地位,而且具体化为合同当事人诚信履约的义务要求;且该项义务具有强行性,当事人不得通过约定排除。二是确立附随义务和后合同义务的功能。附随义务基于诚信原则产生,通常是指合同当事人应当对相对人负有保护、照顾、保密、通知、协助等义务。诚信原则不仅是附随义务产生的重要依据,而且是当事人应当诚信履行合同的根据。三是创制法律规则。在诚信原则的基础上,现代合同法产生了一系列新的制度,包括缔约过失责任、禁反言、情势变更、禁止权利滥用、合同目的解释等。[②] 四是解释合同和填补合同漏洞。在司法实践中,合

---

① 我国《民法典》第142条第1款规定:"有相对人的意思表示的解释,应当按照所使用的词句,结合相关条款、行为的性质和目的、习惯以及诚信原则,确定意思表示的含义。"

② 参见[德]莱因哈德·齐默曼、[英]西蒙·惠特克主编:《欧洲合同法中的诚信原则》,丁广宇、杨才然、叶桂峰译,法律出版社2005年版,第476页。

同存在漏洞和缺陷是在所难免的。从鼓励交易的原则出发,不应将存在缺陷和漏洞的合同认定为不成立或无效,法官可以依据诚信原则对合同进行解释和漏洞填补。[①] 在我国《民法典》合同编中,根据诚信原则,个人信用义务的配置主要体现在以下民事义务中。

1. 全面履行义务

合同的全面履行是指合同当事人应当依据合同和法律的规定全面履行其合同义务。具体包括:(1)依约履行。合同当事人应当按照合同约定的履行主体、标的、时间、地点以及方式等履行其义务,否则构成违约。(2)依法履行。除当事人特别约定外,法律还例外地规定了一些强制性义务,如通知、协助、保密、环保等义务。无论当事人是否有约定,这些法定义务都应当纳入合同义务的范围,当事人应当严格履行上述法定义务。(3)无正当理由不得变更和解除合同。按照全面履行原则,任何一方合同当事人未经对方同意不得随意变更合同,否则构成违约。同时,在合同有效成立后,除具备法定或者约定解除条件外,一方当事人未经对方同意不得单方面解除合同。除一方当事人享有抗辩权外,任何一方不得随意中止合同的履行,否则将构成违约。

诚信原则和合同的全面履行关系密切。依据诚信原则,当事人要尊重合同的效力,全面履行合同本身也要符合诚信原则的要求。如果法律或合同对信用义务作出明确规定或约定,当事人应当根据法律和合同全面履行;否则,应当依据诚信原则进一步确定合同内容,并在此基础上履行合同。实践中,当事人签订的合同中,如果对某一具体事项使用了较为晦涩的词语进行表述,在双方当事人发生纠纷后,司法机关应根据《民法典》第 142 条规定的多种因素本着诚信原则对行为人的真

① 参见王利明:《合同法研究》(第 1 卷)(第 3 版),中国人民大学出版社 2015 年版,第 121 ~ 122 页。

实意思进行推定和理解。因而,诚信被贯穿于全面履行的始终;在合同约定存在漏洞导致无法履行时,可以依据诚信原则确定信用义务。当事人积极、全面履行是市场交易和信用利益实现的必要条件和保障,也是整个市场秩序得以维护和有序进行的关键所在;因而,合同义务本质上是一种信用义务。全面履行义务是整个信用义务体系中最为核心的一种:既是交易双方信赖关系的核心要求,也是法律的强制性规定,为当事人信用的社会评价提供最直接的判断依据。

2. 缔约注意义务

缔约注意义务主要指在合同订立过程中,一方应本着达成合作的目的积极为合同订立创造条件,不得违背诚信损害另一方的利益;违反这一注意义务,将承担缔约过失责任。[①] "缔约过失"一词最早由德国法学家耶林提出,后被《德国民法典》确立为法律概念。关于缔约过失责任的法律依据早期主要有"法律行为说""侵权行为说""法律规定说"。[②] 在合同缔约过程中,合同并未成立和生效,难以构成违约责任的前提和基础。因此,"法律行为说"将缔约过失责任视为违约责任缺陷,在于违约责任缺乏存在的责任基础,混淆了缔约与违约、缔约过失责任与违约责任的关系。"法律规定说"试图通过类推的方法为缔约过失责任寻求法律依据并不能使人信服,原因在于诸如侵权责任、违约责任等任何一种法律责任都是源于法律的规定。相对而言,"侵权行为说"认为缔约过程中违反不得损害他人财产利益的注意义务应承担损害赔偿责任具有一定的合理性。实质上,缔约过失行为违反的是"先合同义务",该义务如通知、照顾、警示、协助等附随义务一样在性质上属

---

① 参见王利明:《合同法研究》(第 1 卷)(第 3 版),中国人民大学出版社 2015 年版,第 337 页。

② 参见王泽鉴:《民法学说与判例研究》,中国政法大学出版社 1998 年版,第 80 ~ 81 页。

于法定的信用义务。但该注意义务不完全等同于侵权法上的一般注意义务，它源于诚信原则对缔约中信赖关系的维护。该信赖关系因合作意向而形成，比普通的陌生人之间的关系要相对紧密一些，故而要求当事人履行比一般注意义务相对较高的注意义务。[①] 因此，缔约过失责任的法律依据超越了契约法则和侵权法则的范畴，最终源于诚信原则对信赖利益的保护。缔约过失最重要的特征在于缔约当事人违反了依据诚信原则所产生的信用注意义务，属于一种客观上违反信赖关系行为标准的过失。从信用法律关系来看，信用义务不仅适用于合同的订立和履行，也适用于合同的缔结过程；在缔约过程中因违反信用注意义务导致合同不成立，则应承担缔约过失责任。

德国学者艾尔曼认为，当进入谈判阶段即在当事人之间形成法定的债权关系，基于一方对另一方的信任由当事人负有保护、维持、保密等先合同义务。诚信义务是随着双方当事人的联系逐渐密切而产生的。值得注意的是，在缔约过程中，一方当事人承担缔约过失责任的原因，并不仅限于其违反了与契约义务相伴随的依诚信原则产生的义务，还在于要约人违反了其所发出的有效要约所产生的信赖利益的直接破坏。因此，无论行为人的主观心理状态是故意还是过失，都应承担缔约过失责任。

我国《民法典》第 157 条间接规定了缔约过失责任。[②] 除此之外，《民法典》合同编中第 500 条为缔约过失责任的直接适用提供了法律依据。[③]

---

① 参见崔建远：《缔约上过失责任论》，载《吉林大学社会科学学报》1992 年第 3 期。

② 我国《民法典》第 157 条规定："民事法律行为无效、被撤销或者确定不发生效力后，行为人因该行为取得的财产，应当予以返还；不能返还或者没有必要返还的，应当折价补偿。有过错的一方应当赔偿对方由此所受到的损失；各方都有过错的，应当各自承担相应的责任。法律另有规定的，依照其规定。"

③ 我国《民法典》第 500 条规定："当事人在订立合同过程中有下列情形之一，造成对方损失的，应当承担赔偿责任：（一）假借订立合同，恶意进行磋商；（二）故意隐瞒与订立合同有关的重要事实或者提供虚假情况；（三）有其他违背诚信原则的行为。"

具体而言,在合同订立过程中,一方当事人违反诚信原则的行为主要表现为:(1)无正当理由撤销要约。当要约人明确承诺期限或不可撤销,受要约人已为订立合同作了大量准备工作,这为要约人设定了在缔约过程中不得随意撤销要约的信用义务。(2)未履行告知说明义务。在缔约过程中应尽到告知或说明产品所具有的危险、使用条件、使用方法等信息的义务,便于交易相对人切合自身地选择。(3)未告知对方当事人合同订立前的重要情况。在现代社会,市场交易类型呈现多样化样态,已经脱离了传统简单的交易方式和内容;由于交易主体之间事实上存在信息不对称,规定当事人的告知义务具有重要意义。一方如实告知对方自己的信息,不能片面夸大陈述,否则就违背了信用义务。(4)违反协作和照顾义务。如因不可抗力造成合同履行不能时,债务人应及时通知债权人,以免债权人遭受意外损失。(5)违反忠实义务。不能通过欺诈手段诱使他人与自己订约。(6)违反保密义务。在缔约过程中,禁止向他人泄露或透露他人的技术和商业秘密。[①] (7)滥用谈判自由。如果谈判进入到一定阶段,一方不得任意终止谈判。一方当事人有理由相信对方当事人会与其订立合同,并为此支付了一定费用,依据诚信原则,一方擅自中断谈判就是有过错的,将因违反上述法定义务而承担损害赔偿责任。[②] 上述义务均是在缔约过程中行为人应当遵守的信用义务内容;它产生的基础不是双方的约定,而是基于诚信原则对进入合同磋商阶段的信赖关系的保护。

3. 附随义务

我国《民法典》第509条第2款不但规定合同当事人应当根据诚信

---

① 我国《民法典》第501条规定:"当事人在订立合同过程中知悉的商业秘密或者其他应当保密的信息,无论合同是否成立,不得泄露或者不正当地使用;泄露、不正当地使用该商业秘密或者信息,造成对方损失的,应当承担赔偿责任。"

② 参见王利明:《合同法研究》(第1卷)(第3版),中国人民大学出版社2015年版,第340~341页。

原则、交易习惯履行通知、协助、保密等附随义务，还规定了合同履行中不得浪费资源、污染环境和破坏生态的法定义务。① 具体而言，附随义务主要包括以下几种：(1)忠实义务。忠实义务是指债务人应当按照诚信原则的要求，负有维护、保障债权人利益实现的义务。如真实陈述商品质量等情况的义务，不得从事内幕交易、泄露商业秘密的义务。(2)保护义务。主要是指按照诚信原则，当事人在合同履行过程中应当尽到必要的保护对方人身、财产安全的义务。如商家提供的服务场所应当安全可靠。(3)相互照顾和协助义务。在合同履行中，任何一方都不得滥用其经济上的优势地位和其他手段谋取不正当利益，应尽可能选择合适的方式履行。(4)保密义务。在合同履行中，双方应当对其掌握的对方的相关信息和商业秘密等，采取一定的保护措施防止泄露。(5)通知义务。如出卖人在交付货物之前应当依据诚信原则通知买受人能够提前做好接收货物的准备。(6)告知义务。在实际履行中，当事人负责告知的义务范围比较广泛。需要注意的是，在不同的合同履行中，当事人的附随义务内容和范围是随着合同履行过程的发展而不断变化的。

与合同义务不同，附随义务不是由当事人明确约定的义务，而是依据诚信原则产生的法定义务。附随义务是相对于主给付义务而言的，其功能在于保障主给付义务的实现，维护另一方当事人的人身和财产利益。② 由此可知，合同的附随义务的基础在于对他人信赖利益的延伸保护，从根本上满足交易对方信赖利益和可期待利益的最大化，促进市场交易的循环有序推进。从这一意义上说，附随义务是合同当事人应

---

① 我国《民法典》第509条规定："当事人应当按照约定全面履行自己的义务。当事人应当遵循诚信原则，根据合同的性质、目的和交易习惯履行通知、协助、保密等义务。当事人在履行合同过程中，应当避免浪费资源、污染环境和破坏生态。"

② 参见王泽鉴：《债法原理》(第2版)，北京大学出版社2013年版，第84页。

履行的另一类主要的信用义务,其重要地位仅次于全面履行义务。

(二)物权法中的信用义务

1. 善意受让人的善意义务

善意取得制度建立在财产动的安全和静的安全之博弈基础上。静的安全是指合同交易的安全,动的安全是指物权归属的安全。[①] 善意取得制度以选择牺牲财产静的安全为代价来保护财产交易动的安全,系基于对第三人信赖利益的保护以及交易成本的节约而设立的。善意取得作为适应现代商品经济发展需要而产生的一项法律规则,旨在运用诚信原则保护交易安全、维护市场交易的正常秩序。我国《民法典》第311条规定明确了善意取得制度。何为"善意"? 事实上,"诚信信用"一词所对应的是拉丁文中的"*bona fides*"、法文中的"bonne foi"、英文中的"good faith",三者直译均为"善意"。[②] 近现代民法上将"善意"解释为两种含义:一种认为,行为人动机纯正,没有损人利己的不法或者不当目的。如美国《统一商法典》将善意界定为"相关行为或者交易中事实上的诚实,在涉及商人的情形下,善意还应包括对商业上合理的公平交易标准的遵守"。另一种认为,善意受让人在实施法律行为时内心不存在恶意影响行为效力的因素。[③] 关于"善意"的认定标准,我国最高人民法院《关于适用〈中华人民共和国民法典〉物权编的解释(一)》第14条第1款规定,受让人受让不动产或者动产时,不知道转让人无处分权,且无重大过失的,应当认定受让人为善意。同时第15条和第16条

① 参见郑玉波:《民商法问题研究(一)》,台北,三民书局1991年版,第41页。

② 参见徐国栋:《民法基本原则解释——成文法局限性之克服》(增订本),中国政法大学出版社2001年版,第75页。

③ 参见梁慧星等:《中国民法典草案建议稿附理由:物权编》,法律出版社2013年版,第254页。

分别对“知道转让人无处分权”和“具有重大过失”进行了具体解释，使司法实践中判断“非善意”具有一定的可操作性。

善意取得作为物权法中的一种特殊规则，以交易安全价值的优位保护作为认定基础[①]，体现了对受让人关于权利外观信赖利益的保护，符合诚信原则的要求。诚实信用是市场经济的内在要求：如果双方没有信用和善意作为基础，在其进行市场交易时都需要对财产来源和交易相对人的品行进行详尽的调查，无疑会延缓交易进程，影响社会经济效益。进一步而言，如果让善意受让人对其无法控制的风险承担责任，而使原权利人的利益不受可由其控制的风险影响，无疑有悖于法律所追求的公平正义。可以说，在善意取得制度中，受让人应尽的善意义务是法律上保护善意受让人信赖利益的一种信用义务，是判断是否构成善意取得的核心要件；对无权处分人而言，由于其违背了对原权利人的信用义务，原权利人可以要求其承担违约责任、侵权责任或不当得利返还责任。

2. 相邻关系中的信用义务

相邻关系是依据法律规定而产生的一种社会关系，其基于所有权社会化理论而产生。我国《民法典》第 289 条明确规定，处理相邻关系应依照相关法律法规或地域习惯。德国法学家耶林在坚持罗马法维护私有制和绝对个人私有财产原则的同时，强调所有权的社会性，主张个人利益与社会利益相结合，并对私人所有权进行干预。[②] 之所以提出所有权社会化理论，原因在于 18 世纪至 19 世纪西方盛行的所有权绝对观念与社会利益维护形成尖锐矛盾，不利于社会秩序的稳定与物的效用。

---

① 参见侯巍、王婷婷：《论善意取得中的善意》，载《广西大学学报（哲学社会科学版）》2008 年第 1 期。

② 参见王利明：《物权法研究》（第 3 版）（上卷），中国人民大学出版社 2013 年版，第 662 页。

当然,现代民法对所有权的限制并不限于相邻关系,还有许多法律尤其是公法对所有权的内容和行使方式作了诸多限制。从本质上看,相邻关系是两个不动产权利之间相互存在的一种法定的权利义务关系安排,相邻不动产所有人或使用人负有不得滥用其权利而损害对方之权益的信用义务。这反映了不动产权利人应当依法守信地行使所有权的民法要求;这对维护人与人之间的和睦关系,构建和谐社会具有重要意义。

3. 地役权制度中信用义务

地役权是以他人不动产供自己的不动产便利之用的权利,是限制他人不动产所有权的行使,以方便自己不动产的利用,提高自己不动产价值的权利。[①] 我国《民法典》只规定了地役权的基本内容,有关其具体内容交由约定来确定。地役权作为“类型法定、内容意定”的物权,可以缓和物权法定主义的僵硬性,兼顾私法自治和交易安全,成为一种有效利用财产的重要形式。[②] 虽然地役权限可以通过合同方式进行约定,但为了保护供役地权利人的利益,《民法典》基于诚信原则,为地役权人设定了相应的信用义务。如《民法典》第376条规定:“地役权人应当按照合同约定的利用目的和方法利用供役地,尽量减少对供役地权利人物权的限制。”所谓尽量减少限制,即指地役权人应当最大限度地减轻对供役地人不动产权利的损害和限制。地役权人的信用义务内容具体包括:(1)依约利用供役地的义务;(2)尽量减少对供役地人损害的义务;(3)支付费用的义务;(4)自行负担维护费的义务;(5)恢复原状的义务。这些信用义务的规定,不仅是为了实现物尽其用,而且也是诚信原则对地役权制度的要求。

---

① 参见王利明:《物权法研究》(第3版)(下卷),中国人民大学出版社2013年版,第968页。

② 参见尹飞:《物权法·用益物权》,中国法制出版社2005年版,第406页。

（三）代理制度中的信用义务

代理是意思自治的扩张和补充。代理人行使代理权，应当基于被代理人利益的考虑，忠实履行代理职责。我国《民法典》第 164 条确立了代理人积极完全履行代理职责的一般信用义务。同时规定，代理人和相对人恶意串通，损害被代理人合法权益的，代理人和相对人应当承担连带责任。关于代理职责的履行，委托代理和法定代理不完全相同。委托代理中，被代理人和代理人关于代理事项、权限和期间等一般通过委托合同进行明确约定，代理人基于被代理人的信赖有义务根据被代理人的委托在授权范围内积极维护被代理人的合法权益。如果被代理人的授权不明，代理人根据诚信原则为被代理人利益从事代理行为。为了防止代理人滥用代理权，《民法典》第 168 条和第 169 条分别对禁止未经被代理人同意或追认进行自己代理、双方代理和转代理进行了规定。同时，代理人越权代理和违反法律规定行使代理权均属于不履行或不完全履行的情形。法定代理中，法律对代理人的权限与相关职责作了明确规定，法定代理人必须根据法律规定履行代理义务。如监护人应当按照最有利于被监护人的原则履行监护职责；除为被监护人利益外，不得处分被监护人的财产。如果代理人和相对人恶意串通，损害被代理人合法权益的，代理人和相对人应承担连带责任。可以看出，委托代理人的信用义务主要基于约定而产生，而法定代理人的信用义务主要根据法律规定而生成。

为了保护善意相对人的利益，《民法典》第 172 条对表见代理作了规定。在代理实践中，有时相对人是善意且无过失的，如果完全保护被代理人的利益，强令代理行为无效，必然会损害善意相对人的利益，破坏交易安全。原因在于要求相对人在任何条件下考察代理人是否真正履行被代理人的真实意思，将大大增加交易成本，而事实上也难以达到。因此，只要相对人对行为人有代理权形成合理信赖，即使事实相反，也应牺牲被代理人的利益而保护善意相对人的这种信赖利益。但就相对人而言，其主观上必须基于善意的信用义务，才能将无权代理的后果归属于被代理人。这里相对人的主观善意的信用义务和善意取得中受让人的善意信用义务如出一辙，都是基于诚信原则和信赖利益保护而配置的。

三、个人信用义务民法配置的边界

个人信用建设的过程必须依靠道德与法律的共同作用，两者缺一不可，且两者各有侧重。侧重德性的诚信建设模式强调道德规劝力、内在约束力和向善力，而侧重法治的诚信建设强调法律制度的外在约束力和强制力。它们既有自身的优势，又有各自的局限性。法律的调整存在调整范围有限、惩罚滞后等缺陷；道德的调整范围虽然具有广泛性，治理成本低，但缺乏强制性保障与拘束力实效。因此，单靠某一方面的力量进行诚信建设是不够的，需要结合道德与法律的优劣，建设“德法合一型”的诚信治理模式。[①] “法律有一种内在而完整的逻辑结构：一种从行为模式到法律后果的因果关系。这种因果关系的‘因’表达的是同类法律行为，或者对具有共同法律属性的一组行为的概括；而‘果’则表达的是对前述某种法律行为的法律意义——定性和定量的确认和宣告……法律规范上的因果关系是‘一对一’的，即从行为模式到法律后果，是‘一种’行为模式到‘一种’法律后果，这就使法律规范十分确定。”[②]法律反映的是社会成员的共同意志，是从结果来评判行为正确

---

① 参见王小锡主编：《社会主义核心价值观研究丛书：诚信篇》，江苏人民出版社 2014 年版，第 274 页。

② 怀效锋主编：《德治与法治研究》，中国政法大学出版社 2008 年版，第 227 页。

与否的正式社会制度，正如英国著名历史学家阿诺德·约瑟夫·汤因比所说，“是人和人之间的表示非个人关系的一种手段，在所有的社会里都有”。[①] 中国传统社会的诚信建设主要是依靠道德约束、社会舆论、传统习俗以及人们的内心信仰等来维系的，而并非西方的契约精神。中国传统社会内在制度对诚信强有力的保障作用非常鲜明地表现在熟人社会（家庭、氏族、村落、朋友、社团等）中对诚信的虔敬、遵守和维护。也就是说，内在制度是中国传统社会中保障诚信得以可能的最重要的制度基础。[②]

“法律和道德不仅分享同一套词汇，以至于既有法律上的也有道德上的义务、责任与权利；而且，所有国内法律制度都体现着特定的和基本的道德要求之宗旨……还有一种观念，即正义的观念，它似乎要把这两个领域统一起来：正义既是适合于法律的善，又是诸善中最具法律性质的善。”[③]孟子言：“徒善不足以为政，徒法不能以自行。”[④]道德与法律在行为规范体系中相互独立，如车之两轮、鸟之两翼，在维护社会秩序中各自发挥独特作用。法的存在以道德为基础。“一个法律制度并不而且也不能仅仅依赖统治者的权力，所以它必须依赖道德义务感或对制度的道德价值信念。”[⑤]法律制度中蕴含着道德价值和道德理念。在康德看来，内在的道德乃是外在法律的基础，道德是评判法律善恶的标准。[⑥] 法律规则来自社会已有的道德共识，社会的道德共识影响着法律

---

① ［英］阿诺德·约瑟夫·汤因比：《历史研究》（上），曹未风译，上海人民出版社1986年版，第59页。

② 参见廖小平：《面向道德之思——论制度与德性》，湖南师范大学出版社2007年版，第11页。

③ ［英］哈特：《法律的概念》，张文显等译，中国大百科全书出版社1996年版，第8页。

④ 杨伯峻：《孟子译注》，中华书局2008年版，第121页。

⑤ ［英］哈特：《法律的概念》，张文显等译，中国大百科全书出版社1996年版，第198页。

⑥ 参见［美］富勒：《法律的道德性》，郑戈译，商务印书馆2005年版，第180页。

规则的制定与实施。“以法律规范覆盖道德领域,并使既存规范吻合一个合理的道德体系的要求——造就了近代法。”①

信用的法律义务与诚信的道德义务在适用范围上并不一致。只有需要法律强制干预的领域,使用强制才是恰当的;法律不能使用强制干预社会所有的私域。② 因此,在社会中那些具有普遍性的具有重要利益关系的信用行为应由法律规范和保障,而那些法律并未给予规范的社会生活中的日常信用关系和行为则由道德规范进行调整;个人信用建设必须依靠法律和道德的双重规范,有赖于道德的自律与法律的他律。如何明确和细化个人信用民法调整的标准与尺度将是民事立法和司法实践需要深入探讨的重要问题。

四、个人信用义务配置的基础条件

(一)财产权制度是个人信用义务配置的前提基础

确认和保护产权是鼓励社会创造财富的前提条件,同时也是信用交易产生和维持的必要基础。自罗马法以来,大陆法系国家物权法的核心价值主要体现在确定物的静态的归属,从而达到定分止争、明确物权的作用。随着市场经济的发展,物权法的价值从传统注重对财产的静态保护转向对财产动态安全的维护。物权法中的善意取得、公示公信原则等内容的确立,都体现了其价值的嬗变。③ 传统民法认为,诚信原则仅限于对债法进行指导,物权法中有体现诚信原则的公示公信原

① [美]罗斯科·庞德:《法律与道德》,陈林林译,中国政法大学出版社 2003 年版,第 45 页。

② 参见[英]弗里德利希·冯·哈耶克:《法律、立法与自由》(第 2、3 卷),邓正来等译,中国大百科全书出版社 2000 年版,第 86 ~ 87 页。

③ 参见王利明:《物权法研究》(第 3 版)(上卷),中国人民大学出版社 2013 年版,第 126 页。

则作为基本原则，物权的客体是物而非行为，因此物权法中不存在诚信原则。[①] 这一思想是大陆法系传统民法思想的产物，具有时代局限性。现代民法已将诚信原则作为整个民法的基本原则，物权关系自然应受诚信原则的指导。信用具有无形性，必须寻求一种有形的载体和基础才能更好地对其衡量，而民法中的物权恰好起到了衡量信用的作用。经济学上认为，产权是信用存在的基础；如果市场主体不具备产权，就失去了信用的载体，信用无从谈起。[②] 经济学中的产权概念与民法中的财产权相对应，而物权是财产权的主要类型；故而，物权制度乃市场信用制度的基础制度，物权法中部分具体原则和制度与信用义务密不可分。

财产是信用存在的基石。只有拥有独立的财产，自然人才能成为真正的市场主体，才能享有市场交易中所产生的财产权利和承担信用义务和交易风险。如果市场主体没有真正的财产权，其因守信而增值的无形财产利益将归属不明，从而引发所有市场主体对信用利益这种无形资产漠不关心，讲信誉、守信用的激励机制也无法形成。物权法既为市场主体追求财产利益的长期归属提供了法律保障，也为在市场交易中通过不正当方式取得财产利益的失信行为实施法律制裁。对自然人而言，只有在财产权的制度约束下，才能恪守信用，诚实严格地履行信用义务，维护社会经济秩序。

(二)财产公示公信制度为个人信用义务履行提供可预期性

物权法定原则和公示原则是确认产权的基本原则。物权法的立法

① 参见艾围利：《论物权关系中的诚信原则》，载《山东省青年管理干部学院学报》2008 年第 2 期。

② 参见曾康霖、邱伟：《中国转型期信用制度建设研究》，中国金融出版社 2007 年版，第 89 页。

目标在于确认一整套物权的体系,规定各种物权的类型、内容和公示方法,并且对各种物权之间的关系加以规范。这既可以明确相互之间的权利义务关系,又可以尽可能避免纠纷的产生。物权法不仅确认了国家和集体的财产权,而且对个人所享有的财产权进行了确认。在产权发生争议后,财产权主体可以通过物权请求权保护自己的产权。孟子云:有恒产者有恒心。如果没有完备的物权法,人们对财产权益的追求都将是不可预期的,很难使人们产生投资的信心、置产的愿望和创业的动力。① 英国学者约翰·洛克认为,没有个人物权的地方,就没有公正。保护物权,其根本目的在于奠定法治经济和信用经济的基础。

物权公示原则的核心在于一切物权依法定公示方法向社会公开,便于第三人及时了解物权的归属与变动情况。② 我国《民法典》第208条规定,不动产物权采用登记公示主义。动产物权采用交付公示主义。由于任何当事人设立和转让物权均直接影响第三人利益的安全,故而物权公示方法只能依法定方式,当事人不能随意变更和创设。“公示方法保护的是对公示内容的信赖,它根据当事人的信赖内容而赋予法律效果。”③这要求当事人在经济活动中必须按照法律强制性的规定进行登记或交付予以向社会公示,公示的目的在于通过公示方法使第三人对公示内容形成个人信赖。从这一意义上讲,依法定方式进行财产公示是物权人应遵守的一项法定义务或信用义务。

公信原则主要在于保护公众对物权依法定方式公示内容的信赖。④ 公信主要适用于不动产交易中的不动产登记。登记是以国家公信力为

---

① 参见孙宪忠:《争议与思考——物权立法笔记》,中国人民大学出版社2006年版,第263页。

② 参见王利明:《物权法研究》(第3版)(上卷),中国人民大学出版社2013年版,第168页。

③ 肖厚国:《物权变动研究》,法律出版社2002年版,第12页。

④ 参见谢在全:《民法物权论》(上册),台北,三民书局2003年版,第85页。

基础的，公众对登记内容的真实性产生了高度的信赖，即使登记记载的权利和内容与真实情形不符，第三人对此产生的信赖应受到法律的保护。“无论不动产或动产公信原则，均以保护交易安全为其使命，并以此实现交易便捷。”[①]公信制度的创设能够促使权利人积极进行登记，有利于建立一种真正的信用经济，并使权利的让渡能够顺利进行，在制度设计上市场交易形成一种激励机制和保障机制。[②]

公示公信原则不仅要求权利人按照法定方式进行公示，还要求登记时必须保证登记公示内容的真实性和可靠性。《民法典》第 211 条和第 212 条对此进行了明确规定。同时，要求交易相对人必须善意地进行交易；如果明知登记有误或交易相对人并非真正权利人仍然进行交易，视为恶意交易，对此不受公信制度的保护。由上可知，公示公信原则不仅是产权制度的重要组成部分，而且是对诚信原则的具体运用和体现。它为交易当事人设定了依法真实公示的信用义务，为市场交易中个人信用义务的有效履行提供了可预期性和制度保障。

第三节　个人失信行为的民法规制

失信惩罚机制是社会信用体系中最重要的组成部分之一，是规范市场经济秩序的治本之策。它的作用就是法律、经济等多种手段并用，惩戒恶意失信者，褒奖守信者，维护市场交易秩序和降低交易机会成本。民法以诚实守信为其制度精神，其制度规则将诚信理念贯彻其中，本身即是一个内在的对失信行为进行规制的守信激励和失信惩戒机

① 梁慧星主编：《中国物权法研究》（上册），法律出版社 1998 年版，第 215 页。

② 参见王利明：《物权法研究》（第 3 版）（上卷），中国人民大学出版社 2013 年版，第 177 页。

制,是整个社会失信惩罚机制的基础组成部分。任何形式的组织都是由人组成或由人进行管理的,企业或其他组织的市场失信行为归根到底离不开相关自然人的失信行为,因而,这里重点对个人失信行为的民法规制和惩戒展开研究。

一、个人失信行为的界定

守信与失信是一组反义词;两者相互对立,成为法律义务和道德义务是否遵循的两种样态。守信在行为外观上表现为信守承诺、积极完全履行合同、恪尽职守、坚守职业伦理。失信则表现为欺诈、违约、假冒伪劣、违反职业道德等在损害他人或公共利益基础上片面追求自身利益最大化的各种行为与现象。①

按照经济学理论,失信本质上是一种机会主义行为。整个市场经济关系由一系列正式和非正式契约关系交织而成。契约精神的核心价值在于秉持诚实、恪守信诺。② 一个国家的市场化程度与其社会信用水平密切相关,而社会信用水平的高低取决于一个社会的个人信用制度完善与否。中国传统社会的信用在本质上是自我教化、自生发展的道德要求,其信用机制的运转建构在“熟人社会”社会结构上,仅限于以血缘、地缘为纽带的一定空间和范围而存在。现代社会的信用已超越了“熟人社会”的结构边界,跨入到了以契约为纽带的“陌生人社会”的关系结构中,成为无界域市场经济的助推器。信用也从道德概念转变为法律的、经济的、管理的概念,渗透到社会的各个领域和各种社会关系之中。然而,“陌生人社会”与“熟人社会”相比最大的劣势在于陌生人之间的信息是不对称的。在信息交互和共享机制匮乏的情况下,失信

---

① 参见颜少君:《我国失信惩戒机制构建研究》,中国经济出版社 2013 年版,第 24 页。

② 参见颜少君:《我国失信惩戒机制构建研究》,中国经济出版社 2013 年版,第 24 页。

对于当事人而言,不仅不会丧失应付出的利益,而且还从失信行为中获取不法利益,进而可以谋求个人利益的最大化,①最终导致“劣币驱除良币”的市场效应。长此以往,市场必将被禁锢或撕裂。因此,市场经济的良性发展必须以完善的失信惩戒机制为前提。需要关注的是,失信惩戒机制建立的基础,即是明晰其惩戒对象——失信行为的内涵,做到有的放矢。如社会交往领域中的情谊行为,请朋友吃饭或火车到站叫醒而爽约,当事人并无设定法律上权利义务关系之意思表示,不是一种契约关系,一般情况下不受法律之拘束;如果失信,只受道德上的评价和谴责,不属于失信惩戒所涵盖的范围。

关于失信行为的界定,有道德的失信行为和法律的失信行为、传统的失信行为和现代的失信行为、个人失信行为和企业失信行为之分。这里重点对法律上的个人失信行为进行界定。法律上的失信即是对法定的或约定的法律义务的违反,因而,对失信行为的法律判断须以法律义务为前提进行。如果法律上为当事人明确规定了应遵循的具体义务或者当事人之间在平等自愿的基础上达成了某种契约,一旦当事人未守法或遵约履行相应的法律义务,则在结果上构成了失信行为,应承担法定责任和约定责任。具体到民法上的自然人,如果自然人在经济活动中违反了民法规定的尊重他人信赖利益的义务或相互之间约定的承诺,即构成个人失信行为。以失信人的失信主观状态为标准,又可分为过失的(风险的)失信行为和恶意的(确定的)失信行为。由于市场具有风险性,每个人开展市场交易活动都会面临各种风险考验,仅仅是由于市场因素或经验不足造成了失信结果,应属于过失的或风险的失信行为。而行为人主观故意违反信用义务,则属于恶意的或确定的失信行为。前者由于属于正常的交易风险,与道德性无直接关联,仅承担民事

① 参见颜少君:《我国失信惩戒机制构建研究》,中国经济出版社 2013 年版,第 24 页。

责任即可;后者属于违背道德良知的不法行为,除了承担民事责任之外,还应承担其他类型法律责任,接受法律的惩戒。失信惩戒机制惩戒的重点在于恶意的失信行为。因此,在民事责任制度上,应区分过失的失信和恶意的失信并施以不同类型的责任方式。对一般的过失失信者,主要承担赔偿损失等一般民事责任;而对于恶意失信者,除了适用赔偿损失责任方式外,还应适用惩罚性赔偿,加大恶意失信的行为成本。

在现代社会经济交往中,人的行为不仅需要文化、道德和市场手段的约束,更需要依靠法律制度手段的规范。在"陌生人社会"的环境下,交易人之间往往信息不对称,单靠一方自身力量搜集相对人的信息,不但成本高,而且信息不完整,会极大阻碍交易的进行。征信业的快速发展为当事人解决了信息不对称的"瓶颈"问题,当事人可以借助于征信机构提供交易相对人相关的信息产品作出是否信任的主观判断,为进一步的信用交易创造条件。个人征信应重点对恶意失信行为进行信息采集,形成联合惩戒机制,对其在更大范围乃至全社会进行惩戒。

二、个人失信的民事责任机制

(一)个人失信惩戒机制的基本内涵

个人失信惩戒机制是个人信用体系中的核心机制之一。目前,我国理论界和实务界对个人失信惩戒机制的基本内涵存在不同的理解。许多学者往往强调对个人失信者的惩戒,而忽视对守信者的激励。更有甚者,把守信激励与失信惩戒机制中的激励与惩戒和行政措施中的奖励与处罚相等同。认为激励就是对守信者给予表彰奖励,如授予诚实守信荣誉称号等;惩戒就是对失信者给予惩罚,如罚款、吊销营业执照等。这混淆了社会信用体系中和行政管理中的激励与惩戒的界限。

个人失信惩戒机制是指各种相关机构综合运用法律、行政、经济、道德等多种手段对失信者进行的一种联合惩戒机制。[①] 它将失信人对交易相对人或第三人的失信转化为对全社会的失信,由对特定人的矛盾上升为对全社会的矛盾,给失信者造成巨大的威慑力和社会影响力。个人失信惩戒机制惩戒手段的综合运用,形成一种将失信行为置于全社会监督下的机制,使失信者一处失信而处处受限,使守信者受到褒奖而畅行天下,从而维护健康的市场经济秩序和社会生活秩序。从某种意义上讲,个人失信惩戒机制既是一种制度设计,也是一个综合惩戒体系。[②]

广义上的个人失信惩戒机制包含对守信者的激励和对失信者的惩戒两个方面。通过激励引导自然人诚实守信,通过惩戒迫使失信者付出代价。对守信者的激励与对失信者的惩戒之间是对立统一的关系:有惩戒就有激励,有激励就有惩戒。守信激励是指给守信者提供发展机遇和发展空间,如守信者在同等条件下可以获得更多优惠政策和便利条件等,守信者处处收益。失信惩戒是指在一定时期内限制失信者的发展机会和发展空间,如金融机构对拖欠债务的个人在贷款额度和利率方面给以限制,对逃避金融债务的债务人不予贷款等,使失信者处于寸步难行的状态。因而,广义的个人失信惩戒机制是一个命题的两个方面,受到法律和道德的双重社会评价;但着力点以法律评价为基础,辅之以道德评价。在民法内部,守信激励主要通过民事权利的保护和信用利益的维护加以体现,失信惩戒主要运用民事责任方式进行。前文关于个人信用权益的论述本质上体现了民法内部的个人守信激励机制,此处的失信惩戒主要从狭义上的个人信用惩戒角度开展

---

① 参见王富全:《个人信用评估与声誉机制研究》,山东大学出版社 2010 年版,第 74 页。

② 参见颜少君:《我国失信惩戒机制构建研究》,中国经济出版社 2013 年版,第 29 页。

探讨。

(二)个人失信惩戒的手段

根据惩戒手段的不同,对失信者的惩戒主要包括五种类型:一是市场性惩戒。征信机构依法采集、分析、加工个人信用信息并向社会提供个人信用产品。市场主体根据交易相对人的个人信用报告对其信用状况进行判断,从而选择是否与之交易或合作。信用评价低的自然人将丧失市场交易机会。二是行政监管性惩戒。如政府部门公布“黑名单”“不良记录”等。这类惩戒均是由政府部门依法对违法失信行为进行制止或惩罚。三是行业性惩戒。主要通过行业协会自律和自治,对失信者取消其行业准入资格等。四是司法性惩戒。司法机关依据法律规定对失信者追究民事责任或刑事责任。五是社会联合性惩戒。通过运用网络科技手段和大数据、云计算等信息技术对各行业、各领域的信用信息实现互通共享,在全社会形成失信联合惩戒。各个领域的信用信息通过互联网形成庞大的信用信息数据库,各部门、机构、征信机构进行资源共享,避免信息孤岛的产生,通过“黑名单”制度让失信者纳入其中,使失信者一处失信,处处受限。

比较而言,市场性惩戒具有利益针对性,直接影响失信者的交易机会和成本;行政监管性惩戒手段打击效率较高,效果立竿见影;行业性惩戒具有专业性强的特点,判断标准准确;司法性惩戒具有强制拘束力和权威性;社会联合性惩戒具有强烈的威慑作用。以上五类惩戒密切结合组成一个有机的失信惩戒机制,将失信行为和失信者置于全社会的监控之下,编织成一张失信惩戒的穹顶大网,使失信者无所遁形,一处失信,寸步难行。在上述五种惩戒类型中,和民法关系最为密切的是市场性惩戒和司法性惩戒两种类型,民事责任制度为这两种惩戒提供了制度规则和实体基础。

（三）个人失信行为的民事责任与惩戒

只有公正的奖惩才能有效增强受教育者的道德感情。“比例平等”[①]乃是奖惩为增强受教育者道德感情有效方法的基本原则。[②]失信惩戒机制具有四大功能：惩罚功能、威慑功能、奖励功能、辐射功能。[③]强制性是法律责任的突出特征。法律责任不同于道德责任，道德责任是社会对人们实施的不符合道德规范行为的谴责。这种责任只能通过社会舆论和行为人自我良心的反省来实现，不能通过国家强制力实现，因而不具有强制性。[④]个人失信行为的直接后果便是造成相对人的利益损失，扰乱市场交易秩序和社会和谐稳定。民法对个人失信行为所造成的社会危害主要通过民事责任制度进行惩戒。在民法上，主要通过以下民事责任形式的承担对个人失信行为进行惩戒。

1. 继续履行。

一般而言，当事人订立合同的目的在于实现一定的预期目的或利益，预期目的的实现直接体现为对合同的完全履行。只有义务人按照合同约定积极完全履行合同标的，才能实现权利人订立合同的目的。故而，继续履行合同是当事人一方违反合同后应当承担的一项重要民

---

① 每个人所得到的奖励与自己所做的善事之比例应该完全平等。例如，如果张三所得到的奖励是3，李四所得到的奖励是1，二者的比例是3∶1，亦即张三得到的奖励是李四的3倍，那么张三所做的善事也应当是李四的3倍，从而二者做的善事的比例也是3∶1。这种符合比例平等的奖励显然能够有效增强张三和李四多行善事的道德欲望。参见王海明：《新伦理学》（修订版）（下册），商务印书馆2008年版，第1688～1689页。

② 参见王海明：《新伦理学》（修订版）（下册），商务印书馆2008年版，第1688～1689页。

③ 个人失信惩戒机制对失信行为的惩罚是积极主动的，将减少失信人的交易机会。同时，个人失信惩戒机制还对潜在的失信者产生威慑、警示作用，力求将失信的动机消灭在萌芽状态中，对失信行为产生事先约束性。同时，个人失信惩戒机制还具有奖励功能，奖励守信人更多的交易机会，从而对失信者及潜在失信者起到示范作用。其辐射功能能够将个体与个体之间的矛盾放大为个人与全社会的矛盾。

④ 参见李适时主编：《中华人民共和国民法总则释义》，法律出版社2017年版，第548页。

事责任。一方当事人不能自觉履行合同的,另一方当事人有权请求违约方继续履行合同或请求法院或仲裁机构强制违约方继续履行合同。我国《民法典》第509条规定,当事人应当按照约定全面履行自己的义务。

2. 支付违约金。

违约金是当事人一方违约时,依据法律规定或合同约定向非违约方支付的一定数额的金钱。我国《民法典》第585条规定了违约金的计算方法。违约金的通常标的物是金钱,但当事人也可以约定违约标的物为金钱以外的其他财产,且须于债务不履行时支付,其最终目的是填补违约损害和确保债务的履行。违约金只适用于当事人已约定了违约金或者法律规定有违约金的情形。违约金根据产生的原因可以分为法定违约金和约定违约金。法定违约金是由法律直接规定的,不能事后由法院或仲裁机构调整。约定违约金由双方当事人约定违约的数额,其被作为一种附条件合同,只有在违约行为发生的情况下,违约金合同才能生效。如果当事人专门就迟延履行约定违约金,该种违约金仅是违约方对其迟延履行所承担的违约责任,违约方支付违约金后还应当继续履行义务。

违约金在性质上可以分为补偿性违约金和惩罚性违约金。补偿性违约金相当于履行的替代,实际上是当事人为了避免未来损害计算的烦琐而预先约定的赔偿金额。[①] 补偿性违约金与违约金的损害填补功能相联系,在设定时需要当事人双方应预先估计到违约可能发生的损失数额。惩罚性违约金是指对债务人的违约行为进行惩罚,以确保合同债务得以履行的违约金,其具有担保债务履行的功能。[②] 一般认为,我国《民法典》中规定的违约金实质上是补偿性的,并没有承认惩罚性

① 参见韩世远:《合同法总论》(第2版),法律出版社2008年版,第589页。

② 参见王利明:《合同法研究》(第2卷)(第3版),中国人民大学出版社2015年版,第700~701页。

违约金。笔者认为,我国合同规范中可以考虑以补偿性违约金为主,以惩罚性违约金为辅。理由在于契约自由是合同法的首要价值目标,在平等自愿的基础上允许按照当事人的意思自治约定惩罚性违约金以担保合同的履行;但同时合同的自由是有所限制的,为了实现合同的公平目标,惩罚性赔偿只有在特定情形下才能适用,不能适用于所有的合同范围。

从比较法上来看,大陆法系国家大多承认惩罚性违约金的有效性;而英美法系国家只承认补偿性违约金,认为惩罚性违约金有悖于违约救济的补偿性原则。两大法系这一立法态度与侵权法上的损害赔偿制度形成了颇为有趣的对比:大陆法原则上只允许补偿性的侵权损害赔偿,不允许损害赔偿数额超过侵权造成的实际损失;而英美法(尤其是美国法)则对恶意的侵权行为和欺诈行为施以惩罚性损害赔偿持较为宽松的态度,实践中可判处高于实际损失额数倍甚至数十倍的惩罚性赔偿。[①] 笔者认为,两大法系反映出的关于违约金和惩罚性赔偿的不同立法态度恰恰体现了两者在违约责任和侵权责任立法理念上的不同:大陆法以契约自由和损害公平填补为价值理念,英美法以契约公平和恶意损害惩戒为价值理念。两者在约定责任和法定责任关系上不同模式互补均是为了追求民事责任的公平正义,有异曲同工之妙。值得注意的是,《德国民法典》和《法国民法典》中的违约金主要是补偿性质的,惩罚性赔偿需在特定情形下才能适用。英美法中的惩罚性赔偿只能在侵权人恶意侵权情形下才可以适用。因而,无论是惩罚性违约金还是惩罚性赔偿均是对补偿性违约金和填补性赔偿的合理补充。

3. 违约损害赔偿。

违约损害赔偿是指违约方因违约行为给对方造成损失,依法或依约承担损害赔偿责任的一种责任方式。违约损害赔偿既是一种债务,

---

① 参见崔吉子:《债法通论》,北京大学出版社 2006 年版,第 188 页。

也是一种责任。一方面,违约方违反信用义务使另一方遭受损害,当事人之间由原来的合同债权债务关系转化为损害赔偿债权债务关系。另一方面,原合同债务是双方当事人预先约定的义务。而损害赔偿是不履行原合同债务所产生的后果,具有双重属性;它不仅是债的关系,而且是法律责任。[①] 当事人在订立合同时,可以预先约定一方当事人在违约时应向相对人支付一定的金钱;这种约定方式既可以用违约金表示,也可以通过约定的计算方法来确定。如果债务人不愿承担其应负的赔偿责任,那么受害人可以请求人民法院强制履行。基于这一点,损害赔偿责任才能有效促使债务人正确履行信用义务,弥补给受害人所造成的损失。实践中,违约损害赔偿以完全赔偿为原则。当然,原《合同法》规定了可预见性规则,损害赔偿额度不能超过违约一方在订立合同时所能预见的损失等。这表明不使违约方承担过重的责任后果,有利于鼓励交易。[②]

4. 惩罚性赔偿。

惩罚性赔偿属于损害赔偿的一种类型。惩罚性赔偿目的在于惩罚恶意不法行为。[③] 惩罚性赔偿具有惩罚性的特点,区别于侵权法中其他赔偿类型的最显著的特点。就民事侵权赔偿而言,补偿性是其基本原则,理由在于受害人不能因其损害获得额外的利益,以避免道德风险。补偿性赔偿固然能起到损害补救和预防的作用,但尤其对唯求私利目的的故意侵害等情形,补偿性损害赔偿难以起到有效遏制的作用。较之于补偿性赔偿,惩罚性赔偿重在惩罚,“为惩罚被告人邪恶行为以及防止其本人

---

① 参见王利明:《合同法研究》(第 2 卷)(第 3 版),中国人民大学出版社 2015 年版,第 592 页。

② 参见[英]P. S. 阿狄亚:《合同法导论》,赵旭东、何帅领、邓晓霞译,法律出版社 2002 年版,第 3 页。

③ 参见黄娅琴:《惩罚性赔偿研究:国家制定法和民族习惯法双重视角下的考察》,法律出版社 2016 年版,第 11 页。

和其他人再发生类似行为判决其承担的赔偿金"①。

惩罚性赔偿较之传统侵权理论中的其他赔偿,已经脱离了个人财产和人身权益的保护意义,其是从更为广泛和深远的角度维护社会环境对侵权人实施的经济处罚。目的在于对恶意从事不法或者不诚信的主体实施惩戒,以维护正常的交易秩序和诚信的交易环境。惩罚性赔偿的惩罚具有类似于刑法的特点,带有强烈的强制色彩,这也成为很多人反对其为民事责任赔偿的理由之一。但惩罚性赔偿多适用于严重违反法律且加害人主观过错较为严重,尤其是动机恶劣、具有反社会性和道德上的可谴责性的场合。

现今社会,很多侵害人的获利大于受害人受到侵害时的获利,即使受害人得到充分赔偿,侵害人仍然可以从过错的行为中获利,违背了社会大众对公平价值的期望。惩罚性赔偿可以压制侵权人的这种投机心理,损害和赔偿的差距越大,加害人就容易存有侥幸心理,惩罚性赔偿有助于克服侵权人的机会主义冲动。在侵害人是恶意的情况下,给受害人不仅带来损失,同时也有痛苦和愤怒的折磨。补偿性赔偿只能消减受害人的损失,却不能减轻心理上的负担。受害人希望加害人感受同样的痛苦,得到惩罚,惩罚性赔偿的适用可以缓解受害人的痛苦和愤怒,维护社会的正义。从这一点上可以看出惩罚性赔偿在实现实质正义上较之补偿性赔偿有更多的优势。损害赔偿由最初的补偿性赔偿发展到惩罚性赔偿,可以看出人们已将单纯地追求"形式正义"转向了追求"实质正义"。民事制度以"私法自治"为信条,建立在近代民法的平等性基础上。惩罚性赔偿告诉我们,个体利益的实现不代表它促进了社会的整体利益,个体财富的增加与社会整体利益不总是一致的,惩罚性赔偿产生的特殊背景及其担负的使命使其从出现就建立在实质正义的理念基础上。

---

① 金福海:《惩罚性赔偿制度研究》,法律出版社 2008 年版,第 43 页。

我国《民法典》第179条增加了惩罚性赔偿责任方式,这是我国民法典立法的一大进步,必将有助于整个社会的和谐稳定。我国《民法典》第1185条、第1207条、第1232条分别对故意侵害他人知识产权、恶意产品责任、故意污染环境和破坏生态行为施以惩罚性赔偿,反映了公众对恶意失信行为惩戒的呼声,体现了理性化的公众意愿。未来民法的发展将不断拓展惩罚性赔偿的适用空间,对恶意欺诈、恶意违约、恶意侵权行为适用惩罚性赔偿,以此对失信行为进行惩戒。

5. 法定赔偿金。

知识产权是以保护权利人的智力成果的一种无形财产权。在知识产权侵权中,关于无形财产的损害赔偿额,一般有两种计算方法和一种补充方法:一种是按照权利人在侵权期间因被侵权所遭受的损失计算,另一种是按侵权人侵权期间所获得的利润计算;上述两种额度均无法确定的,法官可以根据侵权手段和情节、侵权时间和范围以及侵权人的主观过错程度判决给予一定数额金钱的赔偿。《与贸易有关的知识产权协定》第45条规定体现了以下特色:一是损失赔偿额以受害人的实际损失或法定赔偿额来计算;二是该实际损失可包括适当的律师费;三是善意侵权仍应承担相应的法律责任。这体现了对受害人的较高保护。[①] 我国《著作权法》第54条、《专利法》第71条和《商标法》第63条均规定了法定赔偿金。[②]

---

① 参见吴汉东等:《知识产权基本问题研究》,中国人民大学出版社2005年版,第346页。

② 我国《著作权法》第54条第2款规定:"权利人的实际损失、侵权人的违法所得、权利使用费难以计算的,由人民法院根据侵权行为的情节,判决给予五百元以上五百万元以下的赔偿。"《专利法》第71条第2款规定:"权利人的损失、侵权人获得的利益和专利许可使用费均难以确定的,人民法院可以根据专利权的类型、侵权行为的性质和情节等因素,确定给予三万元以上五百万元以下的赔偿。"《商标法》第63条第3款规定:"权利人因被侵权所受到的实际损失、侵权人因侵权所获得的利益、注册商标许可使用费难以确定的,由人民法院根据侵权行为的情节判决给予五百万元以下的赔偿。"

法定赔偿金是对惩罚性赔偿的补充;原因在于惩罚性赔偿必须以受害人有确定的损失为基础,而法定赔偿金往往是在无法确定受害人损失和侵权人因侵权获得利润的情形下才得以适用。针对当前我国知识产权侵权领域恶意侵权的现象大量存在,我国2020年最新修正的《著作权法》和《专利法》都大幅度地提高了法定赔偿金的额度,这将有利于对个人恶意失信行为进行一定威慑。

第四章　调整路径：民法典中个人信用调整方式的整合

从法理上看，权利、义务、责任相统一是立法应遵循的重要原则。这一原则表明我国民法不能仅以民事权利为轴心；随着现代社会关系日益复杂化，应坚持权利、义务、责任并重，并应使其成为当代民法立法的一个基本理念。民事主体不能只享受权利而不履行义务，不能侵害他人权利、不履行义务却不承担法律责任。在《民法典》时代背景下，强调权利与义务和责任有机统一尤为重要。我国经过 40 余年的改革开放，自然人的权利意识空前高涨。虽然权利保护还存在一些问题，但在个人权利意识高涨的同时，出现了义务意识和责任意识淡薄、与权利意识高涨不相匹配的情况。《民法典》规定民事主体应当遵循诚信原则与守法和公序良俗原则，强调民事主体的义务意识和责任意识，体现了对个人信用调整的基本指导思想。

第一节 我国个人信用的立法现状与民法调整缺陷

一、我国现行个人信用立法概况

(一)民事立法方面

之前,我国原《民法总则》《民法通则》《合同法》等部分民事立法中仅将诚信原则规定为其基本原则,在具体规范中规定了部分相关诚信义务条款,但原《民法总则》《侵权责任法》并未直接规定个人信用权。在司法具体实践中主要依据最高人民法院的两个司法解释以侵害名誉权对自然人的信用利益进行保护。一是法发〔1993〕15号最高人民法院《关于审理名誉权案件若干问题的解答》(已失效)规定:“公民、法人因名誉权受到侵害要求赔偿的,侵权人应赔偿侵权行为造成的经济损失;公民并提出精神损害赔偿要求的,人民法院可根据侵权人的过错程度、侵权行为的具体情节、给受害人造成精神损害的后果等情况酌定。”虽然该解释是关于名誉权侵权的具体解释,但其明确肯定了对自然人精神损害赔偿的请求权。从逻辑上推断,信用利益的侵害准用于名誉权侵权的相关规定。依据在于纯粹的名誉侵权并不直接导致财产利益的损失,只有在信用权受害侵害后,才有可能引发经济损失。而信用权所产生的经济损失主要为间接经济损失,上文解释中的经济损失应包括间接经济损失。[①] 二是法释〔1998〕26号最高人民法院《关于审理名誉权案件若干问题的解释》(已失效)规定:“消费者对生产者、经营者、销

① 参见胡大武:《侵害信用权民事责任研究——以征信实践为中心》,法律出版社2008年版,第206页。

售者的产品质量或者服务质量进行批评、评论,不应当认定为侵害他人名誉权。但借机诽谤、诋毁,损害其名誉的,应当认定为侵害名誉权。”该规定实际上是通过名誉权间接对侵害商业信用利益进行司法救济。通过查询“中国裁判文书网”中大量侵害名誉权案例,发现有相当数量的案件为侵犯当事人信用利益的案件,具体裁判依据为原《民法总则》和原《侵权责任法》中关于名誉权的法律规定。多数判决支持了当事人的精神损害赔偿请求;由于间接财产损失难以被法官所认可,故仅有极少数判决支持了当事人的间接经济损失。这种司法裁判意见不利于对信用权的充分保护,亟待民事立法对信用权益进行明确规定。为了回应这一社会发展需求,我国《民法典》在人格权编名誉权中通过第1024条第2款、第1029条间接肯认了信用权益,为未来社会信用立法和司法实践保护信用权益提供了立法依据。关于具体规范内容,前文已有述及,在此不再赘述。

(二)经济立法方面

《反不正当竞争法》是经济法中的重要组成部分。我国《反不正当竞争法》第11条规定:“经营者不得编造、传播虚假信息或者误导性信息,损害竞争对手的商业信誉、商品声誉。”该规定反映了在我国社会主义市场经济中仅认可对商事信誉的保护,并未直接涉及信用权的保护问题。但有学者认为信用权包括商誉权,该条是关于信用权的间接规定。[①] 关于信用权与商誉权的关系,德国法对信用和商誉作了明确区分。在德国,信用被称为Derkredit,商誉被称为Daswohlwollen。《德国民法典》第824条确认了信用权,而德国《反不正当竞争法》第15条规

---

① 吴汉东教授认为,商誉权是指民事主体对其在工商活动中所创造的商誉享有利益而不受他人非法侵害的权利。参见吴汉东:《论商誉权》,载《中国法学》2001年第3期。

定了商誉权。从德国司法实践来看,德国《反不正当竞争法》第 15 条是侵犯商誉权的刑事处罚依据,而《德国民法典》第 824 条是商誉权人请求民事损害赔偿的法律依据。可见,德国法上的商誉权是信用权的子权利,信用权应包括商誉权。与德国法相等同,英美法上存在侵害商誉之诉。《牛津法律大辞典》中将商誉解释为一个企业在某个行业所拥有的一种优良品质,属于财产性质的利益,可以转让和买卖。它源于企业名誉,与顾客以及使与顾客的联系得以保持的环境有关。[①] 在商品诽谤之诉中,被告恶意以书面或口头方式有预谋地诋毁某人的商品,并产生实际损害。可见,德国法和英美法中关于商誉的保护,都体现了权利保护内容上与信用权的一致性。[②] 另外,我国《商标法》第 1 条将"维护商标信誉"作为立法目的之一。但问题在于,无论是商誉侵权,还是商标侵权的适用仅限于商事领域,权利人和侵权行为人之间存在竞争关系,如侵权人与受害人不存在竞争关系,则无法适用商誉权的保护规定。因而,对民事主体信用利益的保护,《反不正当竞争法》关于商誉权的规定无法适用,无能为力。

（三）刑事立法方面

我国《刑法》第 221 条规定:"捏造并散布虚伪事实,损害他人的商业信誉、商品声誉,给他人造成重大损失或者有其他严重情节的,处二年以下有期徒刑或者拘役,并处或者单处罚金。"该条是《刑法》关于侵犯商誉和商品声誉的保护,但其仍然适用于商事领域,无法延伸至民事领域。第 246 条规定:"以暴力或者其他方法公然侮辱他人或者捏造事

① [英]戴维·沃克:《牛津法律大辞典》,光明日报出版社 1988 年版,第 381 页。

② 参见胡大武:《侵害信用权民事责任研究——以征信实践为中心》,法律出版社 2008 年版,第 205 页。

实诽谤他人,情节严重的,处三年以下有期徒刑、拘役、管制或者剥夺政治权利。”该条是关于侮辱诽谤罪的规定,在司法实践中主要适用于侵犯人格尊严、名誉的行为类型,是否能够直接适用于侵犯信用利益的行为,仍有较大争议。由此推知,目前严重侵犯自然人信用利益的行为,我国《刑法》并无明确规定。

(四)征信立法方面

2005 年中国人民银行颁布的《个人信用信息基础数据库管理暂行办法》要求商业银行、征信中心应当建立严格的内控制度和操作规程,保障个人信息的安全。同时规定采集信息的方式、信息的使用范围、个人获取本人信用报告的途径和异议处理方式;并要求个人数据处理过程中不增加任何主观判断,保证个人信用信息记录的客观性。该办法对保护个人信息主体的信息利益发挥了重要规范作用。2006 年中国人民银行出台的《信用评级管理指导意见》①适用于中国人民银行对信用评级机构在银行间债券市场和信贷市场从事金融产品信用评级、借款企业信用评级、担保机构信用评级业务的管理,对个人信用评级或评分并未有明确规定。

2013 年国务院出台的《征信业管理条例》主要从五个方面对个人信息主体权益加以保护:一是限制信息采集范围。规定征信机构禁止采集涉及个人的隐私信息;对个人财产等限制采集的信息,应在告知信息主体采集的不利后果后方可采集。二是保障信息主体同意权。要求征

① 2015 年 5 月 29 日,中国人民银行发布〔2015〕第 12 号公告。“为统筹促进注册资本登记制度改革,充分释放改革的整体效应,进一步激发市场活力和发展动力,根据《国务院办公厅关于加快推进落实注册资本登记制度改革有关事项的通知》(国办函〔2015〕14 号)的规定,中国人民银行对照《中华人民共和国公司法》和《国务院关于印发注册资本登记制度改革方案的通知》(国发〔2014〕7 号)”,决定删除《中国人民银行信用评级管理指导意见》(银发〔2006〕95 号)第 3 条第 3 项。

信机构采集个人信息、信息使用者使用个人信息均需取得信息主体的同意。三是保证信息主体知情权。该条例规定如果信息提供者提供的信息涉及个人不良信息,应尽告知义务。个人每年可以两次免费查询个人信用报告。四是保障信息主体异议权。个人如果认为征信信息存在错误或遗漏,有权提出异议。五是保障信息主体投诉和诉讼权。如果侵害信息主体合法权益,可以向征信监督管理部门派出机构投诉,也可直接提起诉讼。[①] 但关于个人信用评分或评级的内容,该条例并未规定。

2015 年 1 月,为了运用大数据技术提高征信效率,促进个人征信行业的快速发展,中国人民银行首次批准阿里、腾讯、拉卡拉等八家互联网企业准备个人征信工作。2018 年 3 月,在中国人民银行的主导下,由芝麻信用、腾讯征信、深圳前海征信中心、鹏元征信、中诚信征信、考拉征信、中智诚征信、北京华道征信等八家市场机构与中国互联网金融协会共同发起组建百行征信有限公司。[②] 百行征信有限公司的成立,标志着个人征信进入了“大数据征信时代”:不仅可以对央行征信发挥补充作用、满足日益强大的互联网金融需求,而且有利于中国个人征信市场发展,助力构建“信用中国”。值得注意的是,征信领域大数据的应用和个人信息保护同等重要,关于个人数据如何使用、个人信息如何保护、个人信用评分或评级标准以及侵权责任承担等问题亟待立法予以明确并规范。

---

① 参见中国人民银行征信管理局编著:《现代征信学》,中国金融出版社 2015 年版,第 268 ~ 269页。

② 该公司注册地为深圳市福田区,注册资本 10 亿元人民币,其中,互联网金融协会持股 36% ,另外八家试点征信机构分别占股 8% 。百行征信有限公司通常又被称为“信联”。

二、我国个人信用民法调整存在的主要缺陷

(一)现行民事立法不能满足社会信用体系的发展要求

实践证明,一个国家经济发展的速度与质量以及社会发展的总水平不仅取决于其经济基础、科技水平,还取决于社会环境、社会秩序与文化进步程度,更取决于其社会管理制度体系安排的合理性与科学性。一个科学有效的社会管理体系能够激发整个社会的创造性,并直接推动社会经济的发展。在相当长的历史时期里,中国的政治、经济、军事、文化和科学技术发展水平都曾居于世界领先地位。但近代以来,发达国家在实行市场经济体制的过程中逐步形成了自身的社会信用体系并不断完备;而长时期的封建经济严重阻碍了中国社会经济进步,在相当长的时间内个人信用仅依靠道德约束与维系,没有构建起与之配套的社会信用体系。

在计划经济时期,全社会的经济活动均是通过国家指令性计划来完成的,一切经济活动均是以国家信用为基础的,个人信用和企业信用没有存在的社会基础,因而个人信用消费在经济活动中没有存在的土壤和根基。诚实信用仅停留在日常社会活动中作为道德伦理原则加以倡导和教化,未能和经济交易规则紧密结合在一起。20世纪八九十年代,在从计划经济向市场经济转型过程中,计划手段对经济活动的调控和监督逐渐弱化,人与人之间的社会关系从“熟人社会”向“陌生人社会”延伸,但与市场经济配套的社会信用体系未能同步建立。进入21世纪,中国的经济总量大幅度增加,综合国力大大增强,对外经济贸易额度迅速提升;但在社会转型过程中,由于社会信用体系不完善,许多企业和个人单纯为了追求经济利益,将诚信经营与诚信交往的原则抛诸脑后,信用观念和契约意识淡薄,导致市场交易过程中信用缺失严

重,假冒伪劣、欺诈违约、企业“三角债”、偷税漏税等现象大量存在,扰乱了整个经济和社会秩序。在现代市场经济活动中,个人和企业是市场各类交易活动的主体,一切经济活动都是通过信用交易加以实现的,经济利益的诱惑充斥着社会经济活动的每个角落,诚信的道德约束作用大大弱化,从而失信现象由经济领域蔓延到社会多个领域,引发社会的信任危机。产生这一问题的根本原因在于法律制度体系发展滞后,未与经济体制改革发展相配套,守信激励和失信惩戒机制未能进行体系化构建。

个人信用是整个社会信用体系的基础,个人是最基本的行为主体;政府部门、企业、组织等民事主体都可以看成是建立在某种契约基础上,由自然人结成的组织,其各种社会行为活动均要通过人来实现。从某种意义上讲,法人与非法人组织行为都可以内化为其责任人等的个人行为。个人信用是社会信用的起点和归宿:无论从属于何种团体和组织,个体作为行为责任人都是社会行为和市场行为的最终实施者,社会信用状况最终都要归结到个人的信用行为之上。一旦个人信用出现了缺失,就会使整个社会出现倒退和文明破碎。由于法律制度天然所具有的强制性、稳定性与可操作性等特征,民法对诚信道德价值的重塑可改变过去纯粹道德说教模式与模糊理解,为整个社会诚信意识的培养提供制度保障。民法包含物权、债权、人格权、婚姻与继承等日常生活的各个方面,每个民法领域都必须由个人诚信作为基础支撑才能维护民事生活秩序,但仅将诚信原则确立为一项基本原则是远远不够的。因此,民法立法从宏观价值到微观规范均应和社会信用体系及诚信社会的构建相契合,使个人信用真正由宏观道德要求上升为个人信用权利、信用义务和信用责任的有机结合。

现代社会已步入信息时代。大数据、云计算等网络信息技术的广泛应用和发展,为信用信息的互通共享创造了技术条件,这是以往任何时代无法比拟的。如果不充分利用网络信息技术手段对个人信用信息进行收集、加工和传播,市场经济条件下的守信激励与失信惩戒机制将无法低成本与高效率地运行。虽然我国《民法典》将个人信息纳入民事权益保护范围,并通过名誉权间接保护信用权,但还无法满足个人征信业的发展需求。信用信息的采集、更正和信息主体权益保护问题同等重要,为解决当前个人信用信息主体权益保护问题,我国《民法典》第1029条规定:"民事主体可以依法查询自己的信用评价;发现信用评价不当的,有权提出异议并请求采取更正、删除等必要措施。信用评价人应当及时核查,经核查属实的,应当及时采取必要措施。"对民事主体信用评价给予制度回应,为征信业的进一步发展提供私法依据。

（二）民事主体信用权益缺乏全面的直接保护

虽然信用权与名誉权均属于一种社会评价,均包含精神利益;但市场经济体制日趋完善,信用权主要表现为经济活动中履约能力和履约意愿的评价,不仅包含人格利益,而且包含间接的财产利益。名誉权已不能完全涵摄信用权,信用权的财产利益无法通过名誉权获得救济。[①]我国《民法典》采用名誉权涵摄信用权的方式不利于充分有效保护个人信用利益。王泽鉴教授认为,人格权的保护内容应根据社会发展不断进行调整,以便受害人获得法律之救济。现代民法应在传统人格权对身体、健康、名誉、自由保护基础上,将信用、隐私、贞操等人格利益纳入人格权保护范围。可见,将信用权从名誉权分离出来单独保护体现了现代社会信用利益保护的重要性。我国正在深化社会主义市场经济体制改革,多元化的利益需要社会信用体系进行调整和平衡,形成新的信

① 参见杨冬风:《信用权权利性质及其立法保护问题研究》,华东政法学院2004年硕士学位论文,第26页。

用文化。因此,我国需要构建一个完备的社会信用体系为市场经济的深入发展和社会的综合治理保驾护航,推动社会的经济繁荣与有序发展。由此可见,在个人信用消费大幅度增长和国家治理体系与治理能力现代化的背景下,我国《民法典》通过名誉权对信用权进行间接保护以及通过《反不正当竞争法》保护商誉还不能适应民事主体信用利益的保护要求。

(三)私有财产权制度不完善直接制约个人征信业的发展

信用关涉当事人拥有财产状况的评价与信赖以及失信后财产责任的承担,因此,信用在某种意义上也是一个财产问题。信用交易以双方当事人拥有独立的合法财产为前提,而财产是否独立以其是否为真正的权利人为判断标准,这有赖于民法规则的确认与规范。因信用和财产权密切相关联,财产权制度的完善与否直接关系信用制度构建的时效性。如果财产权制度与信用制度相互配合,在市场及法律的规制下,市场主体将自觉地恪守信用、讲求信誉、严格地履行合约责任或义务,从而形成合理的信用秩序。

信用本身具有无形的特点;建立个人信用制度,就必须找到一个有形的载体和基础,才能更好地衡量信用。而产权恰好起到了衡量信用的作用。如果自然人不拥有独立财产权,就失去了信用的载体,个人信用就无从谈起。因此,只有建立在完善财产权制度之上的信用才有意义,才能更加稳定。同时,信用制度需要信用法律制度的完善、失信惩罚机制的建立、征信体系的建设等多方面内容为支撑。信用制度是信用交易行为的社会规范,在这一整套体系中,信用交易规则占据核心地位。我国信用制度建设滞后的重要原因在于产权保护制度与登记制度不完善,信用法律体系建设落后,失信成本小于收益,难以形成诚信的契约精神,导致社会信用危机不断加剧。同理,个人信用是关于其经济能力方面的评价，经济能力主要体现在自然人的财产拥有状况；因而，财产权制度的完善与否直接关系个人信用的评价。随着我国不动产统一登记制度的建立和完善，个人财产权的保护力度和信用机制功能作用将进一步增强，信用文化与个人征信体系建设的进程也将加速，使个人信用权益得到法律的救济保护。

（四）个人信用义务配置和失信责任制度不健全

现代社会信用缺失的治理，必须要有惩戒约束机制对失信行为进行严厉惩罚，否则会产生“逆向选择”与“道德风险”。信用约束机制作用发挥的根本途径在于通过一系列正式制度安排和非正式制度安排增加失信的成本，强化威慑的可信性和惩戒的威慑力，改变博弈双方的策略选择，从而保障博弈行为能够长期、重复地进行合作。信用约束机制取决于制裁的严厉性和惩戒后果的确定性两个变量。简单的一次或几次遵守或违反民事义务不能直接将其界定为法律意义上的守信行为或失信行为，而是综合考虑一定期限内遵守或违反民事义务的次数、主观是否恶意等多种因素而衡量的。守信行为与失信行为是任何社会必然存在的常态行为。守信激励与失信惩戒机制是一个命题的两个方面，是受到法律和道德的双重社会评价机制，但着力点以法律评价为基础而辅助于道德评价，是一种社会联防机制。

明确失信行为的法律边界和惩戒方式与内容是建立和完善失信惩戒机制的前提条件。要健全信用领域的法律法规，细化何种程度的失信将给予何种方式和程度的制裁，加大失信行为的惩罚力度，做到对失信惩戒有法可依、依法惩戒。尤其要加快信用信息的互通共享平台的建设，消除“信息孤岛”，完善守信联合激励和失信联合惩戒机制，真正达到失信者一处失信，处处受限。民法中的个人信用义务重点应立足于民法内部的调整，与征信的外部调整相区分，如何进行科学制度设计强化自然人民事义务的履行,如惩罚性赔偿、提高违法成本。个人信用义务主要指信用维持义务,是一种法定的社会义务,具体体现在各种具体民事义务中。社会信用的惩戒机制只治标不治本,只有通过优化民事法律规则的设计,增加失信成本,惩戒失信行为,将诚信精神作为民法精神的重要组成部分,在民事主体之间形成一种信任关系和民事行为准则,才能从根本上最大限度地减少个人失信行为的发生。

第二节　民法典中诚信原则与个人信用规范之关系

诚信原则是民法调整个人信用的一般法律依据。最初,诚信仅作为一种道德准则,要求一切市场主体在追求自己利益的同时,不得损害他人利益和社会公共利益;但其仅属于道德层面的自然义务,对违背诚信的市场主体无法实施强有力的惩戒,只有借助于法律的强制拘束力才能实现当事人之间和当事人与社会之间利益的平衡。古罗马时期人们已意识到诚信单纯作为一种道德准则的局限性,于是罗马法中通过诚信契约和诚信诉讼的规定强调诚信的法律拘束力,从而弥补契约条款的不足。在近代民法法典化进程中,诚信开始摆脱其纯粹的道德性进入民法的具体规范,由契约法领域扩展到整个民法领域,并最终被确立为民法的重要原则。[①] 诚信原则通过道德准则法律化,成为规制民事主体开展民事活动、克服具体规范局限性和立法漏洞的工具,充分体现了立法上从追求法律的确定性而牺牲个别正义到容忍法律的灵活性而

---

① 无论大陆法系国家还是英美法系国家,都在立法上强调诚信原则的独特功能。参见钱玉林:《试论诚信原则对缔约过失责任的适用》,载《内蒙古大学学报(人文社会科学版)》2002年第1期。

追求个别正义的转变。①

一、诚信原则为个人信用规范提供一般条款基础

按照法的一般理论，法律基本原则主要有两个功能：一是制定法律具体规范的基础；二是进行个案裁判的准据。现代民法已赋予诚信原则作为一般条款的法律地位。民法一般条款的最大意义在于：针对社会生活的多样性和复杂性，尽可能扩大民法的调整范围，对现行民法上未细化的具体规范或法律关系进行调整，补充民法规范的漏洞。诚信原则在学理上常被称为民法的“帝王条款”主要归因于它的补漏功能。②

一般而言，法律规范可以分为确定的法律规范和不确定的法律规范两大类。确定的法律规范比较具体和全面地规定了权利和义务的行为条件，未给司法机关自由裁量权的行使留下余地。而不确定的法律规范并未对权利义务各方的行为模式和保证手段的内容和要件作十分明确的规定，而是运用模糊的概念，授予司法机关自由裁量权，使其拥有可以根据具体情况进行裁决的权力。③ 美国法学家约翰·罗尔斯认为，法律的基本原则应当与具体规则相区分，基于各自的功能定位实现法律的价值目标。④ 梁慧星教授认为，在处理诚信原则和具体规定的关系问题上，应禁止“向一般条款的逃避”⑤而确保基本原则的权威性与指

---

① 参见钱玉林：《试论诚信原则对缔约过失责任的适用》，载《内蒙古大学学报（人文社会科学版）》2002年第1期。

② 参见刘宗荣：《定型化契约论文专辑》，台北，三民书局1989年版，第57页。

③ 参见徐国栋：《民法基本原则解释——成文法局限性之克服》（增订版），中国政法大学出版社2001年版，第21页。

④ 参见［美］约翰·罗尔斯：《正义论》，何怀宏、何包钢、廖申白译，中国社会科学出版社1988年版，第56页。

⑤ “向一般条款的逃避”是指民法具体规范对某一事项具有明确规定时，禁止法官回避相关具体规范而直接适用诚信原则进行裁判。参见陆昕：《民法诚实信用原则的伦理分析》，载蓝寿荣主编：《社会诚信的伦理与法律分析》，华中科技大学出版社2010年版，第56页。

导性。诚信原则作为一种弹性条款,从法律规范确定性角度而言,还是一种未形成的法规,实质在于授予法官自由裁量权以应对现实的变动性。[①] 吴汉东教授认为:在我国的法律体系中,诚实信用原则很大程度只停留在"价值形态"的层面上,而在规范形态的层面上一直存在内涵模糊的问题,这其实是我国利用法律工具维护社会信用水平的根本障碍。[②]

关于诚信原则是否可以修正具体法律规则,一种意见认为,诚信原则仅有补漏功能,无修正功能,也即在法律具有明确规定的条件下,不能回避该具体规范直接适用诚信原则。理由如下:(1)维护法律规范权威性。如果允许基本原则排除具体法律规范的适用,势必造成大量的法律条文形同虚设,既造成法律资源的浪费,又损害法律的权威性。(2)防止法官滥用自由裁判权。如果允许修正具体规则,则会诱导法官无须查找相关具体规范而直接适用诚信原则,滥用法律赋予的自由裁量权。另一种意见认为,诚信原则不仅可以补充民法的立法漏洞,还可以排除与诚信价值相冲突的具体规则的适用。有学者认为,诚信原则是法律标准最高理想的体现,如法律具体规则与这一理想不适应,则应排除而适用诚信原则。[③] 大部分学者赞同后一种意见,认为具体民法规则的适用有违公平正义时,法院可以行使自由裁量权依据诚信原则作出裁判。具体而言,如果仅强调法律的权威性和确定性而忽视具体案件公平正义目标之考量,难免有因噎废食之讥。在司法实践中,径直适用诚信原则作出裁判前须报请最高人民法院核准,防止自由裁量权过度滥用。笔者认为,采用肯定说可以充分彰显民法追求实质正义与化解社会冲突的功能与价值。

---

① 参见梁慧星:《诚实信用原则与漏洞补充》,载梁慧星主编:《民商法论丛》第 2 卷,法律出版社 1994 年版,第 67 ~ 71 页。

② 参见吴汉东:《论信用权》,载《法学》2001 年第 1 期。

③ 参见史尚宽:《债法总论》,台北,荣泰印书馆 1954 年版,第 319 页。

法律规范天然具有一定的滞后性,立法者有意识地利用诚信原则的一般条款地位,通过授予法官自由裁量权应对社会发展变迁的新情况和新问题。在现实生活中,诚信原则可以有效调和法律稳定性与社会生活变动性之间的矛盾关系。诚信原则作为一般条款,具有不确定性和较大弹性,其正如一把“双刃剑”:既可以对具体法律规范无法涵盖的失信行为进行规制和制裁,又可能置具体法律规则于不顾,向“一般条款逃避”,导致司法专断。鉴于此,我国《民法典》第7条夯实了诚信原则作为一般条款的法律地位,在具体规范层面明确和细化民事主体信用权益、信用义务和失信责任,使民事主体对现代社会的交往规则有一个明确的预期,秉持诚实,维护自己的信用利益,防止失信造成利益损害,从而达到规范行为与恪守承诺的立法目的。针对诚信原则赋予法官一定的自由裁量权,在法律规则体系和审判机制上对法官的自由裁量权进行合理配置或限制。当前,可以通过最高人民法院的案例指导制度防止司法自由裁量权的滥用进而达到“同案同判”的预期。

二、完善个人信用规范有利于增强诚信原则的确定性

1986年《民法通则》已将诚实信用确立为民法基本原则之一,但囿于法律原则内涵的广泛性、抽象性与模糊性,不是某一具体行为模式与法律后果,以及由于法律的确定性与法律的不周延性是一对矛盾①,立法必须通过制度调适积极应对这种矛盾,实现安全、正义、秩序等价值的充分协调。② 如何缓解和应对上述矛盾,学者主要围绕法的严格规则与人的自由裁量两个因素关系展开探讨。事实证明,绝对的自由裁量

---

① 参见杨明:《论民法原则的规则化——以诚信原则与情势变更原则为例》,载《法商研究》2008年第5期。

② 参见徐国栋:《民法基本原则解释——成文法局限性之克服》,中国政法大学出版社1992年版,第144页。

主义或绝对的严格规则主义均不可取,最佳模式在于两种因素的有机结合,民法原则规则化即为解决方案之一。因此,在法定限度内,在关键领域或环节尽可能提供有针对性的信用规范,以扩展信用生活调整的最大涵盖。如果对信用关系仅限于诚信原则一般条款层面,缺乏信用具体规范的支撑,将导致诚信原则的滥用或被规避,损害经济社会秩序的安定性。

值得关注的是,诚信原则所具有的模糊性和不确定性导致在现代民法中适用性不足。首先,诚信原则在基本原则中的序位与应有的民法地位不相称。在序位方面,其位列公平、自愿原则之后,与其“帝王条款”和“最高行为标准”的地位不相匹配,在一定程度上反映了民法以权利本位为中心。其次,诚信原则在司法实践中的法效性与其“帝王条款”地位不相符。法国是最早将诚信列入民法典的,但其在法国的判例里并未直接适用过。德国司法实践中适用诚信原则是充满偶然性的。德国制定民法典时将诚信原则纳入其中,但从立法本意上并未赋予其帝王条款之地位。理论界之所以视其为德国民法中的帝王条款,完全是法官造法的结果。尽管英美法没有成文民法上的诚信原则,但其通过其他制度来解决诚实信用的社会道德要求。我国民法中的诚信原则虽然在学理上具有帝王原则的地位,但其如大陆法系民法一样仅具宣示意义和价值,其法效性并未达到与“帝王条款”的法律地位相匹配。因而,诚信原则需要演化成一个具有生命活力的制度规则,可以在司法实践中具体适用和自由裁量。①

诚信原则这一道德规范原则对于具有强制力的法律规范起重要的补充作用。当前,诚信的道德规范已上升到法律规范,成为民事主体的

---

① 参见张路:《诚信原则在现代金融法中的复活》,载《佛山科学技术学院学报(社会科学版)》2004 年第 6 期。

民事义务。法治社会必然要求是一个诚信社会。诚信必须以法律为支点。市场经济的实践证明,无论是国家信用、银行信用、商业信用还是消费信用,都必须依赖法治来维系正当的信用秩序,以实现诚实信用的经济交易与社会交往。法治建设与信用建设相辅相成,不可分割。市场经济的发展无不伴随信用的发展,信用如果缺失就必然导致交易成本的加大,继而导致经济效益的滑坡。法律是调整经济的一种重要手段;如果一国的法律不能对信用关系进行有效的调整与保护,那么这个国家的经济就是不健全和不完善的。法律的刚性效力对信用关系起重要的保障作用。法律无法解决社会信用体系的所有问题,但可以以自身的权威来维护和调整信用关系,发挥重要的支点功能与作用。① 民法作为市场经济的基本法,对市场经济中的信用秩序维护具有主导作用。因此,我国《民法典》对民事主体信用权益和义务的具体规范进一步明确了诚信原则的内涵与指导意义,增强了人们对诚信原则所体现的道德规范法律化的真正理解,使诚信原则所倡导的核心价值通过个人信用立法落实到每个自然人的实际行动中。

三、《民法典》诚信原则的地位解读

我国《民法典》第 7 条之规定意味着该原则不仅要贯穿于合同关系领域,还要适用于其他民事法律关系领域。自清末以来,我国民法受德国民法的影响,采用不同术语界分客观层面和主观层面表达诚信。客观诚信以“诚信”的术语表达,要求人们在民事活动中实施正当的行为;主观诚信以“善意”的术语表达,要求人们具有尊重他人权利的意识。②这在我国现行立法中同样有所体现,如在合同法中惯用“诚信”一词表

① 参见龚勇:《信用中国》,中国方正出版社 2002 年版,第 150 ~ 151 页。
② 参见徐国栋:《诚实信用原则研究》,中国人民大学出版社 2002 年版,第 21 页。

述,在物权法中则以"善意"术语出现。虽然在立法中使用了不同的称谓,但许多学者认为诚信原则的适用不限于债法,而是适用于整个民事领域。梁慧星教授认为,诚信原则适用于"一切权利的行使和一切义务的履行"。但是,由于主观诚信长期盘踞于物权法研究领域,仍有部分学者将客观诚信视为"诚信",以"善意"指代主观诚信。对此,徐国栋教授批判了将诚信局限于客观诚信的理论缺陷,认为无论是客观诚信还是主观诚信,都是对社会契约的信守①,对其遵守都有利于维护当事人之间以及当事人与社会之间的利益平衡。

笔者认为,《民法典》第7条之规定应从正反两个方面来理解才能全面了解民法对信用的调整路径。从正面解释,该条可以理解为遵循诚信是民事主体的法定社会义务,具有强制性规范属性,是民事主体信用义务和失信责任的一般法律依据。从反面来看,该条可以解释为民法对严格遵循诚信义务的民事主体将会得到社会的积极评价,进而对民事主体信用利益的民法维护奠定条件。只有从正反两个方面理解,才能跳出传统民法将诚信原则仅作为一种民事义务理解的偏狭窠臼,为民法对个人信用的体系性调整提供一般条款基础。

第三节 民事立法中个人信用调整的具体路径

法治的现代化经验表明,法律根植于特定的社会经济条件和群体文化环境,需要充分契合和反映本土国情。② 每一种制度都有其自洽

---

① 参见徐国栋:《诚实信用原则研究》,中国人民大学出版社2002年版,第118页。

② See John Henry Merryman & Rogelio Perez-Perdomo, *The Civil Law Tradition*, 3rd ed., Stanford University Press, 2007, p. 150.

性,民法典应对社会经济生活秩序高度概括与实效调整。与移植和借鉴相比,立足于我国经济发展和社会生活背景,深入挖掘传统文化资源[①],构建现代民事生活的新秩序,对《民法典》的全面有效实施具有更为重要的价值。法律的确定性与法律的不周延性是一对矛盾。[②] 如何克服这一矛盾,民法理论上大多是围绕法律规则的细化和司法的自由裁量(根据基本原则)两个方面展开。《民法典》实施中对个人信用的调整需要在社会主义核心价值观和诚信原则的指引下,以“权利—义务—责任”逻辑框架为基础对民事主体信用权益、信用义务以及失信责任进行具体保护与适用,为个人征信体系的建立和配套完善提供私法支撑。

一、调整方式上采用“权利—义务—责任”的逻辑结构

个人信用民法调整应坚持以个人信用权益保护为导向、个人信用义务履行为基础、个人失信惩戒为保障这一总体调整思路。在强调个人信用权益激励机制形成的同时,不能忽视信用义务和失信责任的制度强化与基础保障,应将个人信用法律关系中的权利、义务、责任作为明确民法个人信用规范的着力点,共同促进个人信用法律制度体系建设。

民法的制度设计本质上是一种行为纠偏机制。其应为社会成员设计一套具有明确道德指向、符合正义价值理念的行为规范,实现社会公众经济社会生活的行为预期,为正当追求自身合法利益奠定制度前提。民法规范不再是纯粹的道德自律,而是制度强制保障的行为标准。信

① 参见杨振山:《民法典制定中的几个重大问题》,载《政法论坛》2003 年第 1 期。

② 参见杨明:《论民法原则的规则化——以诚信原则与情势变更原则为例》,载《法商研究》2008 年第 5 期。

用是在社会成员之间通过民事法律行为的联结形成具有信用权利和信用义务的一种法律关系；该法律关系与民法中的人身关系和财产关系深度交织，演化为具有道德和法律双重效力的社会关系。民法将交易中的诚信道德关系上升为信用法律关系，配置于当事人相应的信用权利和信用义务内容，并以民事责任加以强化实现，以完成对社会成员信用行为的私法规制。个人信用关系纳入民法调整对象自民法产生之初就已存在，只不过在民法概念体系发展中，它被附着于具体的民事法律关系中加以隐性调整和体现。因此，就自然人而言，个人信用关系作为民法的调整对象，自不待言。当然，现代民法应将处于附着或隐藏的个人信用关系进行显性调整，明确个人信用权利、信用义务和失信责任等概念及运行体系，民法调整才能更有针对性和有效性。

民法在个人信用调整中的地位毋庸置疑，但它如何完成调整的任务？德国哲学家尤尔根·哈贝马斯的交往行为合理化理论为民法调整个人信用提供了理论依据。在哈贝马斯看来，任何一种交往都必须满足合理化的要求，这是取得认同的前提和基础。当目的合理的行动的合理化依赖于真正的（经验上或分析上是真正的）知识积累时，交往行动的合理性则同陈述的真理没有关系。① 从这里我们可以看到，行动的合理性要求主体的真实性和规范的正确性，这是人类交往行为合理性最根本的要求。民法的实现是一种人类的行动，也可以理解为是一种交往行动；在实现民法的交往行动中，交往的主体必须具有内在的真实性和真诚性。② 谢名家等学者指出："信用规范在人们的交往行为中，主要规范着人们的利益关系，信用的最主要的任务就是平衡行动主体之

① 参见［德］尤尔根·哈贝马斯：《重建历史唯物主义》，郭官义译，社会科学文献出版社2000年版，第31页。

② 参见武建明、张振国：《当代法治视域下的民法实现》，中国检察出版社2006年版，第12页。

间的利益。信用的社会功能必须通过利益的调整和控制才能得以实现。信用规范的基本准则有三项:第一准则是程式交易;第二准则是信守承诺、兑现诺言;第三准则是实现权利与义务之间的对等关系。信用规范从本质上说是产生于人们在社会活动中形成的利益和利益置换的需要。信用规范作为人们行为准则,表现为对人的行为的约束性,即把人们的行为规范在一定的限度和范围内,以维持正常的社会秩序。"①

市场经济是信用经济和法治经济,法律是信用体系建设的制度保障。当前,我国正处于现代经济体系建设期和社会主义市场经济体制深化改革期,个人信用权利的保护、义务的履行以及失信责任惩戒都缺乏相应的制度规范,个人信用法律制度的不健全是社会信用体系建设中极为棘手和亟待解决的首要问题。诚信原则在很大程度上只停留在价值形态层面,在规范形态层面上存在内涵模糊问题,这是我国利用法律工具维护信用水平的根本障碍。因此,要构建一个法治保障的信用社会,仅靠过去舆论宣传和道德说教无法有效规制个人失信行为,个人信用的权、义、责缺一不可。民法上如果片面强调个人信用权,对个人信用义务和失信责任未给予足够的重视与强化,守信者的权益将得不到法律保障,导致其丧失积极守信的动力。只有从民法上将个人信用活动纳入法治轨道,激励守信,惩戒失信,才能为维护良好的社会经济秩序提供坚实的私法基础。

二、明确个人信用权的法律地位与规范内容

美国消费者数据行业协会主席康纳利曾在1998年北京召开的"消费者信用风险及信用管理研讨会"发言谈道:"获得信用不是特权,而是

---

① 谢名家主编:《信用:现代社会化的生命线——汕头实践与中国社会信用建设》,人民出版社2002年版,第58~60页。

任何人都享有的权利。”[①]法律意义上的“信用”是对社会诚信体系在理论上的回应。全面推进社会诚信体系建设与建立健全信用信息主体权益保护机制如同“一枚硬币的两个面”同样重要,不可或缺。从我国原《民法通则》的制定到原《侵权责任法》、原《民法总则》的颁布均未规定信用权,凸显了我国社会主义市场经济在民事立法层面对信用利益保护的缺失。江平教授认为,原《民法总则》回应了社会发展的需求,对人格权的发展有了创新;但是因为人格权内容日益丰富,因个人信息、人体器官、个人信用等产生的纠纷越来越多,这些问题仍旧只是用一个跟原《民法通则》时代一样的词来表示,总是显得有所欠缺。[②] 只有民法典对个人信用权益加以肯认,成为一项民事权益,才能在自然人和征信机构之间形成个人信用权利义务关系。

学界关于信用权在民法典中的位置安排曾主要有四种方案:第一种方案,鉴于信用权主要归属于人格权范畴,建议在人格权编中直接予以规定。第二种方案,将信用权通过侵权责任编予以保护,不必直接列明其是人格权还是财产权属性。该方案实际上属于德国民法典模式。该种方案是从保护的角度而非设权的角度对侵害信用权给予救济和保护。第三种方案,在《民法典》总则编“民事权利”一章中规定信用权,具体位置列在人身权之后知识产权之前,回避信用权的法律权属争议。第四种方案,对民法典权利体系进行大调整,在人身权和财产权条款之后,设立兼具财产权和人身权属性的“混合型权利”,即将知识产权、信用权、股权、继承权进行分别规定。[③] 实际上,我国《民法典》偏重第一种

---

① 李利军:《美国信用法律制度简介》,载《北京工商大学学报(社会科学版)》2004 年第 2 期。

② 参见江平:《〈民法总则〉评议》,载《浙江工商大学学报》2017 年第 3 期。

③ 参见胡大武:《侵害信用权民事责任研究——以征信实践为中心》,法律出版社 2008 年版,第 211 ~ 213 页。

方案,但在立法安排上,将信用权益通过名誉权进行间接保护。值得注意的是,其在间接保护的基础上,又通过第 1029 条明确规定信用权益,实则是一种折中的方案,与原《民法通则》相较而言,也可谓立法上的进步,值得欣慰。

笔者认为,信用与名誉是两种不同内容和标准的社会评价。长期以来,司法实践中通过名誉权对信用利益进行间接保护虽然符合改革开放初期的社会经济条件,但无论从司法实践的保护力度还是保护效果来看都表明了这种间接保护方式无法有效全面保护个人信用权益,在一定程度上体现了司法实践对信用权益救济上的不足,无法适应现代市场经济的科学发展和诚信社会的迫切要求。

编纂一部具有中国特色、体现时代精神的民法典曾是我国民法典编纂的首要指导思想。人格权在现代民法中的地位愈来愈重要,人格权与财产权相独立的观念已深入人心,我国《民法典》第 2 条将人身关系置于财产关系之前便是明证。因而,我国《民法典》将人格权单独成编不仅符合新时代民法的发展趋势,还彰显了中国民法典的时代特色和中国风格。在社会主义市场经济不断深入发展的背景下,强化民事主体信用权益的民法保护已成为现代民法的一种必然和期许。为弘扬诚信这一中华民族的优秀传统美德和强化个人信用意识,《民法典》在人格权编“名誉权和荣誉权”一章中规定了民事主体信用权,第 1029 条规定:“民事主体可以依法查询自己的信用评价;发现信用评价不当的,有权提出异议并请求采取更正、删除等必要措施。信用评价人应当及时核查,经核查属实的,应当及时采取必要措施。”第 1030 条规定:“民事主体与征信机构等信用信息处理者之间的关系,适用本编有关个人信息保护的规定和其他法律、行政法规的有关规定。”这一保护模式为进一步建立和完善社会信用体系以及失信联合惩戒机制提供了前提基础,也为信用信息侵权的司法救济提供了法律依据。

诚然,我国《民法典》关于信用权的规定还较为简略,有待于社会信用法进一步细化与完善。从民事主体的类型来看,由于自然人和社会组织体有本质上的区别,具体到信用权益的保护上,自然人的信用权益侧重于以精神人格利益为主,财产利益为辅;而法人和非法人组织往往以财产利益为主,精神人格利益为辅。因此,笔者建议未来的社会信用法应采用二元化模式,将自然人信用权和法人、非法人组织的信用权分别规定。就自然人信用权的规范设计而言,可以考虑如下表述:自然人享有信用权。未经本人同意,他人不得采集其敏感的信用信息,不得擅自查阅其个人信用报告等信用信息。自然人如发现信用信息提供者提供的个人信用信息存在错误,有权向信用信息提供者和征信机构提出异议;如异议成立,征信机构应及时更正。征信机构违反评价标准体系造成个人信用评价不客观、不公正的,权利人有权请求其更正。相对人违反上述义务的,权利人有权请求其承担精神损害和财产损失等侵权责任。他人通过捏造事实等方式造成自然人信用评价降低的,应承担侵权责任。

三、厘清个人信用权与个人信息权、隐私权的边界

个人信用权核心在于维护自己的信用信息获得客观记录与评价。但在信息采集之前需要对敏感信息征得自然人的同意,从而体现信息自决权,而对于敏感信息的采集则涉及隐私权的保护问题。大数据、云计算等信息技术的高速发展为征信行业的发展提供了技术支持,但同时个人信息和隐私权益的保护面临前所未有的新挑战。从信息角度而言,个人信用权、个人信息权、隐私权三者之间有一定交集,但三者的侧重点不同,也意味着三者应基于不同的利益基点获得民法上的区别保护。个人信用权本质上是对信用利益的支配与保护,个人信息权重在对识别信息的控制,隐私权关键在于对隐秘信息和私人生活排除他人

干扰。《社会信用体系建设规划纲要(2014—2020年)》提出,综合运用法律、经济和行政等手段,切实保护信用信息主体权益。在征信过程中,往往会存在个人信用权、个人信息权、隐私权三项权利的交织,因而,厘清三项权利的适用范围和边界,对保护自然人的合法权益,有效协调私人权益和社会公共利益之间的平衡显得非常必要。

(一)个人信用权与个人信息权

现代信息技术在扩大我们生活领域和改变现代生活方式的同时带给我们新的社会问题。这反映了第三次浪潮是一场真正的变革。[①] 如何回应和应对这场变革所带来的新常态和新问题,关系信息社会的关系建构。究竟是以扩大既有法律概念还是构建新的法律概念界定当事人之间的权利义务关系适用新的社会关系,成为法学研究和法律制度中必须积极面对的重要问题。显然,“法律的生命始终不是逻辑,而是经验”这一法律思想无法解释全球化和网络时代对相对稳定法律制度带来的前所未有的冲击,因为我们无法再用“经验”认知这个突飞猛进的知识社会。[②] 日本法学家穗积陈重曾言:“法律既为社会力,则社会变迁,法现象不能不与之俱变。”[③]为此,法学界应主动采取对策,而不能静待社会自发生长出一个符合时代要求的法律制度或体系。在信息社会

① 参见[美]阿尔温·托夫勒、[美]海蒂·托夫勒:《创造一个新的文明:第三次浪潮的政治》,陈峰译,生活·读书·新知上海三联书店1996年版,第5~6页。

② 易继明教授认为,萨维尼及其历史法学派的理论很难再去解释变动不居的技术时代和知识社会的某种法律现象,人们似乎再也无法从民族精神中发现、培植和巩固既有的法律传统。参见易继明:《技术理性、社会发展与自由——科技法学导论》,北京大学出版社2005年版,第1~2页。

③ [日]穗积陈重:《法律进化论(法源论)》,黄尊三等译,中国政法大学出版社1997年版,第53页。

里,个人信息已经成为现代商业和政府运行的基础动力。[①] 信用制度在很大程度上表现为信息的提供、获取、评估等相关的法律制度。信息资源不仅本身就是财富,而且重在创造财富。[②] 信息本身所具有的商业价值,已成为市场中争夺和占有的重要对象。个人信用评估与评价离不开个人信用信息的采集、整理、加工和分析。在征信实践中,面临个人信用权保护与个人信息权保护的双重挑战。

综观世界立法,个人信息权益已成为现代社会一项新型民事权益。为保护个人信息权益,我国《民法典》第111条规定:"自然人的个人信息受法律保护。任何组织或者个人需要获取他人个人信息的,应当依法取得并确保信息安全,不得非法收集、使用、加工、传输他人个人信息,不得非法买卖、提供或者公开他人个人信息。"同时,其在人格权编第6章通过6个条款明确规定个人信息权益,将个人信息纳入民法的保护范围。关于个人信息的界定,理论界主要有"关联型"、"隐私型"和"识别型"三种。"关联型"的界定主要是从信息和个人的关联性出发,将凡是与个人相关的信息都归纳为个人信息。[③] "隐私型"的界定将不愿向外透露的或者是个人极其敏感而不愿他人知道的信息纳入个人信息。"识别型"的界定是从信息是否能够使个人与其他人区别的角度,具体指直接信息或相关信息足以构成对个人进行识别的信息。[④] 比较而言,"关联型"的界定范围过于宽泛,限制了义务人的行为自由;"隐私型"的界定范围过于狭窄,不利于对权利人的保护;而"识别型"的界定

① See Perri, *Private Life and Public Police*, London: Demos, The Future of Privacy, Vol. 1 (1998), p. 23.

② 参见陆小华:《信息财产权——民法视角中的新财富保护模式》,法律出版社2009年版,第6页。

③ 参见齐爱民:《拯救信息社会中的人格:个人信息保护法总论》,北京大学出版社2009年版,第83页。

④ 参见白云:《个人信用信息法律保护研究》,法律出版社2013年版,第9页。

范围适中,较为可取。我国《网络安全法》第76条表明我国现行立法对个人信息的界定采取"识别型"的立场。但实践中与识别性信息相关联的行为信息最终同样能够达到识别特定人的目的,为此,2018年1月发布的《信息安全技术个人信息安全规范》对个人信息的定义考虑两个路径:一是识别路径,即由信息本身特殊性识别出特定自然人;二是关联路径,关联路径的前提在于,个人被识别后的一系列行为被系统记录,从而显示出的偏好和行为轨迹,也应纳入个人信息范围。在以上立法探索基础上,《民法典》第1034条明确了个人信息的内涵与外延:"个人信息是以电子或者其他方式记录的能够单独或者与其他信息结合识别特定自然人的各种信息,包括自然人的姓名、出生日期、身份证件号码、生物识别信息、住址、电话号码、电子邮箱、健康信息、行踪信息等。个人信息中的私密信息,适用有关隐私权的规定;没有规定的,适用有关个人信息保护的规定。"

虽然个人信用权和个人信息权都离不开信息基础,但两者主要存在以下区别:(1)两者的客体不同。个人信用权的客体是信用,表现为自然人享有对其履约能力和履约意愿获得合理信赖与客观评价的信用利益;个人信息权的客体是识别性信息。一般而言,凡是与个人身份有关联的信息,都可以称为广义上的个人信息。但适用个人信息权保护的仅限于识别性信息。[①] 某一信息必须能够明确指向特定的自然人,才属于个人信息的范围。如个人信件由于标明了个人姓名与地址而应当属于个人信息的范畴。(2)两者的权利内容不同。个人信用权是一种积极性的权利,主要表现为信用的维持和利用的权利内容;而个人信息

① James B. Rule, Graham Greenleaf, *Global Privacy Protection*, Edward Elgar Publishing, 2010, p. 81. 转引自王利明:《论个人信息权的法律保护——以个人信息权与隐私权的界分为中心》,载《现代法学》2013年第4期。

权是一种消极性的权利，以防止他人未经许可擅自采集、买卖、泄露为核心内容。(3)两者涉及的信息范围不同。个人信用信息作为个人信息的一部分，具体指与个人信用评价相关的信息。[①] 而个人信息主要为能够识别个人身份的各种信息。(4)两者的侵权主体不同。在个人征信体系日趋完善的背景下，个人信用权的侵权主体主要为征信机构和信用信息提供者，但也不排除其他人捏造事实侵害个人信用的可能。而个人信息的侵权主体可以表现为一切个人和机构，只要在法律授权之外，未经个人许可，擅自实施采集、泄露、非法买卖等行为，均构成侵犯个人信息权。

(二)个人信用权与隐私权

随着全球经济一体化和信息网络化的推进，隐私权保护已成为世界民事立法的一种趋势。一些区域性国际组织通过区域性公约明确了隐私权保护及范围。根据《欧洲人权公约》第 8 条的规定，权利人对自己隐私的支配、控制和使用是其参与社会生活的先决条件，已成为基本共识。因此，立法保护公民的私生活秘密，防止任何人非法侵犯私人生活的安宁和私人信息的秘密，正成为世界立法趋势。[②]

---

① 个人信用信息具体包括：(1)常规信息。主要包括姓名、身份证号码、住址、社会安全号码或社会信用代码、出生日期、教育背景、工作经历等个人信息和个人简历，从法院或社会保障部门获得的破产、逃税、经济纠纷判决、子女抚养费等记录。(2)一般信息。主要包括品行方面的信息（通过个人生活习惯、个人交往行为、职业道德、偿债习惯等行为信息间接评估获得）、能力方面的信息（个人职业与收入方面的信息）、资本方面的信息（个人银行存款、不动产财产、有价证券等有形资产的信息及特殊技能和专利等无形资产的信息）、个人状况方面的信息（年龄、教育程度、技能水平等信息）、抵押方面的信息（抵押物的所有权、登记情况信息）。(3)特定信息。付款记录信息（个人账户信息、最高信用额度等）、收入信息（收入水平、个人债务、家庭债务、赡养费、抚养费等）、纳税与开销信息（纳税额度、保险费、分期付款等）、就业信息、婚姻状况信息等。参见白云：《个人信用信息法律保护研究》，法律出版社 2013 年版，第 11 ~ 12 页。

② 参见李朝晖：《个人征信法律问题研究》，社会科学文献出版社 2008 年版，第 105 ~ 106 页。

个人信用权与隐私权都属于人格权的范畴,两者之间具有一定的联系。信用的评价是以个人的信息为基础的;而部分信用信息可能属于隐私信息的范围,非法披露和利用这些信用信息会同时造成隐私权和信用权的侵害。但两者之间的区别主要表现在:(1)两者客体不同。个人信用权的客体是有关自然人履约能力和履约意愿信赖程度的社会评价,而隐私权的客体为个人隐秘信息。个人隐秘信息有时可以作为信用的评价依据,但其本身不是信用。(2)两者权利内容不同。个人信用权虽然具有人格权属性,但其具有间接的财产价值;而隐私权作为一项具体人格权,并不具有直接的财产内容。(3)两者公开性不同。个人信用具有公开性和公示性,只有将相关信用信息向特定的对象进行公开才能真正体现信用的价值;而隐私权本身具有秘密性,秘密性是其核心特征。(4)两者的侵害方式不同。侵害信用权主要通过虚假陈述或错误记载导致权利人的信用评价降低损害其信用利益;而未经权利人许可向第三人披露其隐私信息或侵入私人生活空间,则构成隐私权的侵犯。(5)两者侵害后果不同。侵害信用权既涉及精神损害赔偿,又涉及财产损害赔偿;而隐私权侵权主要涉及精神损害赔偿,一般不涉及财产损害赔偿。

2009年我国《侵权责任法》第一次以法律形式确立隐私权为一项民事权利,但并未在立法上明确规定隐私的具体范围。为适应信息时代的发展,我国《民法典》人格权编第6章明确规定了隐私权的内容、隐私的概念[①]以及侵害隐私权的行为方式。鉴于个人征信中不可避免地会发生与隐私权法律保护的冲突,理论研究中应加强对隐私信息基本特

① 我国《民法典》第1032条规定:“自然人享有隐私权。任何组织或者个人不得以刺探、侵扰、泄露、公开等方式侵害他人的隐私权。隐私是自然人的私人生活安宁和不愿为他人知晓的私密空间、私密活动、私密信息。”

征的深入探讨,为个人征信制度的立法完善和司法裁判提供法理依据。结合现实生活和司法实践,判断个人信息是否属于隐私信息应坚持以下三个方面:(1)识别性。隐私权之所以受到法律保护,原因在于法律对人基本生活自由这一自然权利的肯认。隐私权的法律保护有利于人与人之间差异性私人生活的合法化。由于个人信息是识别不同个体的依据,即使不知道某些信息主体的真实姓名,但根据这些识别性信息的串联和逻辑推定,能够排除其他个体而认定为某一自然人。如果某一信息没有识别性,也无法将这一信息与某一自然人相联系,便无涉及或侵犯隐私的可能性。(2)处于私密状态且与公共利益无关。由于隐私信息属于个人私生活的秘密和细节,并非产生于社会公共领域,不属于公众应当关注的问题,个人使之保持秘密状态的权利与公众的正当利益处于天平的两端。因该隐私信息处于隐秘或未公开状态,非经本人同意,他人不得非法获取或直接公开。(3)非经本人同意而公开可能造成本人精神上的损害。刺探、披露或者公开隐私信息对任何一个理性人而言都是一种侵犯。隐私权重在保护权利人的精神利益,并且该精神利益是基于个人与公众、与他人保持一定距离的需要,尽管这种需要对不同个人是具有不同差异的;但这种差异只能体现在个人对自身权利的处分,而不是他人来做决断。[①] 只要具备以上三个特征的个人信息应当属于隐私信息的范畴,个人征信中涉及以上隐私信息的情况则面临个人征信与隐私权相冲突的可能。立法上解决征信与隐私权保护的矛盾主要是通过赋予信息主体对个人信息某种限度的控制权这一路径来达成的。

综上所述,个人信用信息具有潜在的市场价值和财产利益,催生个

① 参见陈潜、唐民皓主编:《信用·法律制度及运行实务》,法律出版社2005年版,第51页。

人征信业逐渐兴起并成为一种重要的服务行业。围绕个人信用、个人信息、隐私问题出现了权利的扩张;只有在尊重自然人私生活自由和保护隐秘信息基础上把个人信用、个人信息蕴涵的利益转化为法定的权利,才能使个人的合法权益得到切实的保障。个人信用信息的利用与保护汇集了个人信用权、个人信息权和隐私权三种权利的交融,是一个利益平衡的过程。[①] 因此,赋予自然人信息权、隐私权是个人信用权享有和个人征信正常开展的重要前提。如果自然人不享有信息控制权和隐私权,那其就不能就这些个人信息或隐私的披露对其个人效用的影响作出选择。如何在个人信用信息的保护与开放中合理平衡三者的关系是当前法学研究的难点问题,也是《民法典》实施中司法适用的复杂问题。

四、细化与完善民法具体制度中个人信用义务配置

诚信原则作为民法的基本原则,可以通过授予法官自由裁量权,克服严格规则主义的缺陷,实现法的妥当性和延续民法典的生命。诚信原则的规则化是加强诚实信用原则可操作性的重要步骤,可在物权法律制度、合同法律制度等具体制度中予以具体体现。

(一)物权制度

在物权法领域,诚信原则不仅应当适用于合同关系,而且还适用于物权的设立、变更和行使等各种法律关系。尤其是在物权行使方面,只有严格遵循诚信原则,物权人才能正当地行使物权,促进市场交易的正常进行。如不动产所有人不得擅自建设地下室,影响邻人的房屋安全;否则,便会构成违反诚信原则滥用物权的行为。财产所有

① 参见孔令杰:《个人资料隐私的法律保护》,武汉大学出版社 2009 年版,第 60 页。

人或使用人应当依善意的方式行使物权和履行义务，不得滥用权利损害他人利益。

第一，完善善意取得制度。我国《民法典》第 311 条规定，受让人主观上需为善意，这里的“善意”指的是主观诚信。如果受让人主观上是恶意的，则无法取得交易物的所有权，否则违背了诚信原则。从本质上看，善意取得是基于物权公示的公信力对善意受让人信赖利益的保护，是从交易安全和节约交易成本角度对诚信原则的贯彻和体现。《民法典》将“善意”作为善意取得的一项构成要件，以行为人的主观心理状态来评判其是否具有主观可责难性，体现了一种法律评判，反映了法律在伦理道德和价值取向上的选择，彰显了民法所倡导的“诚实守信，扬善抑恶”理念以及追求的正义价值。因此，善意取得是法律对诚信之人的一种特殊保护。法律上的诚信之人首先应当是一个尽到合理审慎义务之人，违背了这一审慎义务应当将其作为认定“非善意”的一个重要标准。[①] 实践中如何判定“善意”？最高人民法院《关于适用〈中华人民共和国民法典〉物权编的解释（一）》第 14 ~ 20 条作了进一步解释，如其第 14 条规定：“受让人受让不动产或者动产时，不知道转让人无处分权，且无重大过失的，应当认定受让人为善意。真实权利人主张受让人不构成善意的，应当承担举证证明责任。”第二，确立取得时效制度。取得时效要求占有人在占有取得物之时公然、和平、善意地占有取得物。取得人虽然占有他人之物，但其是公然、和平占有，具备主观诚信，并无可谴责性，从本意上是促进物尽其用，维护交易秩序的安全，防止所有权人怠于行使其所有权。因此，在某种意义上，取得时效制度是基于诚实信用原则对消极行使财产所有权的民事主体进

① 参见龙卫球、刘保玉主编：《最高人民法院物权法司法解释（一）条文理解与适用指南》，中国法制出版社 2016 年版，第 223 ~ 224 页。

行惩戒,保护积极发挥财产效用占有人的合法权益,从而平衡了所有人与非所有人(占有人)与社会三者利益。现代大陆法系国家大都确认了该制度,遗憾的是我国《民法典》并没有确立该制度。为了完善产权保护制度,维护市场交易安全,在未来民事立法中可以考虑引入取得时效制度。第三,完善相邻关系。我国《民法典》第288~296条对相邻关系进行了规定。其中,《民法典》第288条确立了相邻关系处理的一般规则:"不动产的相邻权利人应当按照有利生产、方便生活、团结互助、公平合理的原则,正确处理相邻关系。"但随着现代生活的复杂化,违反相邻关系的不正当行为层出不穷,如相邻私家车位之间,立法无法全部罗列。因而,未来司法解释中可以考虑增加相邻关系中的信用义务。

(二)合同制度

在合同法领域,诚信原则要求当事人严格遵守体现了伦理道德要求的诚实、守信、善意等规则,从而保障合同义务的正确适当履行。现代合同法的发展趋势之一就是在合同当事人约定的内容之外,产生了附随义务。附随义务主要是依据诚信原则而产生的。它通常是指合同当事人应当依据诚信原则对相对人负有保护、照顾、保密、通知、协助等义务。在履行合同的过程中,合同当事人不能辜负另一方对履约的期待。无论当事人是否约定,附随义务都自动成为合同的内容,在违反附随义务的情况下,当事人也要承担违约责任。离开诚信原则的要求,一切合同关系的订立、履行和达到缔约人的目的均无从谈起。①

① 参见郑强:《合同法诚实信用原则研究:帝王条款的法理阐释》,法律出版社2000年版,第140页。

第一,缔约过失责任。我国《民法典》第500条沿用了原《合同法》第42条之规定,明确了缔约过失责任;但现行规定还较为抽象和宽泛,不利于司法实践中的具体适用,有可能使受害人的利益得不到救济。可以考虑从以下几个方面予以完善:其一,应对先合同义务的概念、基本内容及时间界点作出明确规定。其二,应对信赖利益赔偿范围予以明确。针对原来《合同法》第43条关于保密义务的规定仅限于商业秘密,范围过窄,《民法典》第501条作了进一步完善,规定"当事人在订立合同过程中知悉的商业秘密或者其他应当保密的信息,无论合同是否成立,不得泄露或者不正当地使用;泄露、不正当地使用该商业秘密或者信息,造成对方损失的,应当承担赔偿责任"。这一规定将保密义务的范围进行了进一步延伸。

第二,扩张合同义务。虽然我国《民法典》对合同义务进行了扩张,完善了法律和合同配置当事人权利和义务的结构和机制;但关于从给付义务、附随义务、后合同义务的具体内容、法律效力、责任形式、归责原则等缺乏详尽的规范,导致司法适用模糊不清。一般认为,违反主给付义务,可发生解除权;而违反从给付义务的场合,守约方原则上不得解除合同。但是,当违反从给付义务给相对人造成重大损失或不能实现合同目的时,相对人应当可解除合同,对此,《民法典》中并未予以明确规定。因此,有必要提高附随义务和从给付义务的法律地位,保障当事人利益的全面实现。

第三,确立情事变更原则。情事变更原则目的在于消除合同履行中无法预测的情事变更造成的不公平结果,维持了契约当事人利益的平衡。我国《民法典》为了应对新冠肺炎疫情对合同领域的挑战,借鉴吸收了最高人民法院《关于适用〈中华人民共和国合同法〉若干问题的解释(二)》第26条关于情事变更原则的规定,其第533条正式确立了情事变更的法律效力[①],使该原则可以在司法实践中名正言顺地发挥其"利益均衡"的调节作用,将其与正常商业风险和不可抗力相区分。

五、强化惩罚性赔偿对个人恶意失信行为的惩戒

康德认为:"责任是一切道德的源泉,只有出于责任的行为才具有道德的价值。"[②]在其责任观念中,已经把诚信的某些本质要求具体化为人们的道德义务以及由此引申而来的社会责任。任何义务,当其被义务人违反时,该义务人便成为责任人,就必须承担由此而带来的责任后果。失信惩罚机制是现代诚信原则的有力保障,通过完善的失信惩罚机制进一步巩固诚信原则的落实。当人们意识到遵循诚信能够获得更多的利益时会选择诚信。反之,人们会置若罔闻。[③] 因此构建社会诚信体系必须建立完善的失信惩罚机制,提高失信成本,明确"失信预期"。在市场经济条件下,每个"理性人"都追求自身利益最大化。我国社会信用体系建设面临的最大问题在于没有形成完备的信用制度体系,导致对失信行为的惩戒机制落不到实处。虽然对企业失信具有相应的行政处罚措施,但针对个人失信主要停留在道义谴责层面,缺乏严厉惩戒手段。缺乏健全有效的制度约束,"失信预期"就可能成为最符合自身

---

① 我国《民法典》第533条规定:"合同成立后,合同的基础条件发生了当事人在订立合同时无法预见的、不属于商业风险的重大变化,继续履行合同对于当事人一方明显不公平的,受不利影响的当事人可以与对方重新协商;在合理期限内协商不成的,当事人可以请求人民法院或者仲裁机构变更或者解除合同。人民法院或者仲裁机构应当结合案件的实际情况,根据公平原则变更或者解除合同。"

② [德]康德:《道德形而上学原理》,苗力田译,上海人民出版社1986年版,第49页。

③ 参见王小锡主编:《社会主义核心价值观研究丛书:诚信篇》,江苏人民出版社2015年版,第272页。

利益最大化原则的“理性”选择。① 某一个个体也就完全可能通过失信行为损害其他个人利益或公共利益来实现自身利益的最大化。如果每个个体都以失信行为来追求自身利益最大化,最终必然导致社会经济运行成本上升,个人利益和公共利益都会受到损害。因此,当务之急是强化对个人失信行为的惩戒力度,积极利用惩罚性赔偿加大失信成本,使当事人明确失信预期。

关于惩罚性赔偿的概念,《布莱克法律词典》解释为,当被告的行为是恶意、欺诈时,判处其承担超过实际损害的部分。②《元照英美法词典》将其作为损害赔偿金的一种,与补偿性损害赔偿金相对,目的在于对被告施以惩罚,以阻止其重复实施恶意行为。单纯的过失(negligence)不能导致惩罚性损害赔偿。③《侵权法第二次重述》对“惩罚性损害赔偿金”的界定为:“赔偿性损害赔偿金或名义性损害赔偿金之外用以惩罚作出过分行为的人并警告将来可能作出此种类似行为的人的一种金钱性损害赔偿金。”王利明教授指出,惩罚性赔偿责任具有遏制违法的功能,这种功能“形成了对受害人的利益刺激机制”④,其本质是加害人因侵害被害人的权利或法益而应承担的加重性损害赔偿责任。

惩罚性赔偿另一突出作用在于刺激受害人主张权利,制裁侵权行为人。尤其对故意或恶意侵权行为的制裁具有明显的效果,有利于恢复侵权法应有的惩罚功能。⑤ 惩罚性赔偿作为一种有效的失信惩罚手

---

① 参见唐德鑫:《刍议社会信用体系建设中失信惩戒机制的构建》,载《征信》2012 年第 6 期。

② See Henry Campbell Black, M. A., *Black's Law Dictionary*, 5th ed., West Publishing Co., 1979, p. 418.

③ 参见薛波主编:《元照英美法词典》,法律出版社 2003 年版,第 1120 页。

④ 王利明:《美国惩罚性赔偿制度研究》,载《比较法研究》2003 年第 5 期。

⑤ 参见艾茜:《个人征信法律制度研究》,法律出版社 2008 年版,第 216 页。

段,在民事责任领域具有广泛的适用空间。我国原来的《侵权责任法》和现行的《产品质量法》《食品安全法》《商标法》等规定在特定的情形下适用惩罚性赔偿,致使实践中大量的恶意失信行为没有得到的有效的惩治。值得庆幸的是,我国《民法典》第 179 条第 2 款规定:“法律规定惩罚性赔偿的,依照其规定。”虽然该条将惩罚性赔偿限定在法律特别规定情形下,但该条意味着我国《民法典》对惩罚性赔偿的肯认,为进一步扩张和强化惩罚性赔偿留下较大立法空间,可谓我国民事责任领域的重大创新。更为重要的是,在《民法典》侵权责任编中进一步明确在产品责任、知识产权侵权和污染环境和破坏生态侵权中可适用惩罚性赔偿,侧重对恶意失信行为和侵权行为的惩戒,加大失信者的违约成本。

第五章　调整契合：个人征信与个人信用民法调整相协调

法律本身并不是一种纯粹的价值，而是一个旨在实现某些价值的规范体系。[①] 现代社会的法律已经成为一个动态的规范体系，私法和公法之间已经出现越来越多的互动与融合，"私法社会化"[②]"公法社会化"现象同时出现，以此适应现代社会的要求。这种变化不能仅仅从法律的技术层面来理解，而应从法律的实质即价值层面来认识，其原因在于法律本位社会化，

---

① 参见[美]E. 博登海默：《法理学：法律哲学与法律方法》，邓正来译，中国政法大学出版社2004年版，第214页。

② 林纪东先生认为："由尊重个人本位之法律，至尊重社会本位之法律社会化现象，为20世纪法律之主流，所有法律，直接间接均受其影响。"参见林纪东：《行政法》，台北，三民书局1990年版，第18页。私法社会化是法律社会化的重要表现形态。梁慧星教授认为，近代民法的物质基础是19世纪的社会经济生活，而现代民法的物质基础是20世纪的社会经济生活。近代民法的理念为形式正义，价值取向为社会安定性，模式为抽象的人格、财产所有权的保护绝对化、私法自治、自己责任。现代民法的理念为实质正义，价值取向为社会妥当性，模式为具体的人格、财产所有权的限制、对私法自治和契约自由的限制、社会责任。参见梁慧星主编：《从近代民法到现代民法》，中国政法大学出版社2000年版，第171～182页。

即“法律的立足点和价值取向从个人本位向社会本位转变的一个过程,一种趋势”。[①] 在民法典中规定体现社会化要求的原则性条款,首先便是关于诚信原则的规定。[②] 诚信原则是建立个人信用体系的私法基础。但个人信用体系中的多重法律关系决定了其制度建设不可能通过一部法律来完成;而应当需要公法与私法[③]共同调整和相互配合,才能形成制度合力,推动诚信社会的构建。

第一节 个人征信与个人信用民法调整的互动

一、个人征信与个人信用

(一)个人征信的内涵解读

征信建设是社会信用体系建设的重要内容和核心环节。预测一个人未来行为的最好方法是了解其过去行为轨迹。为了有效预防和减少市场上的“逆向选择”与“道德风险”,降低交易成本,推动市场经济秩序的健康发展,征信业应运而生。“征信”一词的英文是“credit investigation”或“credit checking”;《左传》曰,“君子之言,信而有征”。[④] 简言之,征信即指信用信息的征集。个人征信是指征信机构依法对个

① 郭榛树:《法律社会化问题导论》,宁夏人民出版社2006年版,第33页。

② 参见赵红梅:《私法与社会法:第三法域之社会法基本理论范式》,中国政法大学出版社2009年版,第35页。

③ 这里的私法主要是从民法角度而言的。严格意义上讲,现代私法包括民法和商法:民法为私法之基本法,商法是民法的特别法。但从学术研究而言,在民商合一的国家,民法正在变为私法的同义语。参见[美]约翰·亨利·梅利曼:《大陆法系》(第2版),顾培东、禄正平译,法律出版社2004年版,第72页。

④ “征信”一词由来已久,是指专业机构从事的信用调查活动。

人信用信息进行收集、分析、利用、提供、维护和管理的活动。客观而言，个人征信本身是一把“双刃剑”：在其为市场交易提供便利和降低交易成本的同时，也带来个人信用信息泄露和滥用的巨大风险，造成对个人权益损害的可能性，需要法律制度对之加以规制，使之规范运行。个人征信制度是指征信机构在对个人信用信息的收集、分析、加工、提供、维护和管理活动中所必须遵循的规范或准则，主要包括个人信用登记制度、个人信用评估制度、个人信用查询使用制度等一系列相应的制度。征信机构对消费者进行个人信用调查时，一般将调查项目分为两类：一般性项目和特定项目。重点从涉及消费者个人信用的个人品行(character)、能力(capacity)、资本(capital)、条件(condition)等多个方面考察①，有的将抵押担保(collateral)和常识(commonsense)列入授信条件，而取代“条件”一项。由于上述项目的英文均以英文字母C开头，故而将该项目称为信用调查与信用分析4C或5C。

个人征信是个人信用体系的重要组成部分，是解决个人信用交易中信息不对称问题的重要机制。在西方发达国家，个人信用征信立法体系已经比较完善，高度发达的征信体系无论是对个人隐私利益的保护还是对国家经济的持续增长和繁荣都发挥了重要作用。相对而言，我国虽然在个人征信制度建设方面取得了明显的进步，但相关的法律

① 就消费者个人信用调查而言，其调查的主要内容包括：(1)个人品行。一个人的品行需通过其行为轨迹进行间接评估。如通过其个人生活是否有不良嗜好或朋友对其的评价来判断，也可以通过职业道德、还债习惯、是否向保险公司提出不合理索赔、无故退货等多方面进行评估。一个品行端正、守法负责的人往往会信守承诺，积极履行约定义务。因此，一个人的品行是衡量其信用可靠性与履约意愿的主要判断要素。(2)能力。这里的能力主要是指消费者是否具有偿还债务的能力。消费者不但要有积极的偿债意愿，更要有偿债能力。消费者的职业与收入是衡量其偿债能力的主要指标。除了消费者的收入之外，其个人的开支状况与消费习惯对信用的评估也有影响。(3)资本。具体是指消费者能够可支配的财产数量与规模。该项资本既包括有形的，如银行存款、房地产、股票、债券等；也包括无形的，如其拥有的知识产权等。(4)条件。这里的条件具体是指消费者的年龄、教育程度、专业技能等。(5)抵押担保。这里指的是消费者的抵押担保能力。当其不能清偿债务时，可以以哪些财产进行抵押，可以是动产和不动产。

法规仍不健全,尚未形成完整的体系,在征信、评级与服务过程中难以保障各方当事人的合法权益,严重制约个人信用体系的构建和发展。

(二)个人征信与个人信用之关系

对个人信用的评价离不开个人征信的专业性服务基础,个人征信与个人信用有非常紧密的联系。首先,个人信用概念的确立是个人征信活动产生的前提。个人征信是随着个人信用经济的发展而产生的,可以降低信用交易风险和交易成本。其次,个人信用利益是个人征信活动内涵的真实体现,个人征信的核心内容实际上是对自然人的经济能力和未来履约意愿的客观评价和预测。最后,个人信用信息公开是个人征信活动追求的目标。征信的基本功能在于减少信用交易中的信息不对称所带来的信用风险。在解决信息不对称问题的同时,个人征信将成为一种威慑力量。对于守信者而言,个人征信体系是一个“保护神”;对于失信者而言,个人征信体系是一把“利剑”。在完备的个人征信体系下,失信者对抗的不仅仅是交易相对人,而是整个社会;整个社会都会对之采取惩戒措施,使之丧失交易机会和信任。因此,完善的个人征信体系有利于建立人与人之间的相互信任,扩大个人信用消费和提升社会整体道德水平。

二、个人征信与个人信用民法调整的互动机制

(一)个人信用民法调整为个人征信运行提供基础和前提

法律体系中的任何部分存在的目的都是形成良好的法治秩序。社会信用法律制度主要由两部分组成:一部分是国家行政机构对社会信用的管理法律制度,这归属于行政法范畴;一部分是调整平等主体之间信用信息的采集、分析、整理、交易、服务的法律制度,这属于民法范畴。

民法是人们进行民商事活动和处理民商事关系的基本法律规范和行为准则，构成社会信用体系建设的基础性法律。民法作为维护市民社会秩序的基本手段，其在法治发展中的作用永远都是基础性的。[①] 只有确立了个人信用权利与信用义务，才能通过失信责任制度对个人信用进行规范、调整和保护，也才能为个人征信制度提供基本的规范依据，从而完善信用法律制度，而这正是改变我国目前信用状况的必由之路。建立个人征信体系的两大基础，一是征信机构能够通过各种合法渠道获得自然人真实完整的信用记录，建立数据库；二是信用信息记录能够被客观评价并合法地向特定人提供。为了促进个人征信体系的建立，民事立法更多地通过强制性规范来依法保障征信机构获得信用信息的渠道，保障信用信息的公开。个人征信服务在我国个人信用体系建设中发挥着极为重要的作用，它能够解决信用交易过程中的信息不对称问题，并对被征信人形成长效约束与激励机制，对诚信者予以激励，对失信者给予惩戒。

产权与信息是信用交易的核心问题。信用交易无非是产权或信息的交易。征信活动通过对个人信用信息的利用，有利于减少信用消费者利用信用的成本，但也可能因为个人信息被不恰当地收集或不负责任地随意泄露公开等而造成对个人权益的损害。从个人征信法律制度构建角度而言，应坚持从规范征信行为和保护个人民事权益两个重点出发，建立和完善包括个人征信行为规制与个人失信惩戒规则、监督管理规则与个人信用权益保护规则等有机结合的个人征信法律制度。在立法技术层面，应以“社会信用法”制定为契机，对个人信用活动的专门领域以及个人信用管理如征信活动和征信数据使用、开放与

---

① 参见武建敏、张振国：《当代法治视域下的民法实现》，中国检察出版社 2006 年版，第 284 页。

共享等予以规制,进而形成完备的个人信用制度。如果我们将个人信用体系看成一个由不同的信用关系所构成的有机整体,那么,在对个人信用调整过程中就要让相关各项法律制度进行衔接,使各相关法律制度实现整合,形成系统的个人信用调控格局,实现法律体系功能的效率最大化。当通过体系化信用规范的实施,使人们将个人信用内化为人们的一种信念而转化成为自觉行动的时候,个人信用法治的目的才能得以实现。

现代社会本身就是一个以市场经济为基础的市民社会。个人信用市场交易关系成为民法调整的主要对象和主要内容,这决定了民法必然是调整市场经济的基本法。社会是由人构成的,市场信用交易归根结底是人与人的信用交易,因此,个人信用问题当然归属于民法调整范畴。市场经济的发展依赖于公法与私法在内的整个法律体系的调整,个人征信本质上是从公法角度按照市场化运作为市场经济的发展提供服务,而民法则为市场经济的发展提供基本的私法保障。一般而言,发展市场经济需从法律上确认三个基本要素:主体、权利和交易规则。民事主体制度确认和规范市场主体,赋予各类民事主体独立的法律人格;民法的财产权制度确认和保护民事主体的财产权利,使主体能以自己的财产进行市场交易活动;民事法律行为制度、合同制度等规范民事主体的行为和交易规则,使主体得以公平、正当地进行竞争,安全有序地进行交易。可见,个人征信活动的开展有赖于民法对信用信息范围、信用权益界定、失信行为标准等问题予以规范。另外,征信机构本身即为民事主体的一类,其成立和运行都需要依据民法规范为其提供活动规则和权利保障。因此,离开了民法的个人信用调整规范和基本制度,个人征信体系将无从谈起。

(二)完善个人征信制度有利于增进民法调整个人信用的实效

1. 个人信用报告制度

按照信息主体不同,信用报告可分为个人信用报告和企业信用报告。个人信用报告是个人征信系统提供的最基础产品,[①]已成为个人参与市场经济活动的“经济身份证”。其价值在于能够反映信息主体的信用状况,为授信机构等产品使用者提供信息服务。根据使用对象的不同,个人征信系统提供不同版式的个人信用报告,包括自主查询版信用报告、银行查询版信用报告以及其他使用者查询版信用报告。2015 年,个人征信系统收录有 8.7 亿多自然人,其中 3.7 亿人有信贷记录。2019 年 5 月,新版个人征信报告正式上线,征信信息的时长及精细程度进一步得到提升。截至 2019 年 6 月 19 日,中国已建立全球规模最大的征信系统,征信系统累计收录 9.9 亿自然人、2591 万户企业和其他组织的有关信息,个人和企业信用报告日均查询量分别达 550 万次和 30 万次。2020 年 1 月 17 日,央行征信中心启动了二代征信系统切换上线工作,2020 年 1 月 19 日起,该征信中心面向社会公众和金融机构提供二代格式信用报告查询服务。

个人信用报告主要包含个人基本信息、信用交易信息、公共记录、查询记录以及异议标注与个人声明五个栏目的信用记录:(1)个人基本信息,主要用来帮助个人信用报告的使用者迅速了解自然人的身份及其基本情况。我国《民法典》第 1034 条规定:“个人信息是以电子或者其他方式记录的能够单独或者与其他信息结合识别特定自然人的各种信息,包括自然人的姓名、出生日期、身份证件号码、生物识别信息、住址、电话号码、电子邮箱、健康信息、行踪信息等。”明确了个人信息保护

① 参见高杰英主编:《信用评级理论与实务》,中国金融出版社 2016 年版,第 214 页。

的法定范围。其中,身份证件号码是最为重要的数据项,通过它可以对信息主体进行唯一标识和定位,为形成完整的信用报告奠定基础。(2)信用交易信息,主要包括个人银行贷款、信用卡、担保等信息。其中,历史还款记录显示出个人在某个时间段中管理账户和适用款项的情况,对反映个人消费习惯、消费能力和支付能力等极为重要。(3)公共记录,主要包含欠税、民事判决、行政处罚等记录,作为判断个人信用状况的辅助参考。(4)查询记录,即数据库系统根据信息主体被查询的情况而自动记录、生成数据信息,通常包括查询用户、查询原因、查询时间等。(5)异议标注与个人声明,即征信机构或数据报送机构对处于异议处理期的信息予以标注而产生的信息。征信机构或数据报送机构经过核查,仍然不能确认该项记录是否有误时,信息主体可以要求在个人信用报告中对有关异议信息添加一段个人声明。①

信用报告制度的引入最初是为了服务我国金融系统的信贷安全,现已成为各个金融机构重要的基础设施之一。在个人征信体系建立之前,商业银行对个人客户在本行内的贷款情况是熟知的,但对客户的总体负债情况和在其他金融机构违约情况并不知晓,加上商业银行的竞争关系及相互交换信息的高昂成本,使部分不良客户充分利用银行的信息不对称,恶意从银行获得超量贷款,造成银行不良贷款率的提高。个人征信体系建立后,查询个人信用报告成为商业银行申请贷款的必备环节。中国人民银行公布的《个人信用信息基础数据库管理暂行办法》中规定,银行在受理个人贷款业务时,必须查询个人信用报告。据粗略估算,约10%的申请人由于个人信用报告存在不良信用记录,而被拒绝贷款。即使银行的初审通过,银行会依据个人信用报告载明的信息,以此判断个人的信用状况,对申请贷款的额度、信用卡额度大小、利

① 参见中国人民银行征信管理局编著:《现代征信学》,中国金融出版社2015年版,第93页。

率的高低等，给予每一位申请人一个“量体裁衣”的批准，申请者需求的满足与其信用报告中的信用高低呈正相关。同时，动态查询个人信用报告成为维护贷后关系非常有力的手段。在贷款期限内通过动态监控贷款人的个人信用报告的信息，适时评估贷款的潜在违约概率，确保银行贷款的安全。通过个人信用报告的查询，商业银行可以发现潜在的优质客户。从银行受理申请贷款的实践看，由于责任追究制度的存在，银行在对待个人信用报告中有不良信用记录的贷款人时，基本上是“一票否决”，且贷款人在所有的金融机构都是如此，因此对个人信用报告中有不良记录的贷款申请人有极大的威慑力。

从国外的经验来看，个人信用报告有非常广泛的用途，伴随一个人的一生，并对其生活的各个方面发挥重要的作用。目前，在我国个人征信体系发展过程中，个人信用报告发挥越来越大的作用，除了金融机构在受理贷款申请和信用卡申请时需查询个人信用报告外，在公务员录用和考核、证券交易、保险业务受理等诸多领域都开始注重对个人信用报告的查询。如有的保险经营机构在受理投保业务时，会查询个人信用报告，对信用状况良好的投保人，在保费方面给予优惠；对信用状况不好的投保人，特别是有严重违反交通规则、逃避债务、偷税漏税等不良记录的投保人提高其保费标准。个人和其他组织在开展信用交易和其他活动中，经过交易对手的许可，也可以查询使用征信机构提供的个人信用报告。特别是在对交易对象缺乏了解的情况下，查询和使用信用报告对判断对方的信用及是否有能力履约具有重要的作用。随着我国社会信用体系的逐步建立和完善，个人信用报告的使用领域将会不断拓展，深入经济社会生活的各个领域。

从个人信用报告的效用来看，其本身就是一种“失信惩戒机制”。如同价值规律性作用于市场经济，个人信用报告也是一只“看不见的手”,自发地发挥调节作用。[①] 个人信用报告促使被征信人珍视自己的信用记录,积极履行民事领域的信用义务,信守承诺;其结果是被征信人拥有了良好的信用记录,形成了良性循环,促进市场经济秩序的更好发展。值得注意的是,我国目前的个人信用报告记录信息还不够全面;随着个人信用报告制度的完善,个人信用报告将涵盖更多领域的信息,督促被征信人遵循诚信原则行使民事权利和履行民事义务,增强民法典对民商事法律关系调整的实效性。

2. 个人信用评估制度

个人信用评估是指征信机构采取科学的分析方法对采集的个人信用信息进行全面评判的活动。[②] 在现代社会,信用消费已成为市场交易的主流之一,自然人申领信用卡、分期付款、抵押贷款等都需要对其信用状况进行查询和评估。因此,个人信用评估是市场经济发展到一定阶段的产物,也是市场经济走向信用经济的必然要求。

目前,涉及个人不良信用记录的现象已存在于我国经济生活和社会生活的各个方面,如信用卡恶意透支、投机购房贷款、恶意助学贷款、恶意手机透支欠费等严重破坏了市场经济秩序。个人信用评估通过严格的评价标准和制度规则将道德评价上升为制度评价,对每个自然人形成外部拘束力,使被征信人的失信成本大于失信收益,从而使守信成为社会公众的自觉选择。近年来,我国的个人信用消费取得快速发展,但从总体上看,个人信用消费在我国社会消费中比重比较低,直接制约市场经济的发展。建立个人信用评估制度,对个人信用进行客观准确的评价和披露,有助于提高个人的守信水平和扩大信用消费。

个人信用评分或评级是个人信用评估的主要内容。征信机构在对

---

① 参见李晓安、阮俊杰:《信用规制论》,北京大学出版社 2004 年版,第 178 页。

② 参见高杰英主编:《信用评级理论与实务》,中国金融出版社 2016 年版,第 211 页。

消费者个人进行信用评级时,主要分析以下五个方面的因素:(1)支付历史;(2)欠款金额;(3)信用交易历史的长短;(4)新信用交易的发生情况;(5)信用交易数量。[①] 个人信用评级普遍采用个人信用评分法,即运用一定的公式和规制,评估客户的信用价值的方法。传统的信用评分模型就是将预先通过统计方法确定的权重分别乘以申请人主要信用特征指标的原始得分,由此产生一个信用分数。20 世纪 80 年代中后期,随着信用卡在我国的兴起,部分商业银行开始适用判断式评分;1999 年,中国建设银行济南分行率先出台《个人信用等级评定办法》,将个人信用分为 A、B、C、D 四个等级。但该模式由于信息采集的范围狭窄,不能全面真实反映个人信用状况。同时,多家银行为推广信用卡,采用模糊数学方法对申请人的基本情况、职业状况等与银行关系的 14 个因子计算信用评分,促使个人信用评分内容及方法的研发不断升级。近年来,随着计算机技术的发展,越来越多的计量方法和人工智能模型被应用到评分模型中。

值得注意的是,个人信用等级评估指标涉及标准化的问题,但我国还未出台统一的个人信用评级方法,各个金融机构评分标准和方法不统一。虽然个人信用评估正在逐步开展,但成效不太明显:一方面,各商业银行对个人信用的评估自我封闭,重复操作,相互之间难以衡量,各评估机构的评估结果有时差别较大,不利于同国际评估体系接轨;另一方面,个人信用评估指标体系的设计不够合理,过分注重职业、收入等静态资料,对个人的发展潜力等因素考虑不够,无法动态地、全面地反映个人信用状况。[②] 如某些信用评级机构制定的个人信用等级评定

---

① 参见高杰英主编:《信用评级理论与实务》,中国金融出版社 2016 年版,第 213 ~ 214 页。

② 参见王富全:《个人信用评估与声誉机制研究》,山东大学出版社 2010 年版,第 40 页。

办法在性别这一指标中，女性的信用评分为 2 分，而男性信用评分为 1 分，存在明显的性别歧视。总体来看，我国缺乏一整套科学完整的个人信用评估程序和评分模型，难以保证评估的公开化、标准化和公平性。[①] 因此，我国金融系统应尽快出台统一的个人信用评估标准和方法：不仅能使信用评估更为科学和合理，各金融机构可以相互认可，节约评估资源和成本；还应与国际个人信用评估体系相接轨，推动个人信用消费的国际化。

三、个人征信模式的选择

（一）国外个人征信模式比较考察

1. 市场主导型信用征信机构模式——以美国为代表

市场主导型信用征信机构模式以利益导向为核心，征信机构生死存亡完全取决于市场竞争，政府仅负责提供立法支持和监管。[②] 征信机构运作模式的选择，主要源于各国的历史背景与社会环境。在美国征信机构出现之前，个人信用信息主要通过商人自发组织而进行内部流转。随着信用经济的发展，逐渐演变为以营利为目的的专门信用报告机构。可以说，这些机构自成立初与政府并无直接联系。[③] 1970 年之前，美国征信业基本上处于市场自主发展的状态。20 世纪 90 年代中期以来，为了应对公众对于隐私在信息技术广泛应用下面临的挑战，相关部门多次修订法案，强化隐私权的保护，改善信用征信报告中信息的质量，强化了对征信业的法律规制。2003 年《公平与准确信用报告法》加

---

① 参见赵怀勇：《我国个人信用制度建设的现状、问题与政策建议》，载《经济研究参考》2002 年第 17 期。

② 参见姚佳：《个人金融信用征信的法律规制》，社会科学文献出版社 2012 年版，第 97 页。

③ 参见姚佳：《个人金融信用征信的法律规制》，社会科学文献出版社 2012 年版，第 97 页。

强了信息的安全性;限制在雇佣中使用信用报告;将医疗信息排除在信用报告之外。为了确保全国市场内征信信息的充分供给,限制州政府制定更加严格的保护隐私权的法律规制。美国金融隐私权立法的情况体现的特征为:(1)针对个人信用信息进行专门的立法;(2)隐私权的目的是保护公民的个人生活免受政府的干涉;(3)强调信贷市场中信用信息的分享的重要性;(4)主要依靠私营部门,政府不参与征信活动;(5)政府在征信监管中扮演有限的角色。目前,美国个人信用征信与风险评估产业非常发达,艾克非(Equifax)公司、环联(Trans Union)公司和益百利(Experian)公司三大个人征信机构提供的个人信用记录是个人信贷风险评估系统里最主要的部分。

2. 政府主导型征信系统模式——以欧盟为代表

政府主导型征信系统模式是以政府或中央银行、银行监管者为主导的征信系统模式。该模式以金融监管为主要目的,法律强制要求企业和个人向征信机构提供征信数据,并保证这些数据的真实性。[①] 该模式多以中央银行建立的银行信贷登记系统为基础,进而建立相应的征信管理体系,中央银行在征信活动实施、征信监管活动中扮演着重要的角色。[②] 比如,欧洲中央银行将欧洲的政府主导型信用调查机构定位于旨在为商业银行、中央银行和其他银行监督机构提供个人债务状况的信息系统。政府主导型征信系统的建立基本源于两点动因:一是公共征信系统常常是为弥补私营征信局的缺乏而建立,在市场自身未产生信息分享时,政府采取了主动;当然,这也根源于社会经济发展的需求,使国家主动承担起维护金融安全的责任。二是政府主导型征信系统在一定程度上更能保护信用交易主体的利益,一定范围内抑制潜在的道

① 参见姚佳:《个人金融信用征信的法律规制》,社会科学文献出版社 2012 年版,第 97 页。

② 参见李曙光:《中国征信体系框架与发展模式》,科学出版社 2006 年版,第 152 页。

德风险。[①] 同时,实行政府主导型征信系统的国家比较注重对征信业的监管以及对商业化信用征信机构行为的规制,以实现维护金融系统安全、保护消费者信息安全等价值目标,在某种意义上,对防范金融危机和信用风险起到了一定的作用。

3. 两种征信模式的比较分析

通过分析比较,两种征信模式在设立目的以及运作方式上存在重要区别。美国和欧盟对征信行业立法倾向不同。美国多以中性色彩的"信用"一词,而欧盟国家几乎都以"个人资料保护"或者"资料保护"这些带有明显个人权利保护色彩的词语为立法名称。美国注重征信业的发展,对征信业的限制较少。欧洲国家注重个人信息的保护,对征信机构设定较多的限制和义务,导致其征信行业的发展远远落后于美国。[②] 诚然,市场主导型的征信模式为征信市场的蓬勃发展创造了极其宽松的发展环境,但该模式需要以成熟的商业征信机构为基础,另外,其在金融风险防范能力、隐私权保护方面存在不足。相对而言,政府主导型征信模式注重对个人信息数据的保护,监管非常严格,致使商业征信机构发展的空间不足,在一定程度上限制了征信行业和信用经济的发展。这与征信业的社会本位理念相冲突。社会利益本位理念的精神仍然在于推动社会的进步与发展,任何直接或间接地损害社会利益、社会进步的制度或行为均是不可取的。[③] 可以看出,两种模式植根于不同的社会经济基础、历史背景及本土文化,各有优劣。因此,个人征信模式的选择只有与本国的社会体制和历史传统相契合,才能推动征信业的良性

---

① 参见[美]玛格里特·米勒编:《征信体系和国际经济》,王晓蕾、佟焱、穆长春译,中国金融出版社 2004 年版,第 69~70 页。

② 参见齐爱民:《社会诚信建设与个人权利维护之衡平——论征信体系建设中的个人信息保护》,载《现代法学》2007 年第 5 期。

③ 参见姚佳:《个人金融信用征信的法律规制》,社会科学文献出版社 2012 年版,第 103 页。

健康发展,有效服务于市场经济秩序,对本国经济发展发挥积极的推动作用。

(二)我国个人征信模式之选择

1.我国信用社会的来临:以百行征信有限公司成立为标志

互联网与信息科技的快速发展为互联网金融的迅猛发展奠定了技术前提和平台支持;但各个互联网金融服务机构均将自己拥有的自然人信息视为自己的核心资产,不愿与其他机构进行信息共享,导致个人过度借贷、多头恶意借贷、骗贷等信用风险行为不断涌现,直接制约了互联网金融与普惠金融的健康持续发展。在这种情况下,我国亟待构建互联网金融的个人信息共享平台与机制,化解“信息孤岛”的困局与缓解个人征信产品有效供给的不足。2018 年 1 月,中国人民银行公布了关于百行征信有限公司(筹)相关情况的公示。目前,国家正式受理“百行征信有限公司”的个人征信业务申请,意味着我们期盼已久的“信联”正式开始成立,中国的信用社会即将真正到来,信用将成为社会资源配置的新依据。

从百行征信有限公司的股东构成来看,由中国互联网金融协会和八家前期进行个人征信业务准备的机构共同发起设立,并且每个发起方都是市场化机构,都不绝对控股。这将有利于其保持独立性,对被征信人作出客观公正的评价,符合个人征信的基本要求。在公司治理结构方面,百行征信有限公司也严格遵循了市场化原则,召开股东大会设立了董事会、监事会。据了解,百行征信有限公司的个人信用信息以个人负债信息为主,以与负债密切相关的其他信息为辅。信息来源主要是网络小贷公司、网络借贷信息中介机构和消费金融公司等互联网金融从业机构掌握的个人负债信息以及其他市场主体掌握的个人负债信息等。此前,虽然有中国人民银行征信中心负责传统的个人征信工作,但互联网金融的快速发展对个人征信提出了更高要求。直到 2016 年 9 月，中国互联网金融协会组织建设的“互联网金融行业信用信息共享平台”正式开通。京东金融、分期乐等 17 家互联网金融企业首批签约《中国互联网金融协会互联网金融服务平台信用信息共享合作协议》，为我国“信联”的成立奠定了基础。

对于消费者而言，“百行征信”发挥了“守信激励，失信惩戒”的作用。在守信激励上，对信用良好的人，可以进行充分的服务，尤其是对于缺乏银行信贷记录的人群而言，如没有在银行办过贷款或者信用卡的客户，也能够将其纳入范围，给他们提供更好的征信服务，从而达到普惠金融的目的；而在失信惩戒上，则对于“老赖”人群能够发挥惩戒功能。当代社会，信用是人生最大的财富，一个人最大的破产即是信用破产。由于中国目前的个人征信系统还不够健全，不少人竟明目张胆地当“老赖”。2018 年 1 月，中国人民银行征信中心与“信联”平台实现数据互通，将让中国守信者畅通无阻，更将让失信的“老赖”无处遁形。①

① 目前，我国互联网金融在解决“老赖”的问题上积极探索，在贷前、贷中、贷后的全流程中初步形成了“央行征信”、“百行征信”和“互联网仲裁”三大系统有效配合之势。央行征信是指中国人民银行征信系统，是最权威的征信机构。央行征信系统一方面为商业银行、持牌消费金融公司等金融机构提供征信服务，同时，系统的主要信息也都来源于这些金融机构，收录的信息包括企业和个人的基本信息，在金融机构的借款、担保等信贷信息，以及企业主要财务指标。另外，诉讼成本较高、判决流程复杂冗长等一直是困扰互联网金融平台利用法律手段催收的一大屏障。而互联网仲裁的全部环节（立案申请、组庭、审理等）均在线上处理，无论当事人处于何处均可通过互联网在网络仲裁平台上进行答辩、举证、质证、辩论等行为，且互联网仲裁具有无地域管辖、一裁终局、不公开审理、批量裁决等优势，这都将大大缩减仲裁申请平台的时间、资金、人力及精力等各方面成本。互联网仲裁前提条件是纠纷主要在网络环境发生，而且发生过程中的相关证据如电子合同、资金流水等都能以电子化证据的方式存在，并在仲裁过程中予以采纳。可以说，这一要求刚好符合互联网金融的业务特性，同时，对互联网金融平台的合规性也起到了一定的约束作用。互联网仲裁作出的裁决书效力等同法院判决书，当机构、平台拿到具有法律效力的裁决书后，作为申请执行人可以向被执行人（借款人）住所地或财产所在地的中级人民法院申请强制执行。一旦被仲裁，失信人的个人信息将会由最高人民法院被执行人名单进行公开披露，届时无论是生活、征信和消费甚至出行都会受到极大的制约。互联网金融平台能否打好“央行征信 + 百行征信 + 互联网仲裁”的组合拳，对解决“老赖”问题至关重要。

按照中国官方征信系统统计，截至2019年6月，我国征信系统收录自然人9.93亿，其中有信贷记录的自然人为5.4亿，中国已建立全球规模最大的征信系统。①

2. 我国个人征信模式的选择

征信行业发展的关键在于，征信应遵循有限信息共享原则。从世界各国实践来看，征信产品作为“有条件的公共产品”，对准入门槛和标准必须采用严格要求。为了提高征信效率，降低征信和信息获取成本，避免形成“信息孤岛”，个人征信机构的数量不宜过多。在信用信息基础设施方面，我国是世界上独一无二建有两个公共征信系统的国家，两个系统分别是由中国人民银行征信中心负责运行的“金融信用信息基础数据库”和由国家公共信用信息中心负责建设的“全国信用信息共享平台”。前者提供履约类的经济信用信息，后者提供守法类的公共信用信息。从域外情况来看，对信用信息的管理并非公私截然分开，公私融合的特征非常显著。例如，德国、法国等欧洲国家的公共征信系统模式，就具有公法人主体管理市场信用信息的“公私融合性”特征。②

我国百行征信有限公司在中国人民银行指导下筹建与设立，其“唯一”且独立性身份，有助于解决互联网金融领域一直难以解决的信息分割问题，进而有效防范系统性金融风险。同时，有利于贯彻个人信息隐私权益保护原则，防止个人信息被过度采集、不当加工和非法使用，促进互联网金融行业的健康有序发展。从国家的社会信用体系的战略布局上来看，百行征信有限公司将与国家金融信用信息基础数据库形成

---

① 参见《我国征信系统收录9.9亿自然人，全球规模最大的征信系统》，载搜狐网，https://www.sohu.com/a/364982111_99937109，2021年1月16日访问。

② 参见王伟：《论社会信用法的立法模式选择》，载《中国法学》2021年第1期。

“错位发展、功能互补”的市场格局,能够切实提高个人征信服务的效率、全面性和准确度,使信用良好的个人信息主体能够获得较优惠的利率、较快的融资等各种便利。

个人征信模式的选择必须处理好个人征信业发展和个人信息权益保护之间的利益平衡,同时要密切结合本国的国情和社会环境。在征信市场建构与运作的过程中,国家宏观调控与市场规制二者耦合互动之特点非常突出,并且此耦合理念也将更好地指导征信市场发展。① 目前,我国绝大多数居民能够提供的信息资料主要有身份信息、户籍信息和个人财产证明,可以初步反映其“经济能力”;但反映“履约意愿”的原始数据信息基本上掌控在公安、工商、税务等政府部门手中以及银行、公用事业单位、通信、保险、大型网络公司等非政府机构手中,信用信息的收集处于分散状态。一方面,大量个人信用信息资源被闲置浪费;另一方面,授信机构、交易相对人、中介机构需要个人信用信息却无处可寻。现行条块分割的信息管理体系和机制导致上述部门和机构的个人信用数据档案系统相互封闭,无法实现共享互通,个人征信机构在个人信用数据的采集上受到种种条件阻碍和制度束缚。② 金融信用是个人信用的最直接表现形式。由于金融系统是个人信用信息的主要提供者,我国长期以来由中国人民银行负责对征信中心和金融行业进行监管,而我国商业服务的个人征信机构还处于起步阶段,各项运行机制还未真正建立。百行征信有限公司作为我国互联网个人征信的新模式为我国个人征信体系的发展提供了新尝试。故而,笔者认为,我国现阶段个人征信应积极融合传统个人征信和互联网个人征信两种方式的优势,通过政府推动和市场拉动两个方

---

① 参见徐孟洲:《论市场机制与宏观调控的经济法耦合》,载《法学家》1996 年第 2 期。

② 参见艾茜:《个人征信法律制度研究》,法律出版社 2008 年版,第 118 页。

面形成合力共同发挥作用,在个人征信模式选择上应采用以政府征信为主导、市场征信和社会征信相结合的多元征信模式。具体而言,由政府主导建立统一的个人信用信息基础数据库,提供基本的个人征信产品;同时,将数据库中的个人信用数据授权符合资质的个人征信服务机构在法定范围内合理使用,由其建立模型对统一数据库获取的和自身依法采集的个人信用数据加工处理,满足市场的多元化需求。不同行业领域也可在全国统一个人信用信息基础数据库基础上结合本行业内部收集的相关个人信用信息强化对本行业从业人员的职业信用的监管。未来,随着我国征信市场化机制日益规范和成熟,应转变为采用以市场征信为主导、以政府征信和其他社会征信为辅的个人征信模式。

个人信用制度作为市场经济中的一项基本制度,如果运行得好,能够使我们的生活更方便。信息安全是近年来监管部门的着力点之一,无论是《征信业管理条例》还是《网络安全法》,个人信息保护都是其中重要的内容。据了解,在隐私保护方面,拥有官方背景的“百行征信”将严格按照相关法律法规,坚持“最低、适用”原则采集个人信用信息,要求采集个人信息必须获得个人信息主体授权,禁止一次授权反复使用。另外,个人信用信息将主要应用于借贷等经济交易场景,而不得将个人信用信息用于社交、婚恋等与借贷活动无关的场景。

第二节　个人征信与个人信用民法调整的契合

一、立足于民法规范完善个人征信立法

社会信用体系建设的关键是规范信用信息的收集和使用,主要通过两个方面来实现:一是规范政务信息的公开与不能公开信息的内部

互联共享;二是建立健全征信系统,发展征信,提供专业化的信用信息服务。个人征信体系运行的本质就是个人信用信息经个人征信机构收集、加工后,较为科学地呈现相关当事人以往的信用状况,并可以对今后的信用状况予以预测。[①]

完善的个人信用立法体系是个人信用制度健康发展的法律保障,是对民法个人信用调整的特别适用和补充,为个人征信在实践环节的实施提供技术上的规范。针对个人信用问题,我国《民法典》等法律法规中明确了民事活动与交易活动中必须遵循诚实信用原则;在《反不正当竞争法》《担保法》《消费者权益保护法》《刑法》等法律和法规中有关于信用、欺诈方面的原则性规定或个别性规定。其中,有些规定比较原则、笼统,覆盖面小,可操作性不强,对违背信用的行为,不但定义不够准确、完整,而且处罚条款弹性太大、漏洞较多。现有的规定和原则,只能对部分信用行为和信用关系维持提供保障,而不可能涵盖所有的失信行为,需要个人征信立法予以配合和弥补。2013 年出台的《征信业管理条例》虽然对从信息的采集范围、采集方式、使用方式,到保存期限等整个征信业务流程都作出了规定,但《征信业管理条例》仅是一个宏观层面的行政法规,与个人征信体系配套的法律制度严重滞后,不能完全适应我国市场经济的发展要求。2021 年 8 月颁布的《个人信息保护法》第 73 条第 2 项规定:“自动化决策,是指通过计算机程序自动分析、评估个人的行为习惯、兴趣爱好或者经济、健康、信用状况等,并进行决策的活动。”可见,我国个人信息保护法已将个人信用信息纳入法律保护范围。为了使个人及家庭的收入状况透明,将来条件成熟时可以考虑制定与个人征信体系相配套的个人破产制度、个人账户制度、个人财产

① 参见张鹏:《论敏感个人信息在个人征信中的运用》,载《苏州大学学报(哲学社会科学版)》2012 年第 6 期。

申报制度。

在两大法系法律传统中，对于信用权的保护有“民法典保护模式”和“单行法保护模式”之分。[①] 为了更好地保护个人信用权，尤其是为适应个人征信体系的特定背景，必须对个人征信体系下的个人信用权问题设置一些特殊的规则。为了保证民法典内容的一般性和整体性，在民法典中规定民事主体信用权益一般规则的同时，将个人征信体系下的个人信用权益特殊规则规定于社会信用单行法律中。这种立法例的意义在于：一方面，个人信用权作为一种新型人格利益是基于社会现实的需要，必须以基本法律的形式予以承认，对其基本规则予以明确规定，提供一个基本的保护模型；另一方面，鉴于我国个人信用体系的逐步建立和完善，侵害个人信用权更多是发生在个人征信过程中，其和个人征信机构的设置、运行以及个人信用信息的收集、整理、传播等具有密不可分的关系。在此过程中所发生的侵犯个人信用权益的问题是个人征信体系运行过程中发生的问题，和个人征信体系有着最直接的关系，权利内容、侵害表现、损害后果、过错认定等均无法离开个人征信这一大背景。但是，在个人征信中个人信用信息的收集、整理、评价等环节的立法包含更多的技术性和管理性规范，个人征信体系内容庞杂、自成体系，显然无法整体规定在民法典之中，必须予以单独立法。[②] 因此，个人征信体系中个人信用权的诸多特殊问题，应置于个人征信单行法中并予以列明。鉴于此，民法典中关于民事主体信用权益的一般规定和个人征信单行法中个人信用权的特殊规定将形成一般法规范与特别法规范的关系，即个人信用权问题一般适用《民法典》中人格权编相关规定；而有关个人征信下个人信用权的一系列问

---

① 参见赵万一、胡大武：《信用权保护立法研究》，载《现代法学》2008 年第 2 期。

② 参见张鹏：《个人征信语境下的信用权问题》，载《浙江工商大学学报》2014 年第 1 期。

题，如权利内容、损害后果、过错责任认定等，则应当适用个人征信单行法律法规。

在我国个人信用体系逐步完善之后，市场主体将越来越依赖个人征信产品作为其经营决策的参考依据。这个过程对自然人而言存在一种风险，即其个人信用能否获得征信机构公正、客观的评价；倘若由于征信机构的违法失当行为而使信息主体无法得到公正、客观的评价，那么，信息主体受到的不仅是人格利益的伤害，还有财产利益的损失。在未来社会信用立法过程中，应制定和完善相应的侵权责任以规制征信机构或信息使用者因故意或过失行为给个人信用带来的侵害；同时应考虑到个人信息所有者相对处于弱势地位，在对损害的赔偿救济举证上存有困难等问题，实行举证责任倒置，由征信机构或信息使用者举证其不存在故意或过失，否则就推定其需承担损害赔偿责任。同时，规定征信机构对其所采集信息的安全保障义务，即信息的保密义务和安全维护义务。在网络普及化的信息社会，信息泄露所造成的严重后果是不可逆的，因此应加重征信机构的安全保障义务，加强管理和技术更新以防止征信机构所采集的信息被泄露或盗取，从而维护信息主体的信息利益。

二、明确个人信用信息采集范围与程序规则

综观西方发达国家的征信立法，其均结合本国的国情和实践制定了专门个人信息保护法或隐私保护法。随着信息技术的快速发展，大数据和云计算等新兴技术构成了当今的信息社会中对个人信息安全和隐私保护的最大威胁。信用市场的建立和完善是深化市场经济体制发展的必要前提，而加强对个人信息和隐私等基本权利和自由的保护又成为社会信用体系建设和扩大信用服务市场的基本前提。《征信业管理条例》的出台吹响了发展信用市场和行业的号角，《法治社

会建设实施纲要(2020—2025年)》为我国推进诚信社会建设指明了前进方向。其中,加快推进社会信用体系建设、以提高全社会诚信意识和信用水平,完善诚信建设长效机制并健全覆盖全社会的征信体系、以建立完善失信惩戒制度,以及推动出台信用方面的法律成为实施纲要的重要方面。

为了规范个人信用信息等信息处理,我国《个人信息保护法》第24条规定,个人信息处理者利用个人信息进行自动化决策,应当保证决策的透明度和结果公平、公正,不得对个人在交易价格等交易条件上实行不合理的差别待遇。通过自动化决策方式作出对个人权益有重大影响的决定,个人有权要求个人信息处理者予以说明,并有权拒绝个人信息处理者仅通过自动化决策的方式作出决定。同时,其第55条规定:"有下列情形之一的,个人信息处理者应当事前进行个人信息保护影响评估,并对处理情况进行记录:(一)处理敏感个人信息;(二)利用个人信息进行自动化决策;(三)委托处理个人信息、向其他个人信息处理者提供个人信息、公开个人信息;(四)向境外提供个人信息;(五)其他对个人权益有重大影响的个人信息处理活动。"另外。在个人信息权益保护方面,《个人信息保护法》不仅赋予个人查询权、更正权、删除权、自动化决策的解释权和拒绝权以及有条件的可携带权等"具体权利",而且赋予了"个人对其个人信息处理的知情权、决定权,限制或者拒绝他人对其个人信息进行处理"的"抽象权利",形成法定性和开放性兼备的个人信息权益体系。学者郑成思认为,确立个人信息安全的法律地位,明确个人对自身信息的合法权利并对第三方收集和使用这些个人信息进行规范和限制,正是建立健全个人信用制度的重要前提。[①]《个人信息保护法》是一部保护个人信息的专门法律,自然人的权利保护是该法的核

① 参见郑成思:《信用制度与个人信息保护立法》,载《人民司法》2002年第3期。

心问题。[①] 如何实现个人信用信息利用和个人信息权利保护之间的利益平衡是《个人信息保护法》和个人征信立法中不可回避的问题。关于征信的信息采集范围,立法应重点从以下几个方面规定:

首先,立法应明确规定个人征信的信息范围。随着信息技术和市场体制不断发展,信用信息的范围也在逐步扩大;但是这种扩大不是无限制的,需要在保护自然人民事权利与促进个人征信业发展之间寻求一个最佳契合点。因此,结合我国的现实状况,应将可采集的信息限制在个人身份识别信息、信用信息、与信用有关的公共信息及就业情况信息四大项目:(1)个人身份识别信息,包括姓名、身份证号码、性别、出生日期等表明个人一般社会身份的基本信息;(2)个人与商业机构发生信用交易行为的记录,包括各种贷款、信用卡以及日常生活中支付水费、电费、煤气费和电话费等记录;(3)与信用有关的公共信息,如破产、欠税、税收留置、法院判决、交通违章等信息;(4)就业情况信息,指个人就业的基本信息以及职业变动的情况。

其次,立法应列明禁止采集和使用敏感个人信息。我国《征信业管理条例》第14条第1款规定:禁止征信机构采集个人的宗教信仰、基因、指纹、血型、疾病和病史信息以及法律、行政法规规定的禁止采集的其他个人信息。该规定为一种兜底性规定。此兜底性规定的实际意义究竟有多大,值得商榷。这一规定方式可能产生不良的影响,致使禁止采集的个人信息范围规定得广泛而模糊,而且必将导致征信机构在征信活动以及对外提供个人信用报告时,受制于该规定的狭隘规范,无法自由运用各种必需的个人信息,而处于一种违法风险的境地,直接后果是在个人信用状况的预测方面产生欠缺进而使预测结果不准确。因

① 参见齐爱民:《拯救信息社会中的人格:个人信息保护法总论》,北京大学出版社2009年版,第249页。

此，立法应当明确具体地列举征信机构禁止使用的敏感个人信息的种类，除此之外的其他个人信息应当概括地允许征信机构收集和传播。这样就便于征信机构在开展个人征信活动时具有明确的行为界限，从而更好地开展个人征信服务活动。

最后，应确立“目的正当原则”，即要求征信机构和信用信息使用者采集有关个人信用信息时，必须满足正当性的要求。[①] “正当性”不仅包括应该满足合法原则，而且应该满足民法确立的善良风俗原则。[②] 为此应将这种合法正当目的范围进行详细的列举，以使征信机构和信用信息使用者有一个明确的信息使用预期，亦可防止两者合谋共同侵害信息主体的隐私利益。

关于个人信用信息采集程序规则也是个人征信立法中必须考量的关键问题，直接关系到个人征信机构运行成本的高低。西方发达国家主要采用两种规则：一是“选出”（opt out），是指在不需要消费者授权的情况下，征信机构可以使用个人的信用信息，并用于商业化操作，如邮寄广告、电话推销、市场调查等。反之，如消费者不指定其个人信用信息不得用于商业化用途，征信局将视其为“自行选进”机制操作。二是“选进”（opt in）机制的设立，是出于对个人信息的保护。“选进”在未得到个人明确授权前，征信机构不得擅自将个人信用信息用于现行法律规定外的任何用途。[③] 这两种规则本质上是个人信用信息同意规则的运用。

信息主体同意是个人信息权的核心，是最能够体现个人价值的原

---

① 这种“正当性”源自《欧盟指令》第 6 条明文规定，该条用的词语是“legitimate”（正当）而非“lawful”（合法），即“正当”不仅符合法律规定的内涵，而且还包含了善良风俗原则的内容。

② 参见齐爱民：《拯救信息社会中的人格：个人信息保护法总论》，北京大学出版社 2009 年版，第 256 页。

③ See Michael F. McEneney, Karl F. Kaufmann, *Fair Credit Reporting Act Developments*, The Business Lawyer, Vol. 59 (2004).

则。信用信息主体同意是对信息进行收集、处理和使用的基础。为实现征信业发展和个人信息保护之间的利益衡平,可将信息主体的同意权区分为两个阶段:采集阶段和使用(披露)阶段,在不同的阶段使用有区别的同意原则。我国可以借鉴英国《数据保护法》的规定,信息的采集不必征求信息主体的书面同意,采取"知情同意"原则。征信机构在采集信息时应当将信息的内容、收集的目的、信息的来源通知信息主体,当事人在知情后的合理期限内没有异议,则视为同意。在信息的使用或披露阶段,可以采取"明确同意"原则:征信机构合法提供信用报告或信用数据必须经过信用信息主体授权,即取得信息主体的书面同意并约定用途。这也是各个国家比较通行的做法。因而,我国征信立法应当对信息主体同意权进行区分化设计,即"宽进严出":既实现了信息共享促进征信业的发展,同时也为个人信息保护提供了充分的保障。

三、形成个人守信联合激励与失信联合惩戒机制

(一)加强个人守信联合激励与失信联合惩戒机制的顶层设计

社会信用体系的建立和信用信息的公开与共享必然需要建立守信联合激励和失信联合惩戒机制,这也是构建以信用为核心的新型市场监管体制的重要内容。2016 年 6 月,国务院印发《关于建立完善守信联合激励和失信联合惩戒制度加快推进社会诚信建设的指导意见》,要求依法依规运用信用激励和约束手段,构建政府、社会共同参与的跨地区、跨部门、跨领域的守信联合激励和失信联合惩戒机制,促进市场主体依法诚信经营,维护市场正常秩序,营造诚信社会环境。在该意见印

发之前,国家层面已出台了五个联合惩戒备忘录[①],对构建守法诚信社会环境产生了重要推动作用。该意见与五个备忘录相比,最大特色在于坚持激励与惩戒相并重,突出机制体系的建立。其出台为我国个人守信联合激励和失信联合惩戒机制的建立和完善作了顶层设计和宏观指导。

2020 年 12 月,国务院办公厅发布《关于进一步完善失信约束制度构建诚信建设长效机制的指导意见》(以下简称《指导意见》),为完善信用联合奖惩机制提供了路径和方向。《指导意见》将“依法依规”作为社会信用建设的首要原则,以公共信用法治化为重点,提出了全面系统的法治思路和方案。《指导意见》提出的法治要求之高之严,可谓前所未有,标志着信用建设正在步入法治化的新境界。其一,确立中央立法主导的法治格局。《指导意见》明确由中央主导社会信用建设基本立法、基本规则、基础目录、基础清单,强化信用立法的统一性和权威性,地方则通过效力层级较高的地方性法规细化和补充相关规则、目录、清单等。其二,强化对公权力的约束。《指导意见》采纳了公共信用信息目录、失信惩戒措施清单等被实践证明行之有效的制度,大幅提高严重失信主体名单的设定权限,对公权力形成了有效的法律约束。《指导意见》积极回应了公共信用中“什么往里装”“如何装”这两个重大问题,为更好实践失信惩戒法定等法治原则提供了具体可行的路径和方案。[②]

① 分别为中央文明办与最高人民法院等 8 个部门联合发布的《“构建诚信　惩戒失信”合作备忘录》(2014 年 3 月 20 日)、国家发展和改革委员会与国家税务总局等 21 个部门联合签署的《关于对重大税收违法案件当事人实施联合惩戒措施的合作备忘录》(2014 年 12 月 30 日)(已失效)、国家发展和改革委员会等 38 个部门联合签署的《失信企业协同监管和联合惩戒合作备忘录》(2015 年 9 月 14 日)、国家发展和改革委员会与证监会等 22 个部门联合签署的《关于对违法失信上市公司相关责任主体实施联合惩戒的合作备忘录》(2015 年 12 月 24 日)、国家发展和改革委员会与最高人民法院等 44 个部门联合签署的《关于对失信被执行人实施联合惩戒的合作备忘录》(2016 年 1 月 20 日)。

② 参见王伟:《论社会信用法的立法模式选择》,载《中国法学》2021 年第 1 期。

结合具体实际,我国个人守信联合激励与失信联合惩戒机制的完善主要从以下方面展开:

首先,建立和完善个人信用信息数据库体系和平台。一是要建立个人信用基础数据库。建设信用基础数据库需要从整合信用信息资源入手,把工商、税务、海关、银行等有关部门掌握的个人信用信息数据资料,作为信用基础数据库的信用信息资源充分利用。二是在个人信用基础数据库建设的基础上,建立国家级和省级个人信用信息数据库和信息交换平台,使金融机构和政府相关部门及时沟通,以保证个人信用信息具有充分的流动性。三是有序有偿地开放个人信用信息数据库,加快个人信用信息商业化、市场化运作,提供高质量的个人信用调查、评级、报告等信用产品,为守信联合激励和失信联合惩戒机制运作得公平、公正、公开提供充分的信息保证。

其次,加快建设现代个人信用服务体系的步伐。个人失信惩戒机制建设的关键是现代个人信用服务体系。个人信用服务业具有智力密集、技术密集、专业化程度高、市场集中度高的特点,承担着信用信息收集、加工、处理和传递的功能,在防范信用风险、促进信用交易方面发挥着重要作用。要按照政府主导和市场化运作相结合的原则,鼓励发展不同层次、不同特点且具备较高执业资质和道德水准的独立、公正、公平市场化运作的个人信用服务机构,提供商业化、社会化和规范化的个人信用服务。

最后,完善多元化和体系性的个人失信惩罚手段。建立以个人征信数据库为依托的联防机制,具体采取以下三个方面的措施:(1)建立行政性失信惩戒机制。行政机关、公用事业单位、行业监管部门、行业组织在实施行政许可、资质等级评定、政府采购、项目招投标、拨付财政性补贴资金、评优评先等工作中,应当查阅征信机构记录的个人信用信息,并采取相应的激励惩戒措施。如政府招标时,如有两个以上的投标者，在其他条件相同的情况下，优先使信用状况好的个人中标。人才中介机构和用人单位要逐步把查询个人信用信息作为选拔、聘用人才的必备手续之一。(2)建立市场性失信惩戒机制。银行业金融机构在开展业务活动中，应当查询征信机构记录的个人信用信息，按照约定的服务方式利用征信机构提供的个人信用信息及服务产品，依据风险高低确定信贷服务价格。对还贷能力强且诚实守信的个人，在信贷额度、利率和审批时限上给予优惠待遇等。(3)建立社会性守信激励与失信惩戒机制。依法对个人守信行为和失信行为进行披露。这种披露不同于行政机关对个人的表彰公示以及对失信个人的通报批评，也不同于新闻单位对守信行为和失信行为的报道，仅为社会公众在进行交易时提供参考。①

(二)规范个人诚信典型“红名单”制度和严重失信“黑名单”制度

《诚信建设意见》指出，不断完善诚信典型“红名单”制度和严重失信“黑名单”制度，依法依规规范各领域“红黑名单”产生和发布行为，建立健全退出机制。在保证独立、公正、客观前提下，鼓励有关群众团体、金融机构、征信机构、评级机构、行业协会商会等将产生的“红名单”和“黑名单”信息提供给政府部门参考使用。个人“红名单”制度的设立是对诚实守信典型个人的激励和褒奖，有利于对整个社会信用环境的引导。“红名单”可以通过数学模型进行解释，在个人征信数据库中设立。政府部门在市场监管和公共服务过程中，对诚实守信的个人实施开通“绿色通道”、优先享受优惠政策等支持激励措施。“黑名单”制度是整个守信激励和失信惩戒机制的核心制度。

---

① 参见王富全：《个人信用评估与声誉机制研究》，山东大学出版社 2010 年版，第 80 ~ 81 页。

个人“黑名单”是指将严重失信的个人列入个人信用信息数据库，并以合法的形式向合法的用户传播其交易对象的不良信用记录，将个体矛盾激化为失信个人与全社会的矛盾。为了达到联合惩戒的效果，在制度上应要求制作“黑名单”的监管部门向所有的授信机构提供多种渠道、方便、快捷、价格低廉的查询服务。

目前，“黑名单”制度在中国各领域纷纷建立，说明当前社会治理在对待诚信问题上不再单靠道德约束，而是通过制度增强对失信行为的惩戒力度。值得注意的是，由于个人征信的范畴、可公示的内容、信用的底线、社会平均线、守信的标准与失信的界限等都正在博弈中，法律或管理部门还未对此有所明确，各地方和各行业现行的“黑名单”制度大多是通过“条例”“办法”等部门规章形式发布的，进入“黑名单”失信行为类型五花八门，“黑名单”制度缺乏一个科学合理的界定标准和健全的法律约束，很有可能走向地方权力滥用的歧途。因此，“黑名单”制度若想把握好这个“度”，法律建设必须跟上脚步。鉴于“黑名单”制度对一个人的影响巨大，法律制定应重点强调严重失信行为的界定和评判标准，侧重对征信机构列入“黑名单”的权力限制：一是“黑名单”制定主体必须受到限制。一个人遭受权利被连锁性限制显然比接受一个一般性处罚的后果更严重和不利。如果任何部门、任何人都能随意设定“黑名单”，必然是不行的。在许多发达国家，没有法律授权，任何机构无权设立“黑名单”制度。在中国，“黑名单”制度同样应该由国家通过法律来建立，必须有法律依据，否则，任何部门都不得设定和实施“黑名单”制度。二是“黑名单”范围必须受到限制。首先，并非所有违法和失信行为都应纳入“黑名单”，法律在该问题上应该明确细分和规定，否则很容易造成权力扩大化；其次，“黑名单”共享范围要有所限制，共享范围的过分扩大必然引发相关侵权问题。三是“黑名单”制度应当赋予当事人申诉的权利，确保信息的透明性和公正性。

(三)强化征信机构个人不良信息告知义务

按照个人信用信息对信息主体起积极评价作用还是消极评价作用,可以将其分为正面的个人信用信息和负面(不良)的个人信用信息。整体而言,不良信息包括履约方面的不良信息和社会管理方面的不良信息。履约方面的不良信息主要产生于平等主体之间的民事和商事活动中,反映了信息主体在履约方面的守信状况,即当信息主体被授信时,是否赢得了交易对方的信任,是否违背了交易双方的约定。社会管理方面的不良信息,即信息主体是否遵守了社会管理规定,并在未遵守相关规定时是否积极地承担了相应的法律责任。

不良信息对一个人的声誉和相关授信活动具有直接的影响,甚至构成实质性限制。因此,我国《征信业管理条例》对不良信息的提供提出了比正面信息的提供更严格的要求:不仅采集个人信息需要经信息主体的同意,而且信息提供者向征信机构提供个人不良信息时还须通知信息主体,防止对信息主体权益的侵害,但依照法律、行政法规规定公开的不良信息除外。美国《公平信用报告法》规定,负面信息是指有关消费者拖欠、逾期付款、资不抵债或任何形式的违约的信息;贷款金融机构向征信机构提供了有关消费者贷款的负面信息,该金融机构应以书面形式通知消费者这一事项。

建立个人不良信息告知义务制度,其重要意义体现在以下三个方面:第一,有助于保护信息主体的合法权益。告知程序可以使信息主体及时知晓信息提供者拟提供的不良信息,避免将错误的不良信息提供给征信机构。第二,具有督促信息主体履约的积极作用。实践中,当被告知不良信息时,信息主体往往会尽可能积极履行义务,从而提高信息主体的履约意识。第三,有助于提高征信机构的数据库的信息采集质量。由于不良信息经过告知程序,其中错误的不良信息得到有效处理,使数据库中的信息更加真实、准确,会减少争议的发生,进而降低相应的社会成本和管理成本。但由于缺乏相应的制裁措施,为了减少经营成本,我国实践中许多征信机构并未严格履行该项义务,导致该项制度形同虚设。鉴于该项义务制度具有重要实践价值,建议未来立法强化征信机构未履行该项义务的法律责任。

个人不良信息的保存期限,是指个人不良信息能够被记载、提供和使用的期限,超过该期限,该信息应被删除,而不得再提供。从国外立法情况来看,一般为5年、7年和10年,有的国家规定了两个或两个以上的保存期限,并对违法信息和犯罪信息适用不同的保存期限。结合我国实际情况,最终确定不良信息的保存期限为5年。规定个人不良信息保存期限,其目的主要在于建立个人信用信息系统对个人行为的约束机制:一方面,使个人受到不良信息的约束和惩戒,对具有不良信息的个人,其贷款买房或者办理信用卡等守信消费行为将受到相应的限制或者需要支付更高的成本;另一方面,不良信息的保存应有一定期限的限制,当失信主体受到相应教育后,给其改过自新的机会,使其更加重视自己的信用记录。

结　论

随着中国社会从“熟人社会”向“陌生人社会”转型以及信用交易和信用消费的深入发展，信用已经渗透到我们经济社会生活中的每一个角落、每一个方面。信用不仅成为法学、经济学、社会学等众多学科研究的重要对象，而且是全社会共同关注的重要话题。无论是中国，还是西方，都非常重视信用对一个国家和社会发展的重要功能和价值。但两者的主要区别在于，中国传统的信用文化植根于“熟人社会”的道德体系中，而西方的信用文化立足于“陌生人社会”的契约精神中。在现代社会，社会信用体系的建设与完善程度在整体上反映了一个国家的信用水平，是个人信用、企业信用、政府信用和司法公信等多领域信用的综合体现。在诸多信用类型中，个人信用是社会信用体系构建的基础。与此同时，社会信用状况的好坏与信用法律制度密切相关，健全的信用法律体系是良好社会信用关系得以维系的制度保障。目前，大多数法学和经济学关于信用的论著侧重于从公法视域研究企业信用和政府信用问题，取得了丰硕的理论成果,应用到实践中在一定程度上提高了社会的整体信用水平。但毋庸置疑的是,社会各层面和各领域的失信现象仍然较为突出;这说明侧重于公法规制的研究路径具有一定的局限性,陷入了一种“治标不治本”的治理困境。因而,本书主要从民法(私法)角度对信用展开研究。在研究对象上,由于信用的类型较多,考虑到自然人是参与社会经济活动的最小单元,一切法人和非法人组织均离不开自然人的行为参与,故而,本书的研究视角放在了个人信用的民法调整研究这样一个侧面上,希冀通过研究发现个人信用立法中的一些真问题,为我国个人信用制度建设和社会信用体系的完善尽一份理论上的绵薄之力。

美国法理学家博登海默教授认为,概念乃是解决法律问题所必需和必不可少的工具。[①] “信用”一词从词源到历经时代变迁,其内涵一直处于不断演变中。时至今日,经济学、社会学、法学等不同学科均对其有不同的理解和解读,即便是同一学科内部对其内涵和本质的理解也可谓莫衷一是。在法学层面上,多数学者将信用理解为关于履约的社会评价。在信用和诚信的关系上,信用是诚信的制度化表现,诚信是信用制度的内核。本书从法律角度,将信用界定为对行为主体履约能力和履约意愿的信赖与评价。就民法上而言,个人信用是指自然人在经济社会活动中就履约能力和履约意愿在社会上获得的评价与信赖。权利和义务作为民事法律关系中两大基本内容,只有当其均衡配置时,才能实现真正的公平正义。因而,推进社会信用体系建设,必须树立信用权利与信用义务相对等和相均衡的基本理念,才能实现信用权利与信用义务在每个民事主体上的“资源均衡配置”。个人信用是信用权利和信用义务的统一体,个人信用的本质表现为自然人与他人、自然人与社

① 参见[美]E. 博登海默:《法理学:法律哲学与法律方法》,邓正来译,中国政法大学出版社 2004 年版,第 504 页。

会之间形成的以信用权利与信用义务为内容的统一法律关系。个人信用和企业信用的区别在于,个人信用侧重于履约意愿主观诚信的评价,而企业信用更偏重履约能力客观诚信的评价。关于为何将个人信用归入民法调整范畴,本书主要从四个方面对其正当性展开论述:第一,从市场经济角度而言,市场经济是信用经济,民法是市场经济的基本法。没有信用,市场和市场交易活动便无法形成与开展。市场主体不仅包括自然人和法人,还包括国家和其他组织,无论是企业还是政府,都离不开自然人的组成和参与。而民法准则是社会经济生活条件的法律表现,调整着平等地位基础上市场主体间的市场关系与秩序,因此,个人信用是市场经济良性运行的根基。第二,从和谐社会角度分析,诚信社会是和谐社会的应有之义,社会是人与人之间关系的总和。自然人的信用程度关乎整个社会信用水平的高低。就这一角度上而言,个人信用是诚信社会构建的基石。第三,从公法规制效果来看,现行的行政法、经济法、刑法等公法从多个领域对市场信用交易进行规制和监管,尤其对企业的失信规制越来越严格;但企业恶意欺诈、不履行合同义务、"金蝉脱壳"后另行设立新企业以逃避债务等失信行为屡见不鲜,根本原因在于只注重对企业本身的惩戒。殊不知,企业行为与投资个人行为密不可分;虽然企业依法承担了相应的责任,但对投资人的恶意或过错,法律并未将惩戒落到实处。加之公法以惩戒为主,缺乏利益激励机制,导致其在失信规制和治理上存在天然的缺陷。而民法作为权利法,具有明显的利益导向激励机制,可以最大限度地弥补公法对失信行为规制的限度与不足。第四,从民法或者私法自身调整机制来看,权利和义务是民事法律关系中两大基本内容,民法调整机制实质上就是权利义务的配置机制。个人信用既包含个人信用权利,又包括个人信用义务。自然人在累积履行和遵守其信用义务的基础上应获得相应的信赖利益和积极客观评价,否则,将大大增加交易成本和减少交往机会。

民法在诚信原则的基础上，通过确立个人信用权和强化守信义务实现对信用权利义务的合理配置，为个人信用制度建设提供私法支撑与保障。本书在整体上即是以“权利—义务—责任”的框架展开的。

民法本质上是权利法。我国《民法典》是以民事权利为轴心进行体系设计的。与公法相比，民法最大的优势在于具有利益保护和导向激励功能。我国民法虽然将诚信原则确立为民法的基本原则，但诚信原则主要是从义务角度而言的，而对于积极履约的行为并未建立利益激励机制，导致现行民法规范中存在信用权益与信用义务失衡的制度缺陷。因此，信用权利的确立和信用利益的保护成为个人信用的民法调整的首要方式。德国法学家耶林认为，权利就是法律承认和保障的利益。就信用权这一概念而言，一般认为是关于信用利益保护的权利；但信用利益究竟是什么样的利益，学者众说纷纭。笔者认为，这一问题需要从信用的本质中寻找答案。前文述及，信用的本质是信用权利和信用义务的统一关系。从法律权利前设推导相应的法律义务，是现代权利话语的一般逻辑，但是从某种意义上讲，权利乃是从道德义务中推演而出的。人权即是从每个人对同类所必须承担的相互尊敬、平等相待的道德义务中推导出来的一种制度理性。同理，个人信用权是在自然人积极完全履行相应民事义务的基础上生成的。因此，笔者认为，个人信用权是自然人在经济社会交往活动中对其履约能力与履约意愿在社会上获得的评价与信赖而享有的保有、维护、利用和救济的权利。与其他民事权利相比，其具有非恒定的独占性、有限的支配性、间接的财产性、载体的信息性等特征。关于个人信用权的本质属性，学界存在人格权说、财产权说、双重权利说等三种主要学说。鉴于个人信用权本质上是一种专属性的权利，与民事主体不可分离，笔者更倾向于将个人信用权定性为一种人格权；但其与其他人格权相比，特别之处在于其具有间接的财产内容，与潜在的经济利益密切关联。尤其对自然人而言，信用权所内含的人格利益比间接的、潜在的经济利益更为重要，原因在于社会中的人离不开道德尊严。值得注意的是，个人信用权内容也是信用利益被法律肯认所考虑的重要方面。根据民法一般理论，绝对性权利的内容主要通过权能表现出来，人格权、所有权、知识产权均是如此。笔者认为，个人信用权作为一种绝对权，应当包括信用保有权、信用信息知情同意权、信用信息异议权、信用使用收益权、信用救济权等多项权能内容。将个人信用权确立为一项独立的民事权利，不仅是深化市场经济体制改革的必然要求，还能为构建和谐社会奠定坚实基础，更能反映现代民事权利体系的最新发展要求。综合比较西方主要国家信用立法模式，对信用权益采用民法典和单行立法相结合保护是符合我国国情和实际的最佳保护模式；既有利于全面保护民事主体的信用权益，又符合民事权利体系化的要求和我国民商合一的立法体例。有权利必有救济，无救济即无权利。对侵犯个人信用权益的行为，应坚持过错责任原则对行为人进行归责。关于侵权责任的承担，在司法实践中应以停止侵害等非财产责任承担方式适用为主，辅之以赔偿损失财产责任承担方式。

信用包含着权利和义务的对立统一关系。信用权益的享有是建构在信用义务积极履行基础之上的。义务的违反构成了责任承担的前提。传统民法片面强调民事权利体系的构建与民事权利的保护，而忽视民事主体信用义务的细化与社会责任的强化，导致权利与义务失衡现象凸显；因此，民法对个人信用的另一调整方式便是对信用义务的配置和对失信责任的强化。传统民法认为，信用义务囿于约定的合同义务；但随着社会的发展，信用义务已从经济领域扩展到社会生活的各个方面，对不特定他人和社会的法定义务也纳入了信用义务的范畴。我国《民法典》第 7 条规定：“民事主体从事民事活动，应当遵循诚信原则，秉持诚实，恪守承诺。”第 509 条第 1 ~ 2 款规定：“当事人应当按照约定全面履行自己的义务。当事人应当遵循诚信原则,根据合同的性质、目的和交易习惯履行通知、协助、保密等义务。"可见,信用义务本质上是一种法定的社会义务,涵盖于一切民事活动中。个人信用义务主要指个人信用维持义务,具体体现在积极完全履行各项具体民事义务的社会实践中。因此,民法对个人信用义务的调整主要通过在民法各部分具体民事义务(或称信用义务)中的合理配置以达到预期目的。个人信用义务以民事具体义务为基础,具有产生基础多样性、以作为义务与不作为义务为基本内容、以直接实现相对人利益和间接累积自身信用利益为目的,具有法律和道德双重拘束力。从理论上分析,个人信用义务是民事义务的一部分,具有与民事义务共同的理论基础和学理分类。具言之,个人信用义务也可分为约定的和法定的信用义务、积极的和消极的信用义务、实体的和程序的信用义务等类型。长期以来,我国民事立法和民法理论研究均以民事权利为重心,对民事义务的研究较显不足,与之相适应的民事责任仍然坚持填补原则,导致经济社会生活中民事主体片面强调权益的维护,而忽视义务的履行,最终形成民事权利与民事义务失衡局面,失信现象在各领域大量存在。民法本身就是一个内在的权利保护、义务履行、责任制裁调整机制。因此,民法对个人失信行为的规制应重点细化民事义务的科学合理配置,强化民事责任的惩戒机制,使民事权利、民事义务、民事责任之间形成一个良性互动的有机整体。值得庆幸的是,2020 年 5 月颁布的《民法典》在基本原则中新增守法和公序良俗原则、绿色原则,进一步强化了民事义务体系,同时在各编细化了诚信义务的配置,如物权编的善意取得制度、公示公信原则、相邻关系等,合同编的缔约过失责任、全面履行义务、附随义务等,继承编的遗赠扶养协议等具体民事规则均体现了信用义务的内容和形态。

2014 年 6 月,国务院印发了《社会信用体系建设规划纲要(2014—

2020年)》,明确和细化了我国社会信用体系建设的总体思路和具体步骤。同年10月,党的十八届四中全会将建设中国特色社会主义法治体系、建设社会主义法治国家确立为依法治国的总目标,并明确了编纂民法典的重大立法目标。2017年3月颁布的《民法总则》将弘扬诚信、公正等社会主义核心价值观作为立法目的之一,为民法典的编纂指明了正确的价值目标。从我国原《民法通则》的制定到原《侵权责任法》的颁布均未规定信用权,凸显了我国在民事立法层面对信用利益保护的不足。虽然我国原《民法通则》和原《民法总则》均将诚信作为民法的一项基本原则,但在我国的法律体系中,“诚实信用原则”很大程度上只停留在“价值形态”的层面上,而在规范形态的层面上,一直存在内涵模糊的问题,这成为我国利用法律工具维护社会信用水平的根本障碍。① 在这一境况下,与信用义务相关的具体民事义务规则分散于不同的具体部门法中,未能整合为统一的信用义务体系。长期以来,民事责任仍然坚持传统的补偿或填补原则,失信成本远远小于失信收益,导致对恶意的个人失信行为缺乏有效的惩戒。为有效应对上述问题,我国《民法典》通过人格权编名誉权规定间接保护民事主体信用权益,同时第1029条明确规定将信用权益纳入民法典保护范围,为未来社会信用法的制度提供了立法依据。未来社会信用立法对个人信用制度应从以下路径进行建构:一是对个人信用的调整采用“权利—义务—责任”的逻辑结构;二是明确个人信用权的法律地位和规范内容;三是厘清个人信用权、个人信息权、隐私权的权利边界;四是强化对个人恶意失信行为的惩戒。

现代社会所面临的法律关系相互交织,越来越复杂,任何问题都不能简单地划归公法或私法单方面调整,而应由多部门相互协调与配合形成制度合力,才能全面有效解决。针对现阶段突出的信用缺失问题,

① 参见吴汉东:《论信用权》,载《法学》2001年第1期。

既要抓紧建立覆盖全社会的征信系统,又要完善守信激励褒奖机制和失信惩戒制裁机制,使守信者处处受益,失信者寸步难行。同理,个人信用民法调整与个人征信立法密不可分。个人信用民法调整规范与个人征信立法必须相互契合才能为经济社会的健康发展与社会信用体系的有效运行夯实基础。个人信用立法需坚持公法与私法相并举的指导思想:一方面,个人信用民法调整为个人征信体系的运行提供私法基础;另一方面,完善个人征信体系有利于提高个人信用民法调整的实效。通过个人征信模式的比较考察发现,一个国家个人征信模式的选择必须符合本国国情和本土文化。考虑到我国大部分个人信用信息掌握在政府部门手中以及征信服务机构的公信力不足的现实国情,我国个人征信模式应分两个阶段进行选择:第一阶段,即现阶段采用以政府征信为主导、市场征信为主体、其他社会征信为补充的多元征信运行模式;第二阶段,当我国市场化征信运行机制规范和完善后,应转变为采用以市场征信为主导、以政府征信和其他社会征信为辅的征信模式。目前,我国已于2021年8月通过了《个人信息保护法》,“社会信用法”已列入全国人大常委会立法工作计划。许多地方政府和政府部门通过地方立法或部门规章形式对本地和本领域的信用立法进行尝试和推广。虽然在一定程度上有利于地方的社会治理,但由于信用与民事主体的财产权益及行为能力之间具有重大关联,地方行政机关仅依据地方部门规章或政策,就将违约的个人或企业不加区分地列入黑名单,严重侵犯了相关主体的信用权益,限制了其参与市场竞争的资格。针对我国当前个人征信立法滞后、个人信用信息边界模糊、个人征信机构运行不规范、个人信用评价标准不科学、守信激励与失信惩戒机制不健全等突出问题,未来社会信用立法和征信体系构建应与个人信用民法调整规范相配套,明确个人信用信息的采集范围与程序规则,有效协调信用信息公开与隐私权保护之间的利益平衡,有效形成守信联合激励与失信联合惩戒机制。

需要说明的是，在本书创作中虽然对信用和个人信用概念、本质、类型等基本理论，个人信用的民法调整方式，民法典中个人信用立法构建，个人信用民法调整与个人征信体系关系等问题进行了较为系统的研究，但由于篇幅所限，书中关于民法对信用义务的细化配置研究只限于宏观层面的问题罗列和简要分析，未能提出一个严密的信用义务体系方案。另外，由于个人征信问题涉及多个方面，本书关于个人信用民法调整和个人征信立法在规范上如何有效互动和契合论述的深度不够。笔者希望在以后的学习过程中对上述问题持续关注并作进一步深入研究。

参考文献

一、中文著作

[1]艾茜:《个人征信法律制度研究》,法律出版社2008年版。

[2]曹险峰:《人格、人格权与中国民法典》,科学出版社2009年版。

[3]陈潜、唐民皓主编:《信用·法律制度及运行实务》,法律出版社2005年版。

[4]陈潭等:《大数据时代的国家治理》,中国社会科学出版社2015年版。

[5]陈小君等:《民法典结构设计比较研究》,法律出版社2010年版。

[6]陈勇阳主编:《个人信用管理:理论、实务及案例》,重庆大学出版社2016年版。

[7]程合红:《商事人格权论——人格权的经济利益内涵及其实现与保护》,中国人民大学出版社2002年版。

[8]龚勇:《信用中国》,中国方正出版社2002年版。

[9]郭生祥:《信用经济学》,东方出版社2007年版。

[10]何勤华、魏琼主编:《西方民法史》,北京大学出版社2006年版。

[11]黄茂荣:《法学方法与现代民法》(第5版),法律出版社2007年版。

[12]江必新:《法治社会的制度逻辑与理性构建》,中国法制出版社2014年版。

[13]蓝寿荣主编:《社会诚信的伦理与法律分析》,华中科技大学出版社2010年版。

[14]李朝晖:《个人征信法律问题研究》,社会科学文献出版社2008年版。

[15]李俊丽:《中国个人征信体系的构建与应用研究》,中国社会科学出版社2010年版。

[16]李凌燕:《信用经济法律精论》,北京大学出版社2007年版。

[17]李晓安、阮俊杰:《信用之路——我国信用治理的经济学研究》,经济管理出版社2008年版。

[18]林钧跃:《社会信用体系原理》,中国方正出版社2003年版。

[19]刘澄、李锋主编:《信用管理》,人民邮电出版社2015年版。

[20]刘德良:《论个人信息的财产权保护》,人民法院出版社2008年版。

[21]刘晓华:《私法上的信赖保护原则研究》,法律出版社2015年版。

[22]刘肖原等:《我国社会信用体系建设问题研究》,知识产权出版社2016年版。

[23]刘益:《信用、契约与文明——基于实证研究的角度》,中国社会科学出版社2010年版。

[24]龙西安:《个人信用、征信与法》,中国金融出版社 2004 年版。

[25]罗培新:《社会信用法:原理 · 规则 · 案例》,北京大学出版社 2017 年版。

[26]马俊驹:《人格和人格权理论讲稿》,法律出版社 2009 年版。

[27]钱大军:《法律义务研究论纲》,科学出版社 2008 年版。

[28]商庆军:《转型时期的信用制度构建》,上海三联书店 2011 年版。

[29]苏力:《法治及其本土资源》(第 3 版),北京大学出版社 2015 年版。

[30]苏永钦:《寻找新民法》(增订版),北京大学出版社 2012 年版。

[31]孙磊:《信用体系演化的经济学分析》,中国金融出版社 2010 年版。

[32]孙志伟:《国际信用体系比较》,中国金融出版社 2014 年版。

[33]王富全:《个人信用评估与声誉机制研究》,山东大学出版社 2010 年版。

[34]王利明:《法学方法论》,中国人民大学出版社 2011 年版。

[35]王明锁:《中国民商法体系哲学研究》,中国政法大学出版社 2011 年版。

[36]王淑芹、曹义孙:《德性与制度:迈向诚信社会》,人民出版社 2016 年版。

[37]王泽鉴:《人格权法:法释义学、比较法、案例研究》,北京大学出版社 2013 年版。

[38]魏建国:《诚信建设与良法之治互动中的法治现代化》,法律出版社 2013 年版。

[39]吴汉东、胡开忠:《无形财产权制度研究》,法律出版社 2001

年版。

[40]徐国栋:《民法基本原则解释——以诚实信用原则的法理分析为中心》(增删本),中国政法大学出版社2004年版。

[41]颜少君:《我国失信惩戒机制构建研究》,中国经济出版社2013年版。

[42]杨立新主编:《中国人格权法立法报告》,知识产权出版社2005年版。

[43]姚佳:《个人金融信用征信的法律规制》,社会科学文献出版社2012年版。

[44]叶金强:《信赖原理的私法结构》,北京大学出版社2014年版。

[45]叶世清:《征信的法理与实践研究》,法律出版社2010年版。

[46]曾康霖、邱伟:《中国转型期信用制度建设研究》,中国金融出版社2007年版。

[47]张路:《诚信法初论》,法律出版社2013年版。

[48]张维迎:《信息、信任与法律》,生活·读书·新知三联书店2003年版。

[49]张新宝:《名誉权的法律保护》,中国政法大学出版社1997年版。

[50]郑也夫:《信任论》,中信出版社2015年版。

[51]周云涛:《论宪法人格权与民法人格权——以德国法为中心的考察》,中国人民大学出版社2010年版。

[52]《资本论》(第3卷),中共中央马克思恩格斯列宁斯大林著作编译局译,人民出版社1975年版。

二、中文译著

[53][波兰]彼得·什托姆普卡:《信任:一种社会学理论》,程胜利

译,中华书局2005年版。

[54][德]迪特尔·梅迪库斯:《请求权基础》,陈卫佐等译,法律出版社2012年版。

[55][德]卡尔·拉伦茨:《法学方法论》,陈爱娥译,商务印书馆2003年版。

[56][古希腊]亚里士多德:《尼各马科伦理学》,苗力田译,中国社会科学出版社1992年版。

[57][美]弗朗西斯·福山:《信任:社会美德与创造经济繁荣》,彭志华译,海南出版社2001年版。

[58][美]富勒:《法律的道德性》,郑戈译,商务印书馆2005年版。

[59][美]康芒斯:《制度经济学》,于树生译,商务印书馆1962年版。

[60][美]罗斯科·庞德:《通过法律的社会控制》,沈宗灵译,商务印书馆1984年版。

三、法律法规

[61]《德国民法典》(第3版),陈卫佐译注,法律出版社2010年版。

[62]《俄罗斯联邦民法典》,黄道秀等译,中国大百科全书出版社1999年版。

[63]《法国民法典》,罗结珍译,北京大学出版社2010年版。

[64]《荷兰民法典》(第3、5、6编),王卫国主译,中国政法大学出版社2006年版。

[65]《瑞士民法典》,殷生根、王燕译,中国政法大学出版社1999年版。

[66]《意大利民法典》,费安玲等译,中国政法大学出版社2004年版。

[67]《最新日本民法》,渠涛编译,法律出版社 2006 年版。

四、中文论文

[68]巴劲松:《信用涵义的经济解读和法律解读——一个比较的视角》,载《江西财经大学学报》2003 年第 4 期。

[69]程秀波:《信用缺失与权利义务的失衡》,载《郑州大学学报(哲学社会科学版)》2003 年第 5 期。

[70]付子堂、类延村:《诚信的古源与现代维度之辨》,载《河北法学》2013 年第 5 期。

[71]葛晨虹:《诚信是一种社会资源》,载《江海学刊》2003 年第 3 期。

[72]耿卓、孙玲:《论市场信用与诚实信用的互动》,载《浙江学刊》2011 年第 1 期。

[73]辜明安:《法治视角的社会信用之构建刍议》,载《河北法学》2006 年第 4 期。

[74]韩强:《人格权确认与构造的法律依据》,载《中国法学》2015 年第 3 期。

[75]何国强:《论作为独立人格权的信用权》,载《社会科学家》2012 年第 7 期。

[76]江平:《制订一部开放型的民法典》,载《政法论坛》2003 年第 1 期。

[77]焦富民:《论诚实信用原则和合同义务的扩张》,载《扬州大学学报(人文社会科学版)》2001 年第 2 期。

[78]焦国成:《关于诚信的伦理学思考》,载《中国人民大学学报》2002 年第 5 期。

[79]赖卓平:《关于建立和完善信用制度的法律思考》,载《中山大

学学报论丛》2002 年第 2 期。

[80]李红玲:《论信用权的若干问题》,载《政治与法律》2006 年第 4 期。

[81]李明、邬文俊:《信用权性质辨析——以信用的涵义为线索》,载《行政与法(吉林省行政学院学报)》2004 年第 6 期。

[82]李明发:《信用制度的民事法律保障机制研究》,载《安徽大学学报(哲学社会科学版)》2006 年第 6 期。

[83]李晓安:《我国社会信用法律体系结构缺陷及演进路径》,载《法学》2012 年第 3 期。

[84]李新天、孙聪聪:《信用的权利化及其民法保护》,载《时代法学》2012 年第 3 期。

[85]李新天、朱琼娟:《论"个人信用权"——兼谈我国个人信用法制的构建》,载《中国法学》2003 年第 5 期。

[86]刘召成:《人格权主观权利地位的确立与立法选择》,载《法学》2013 年第 6 期。

[87]马新彦:《信赖与信赖利益考》,载《法律科学(西北政法学院学报)》2000 年第 3 期。

[88]孟强:《论作为一般人格权的名誉权——从司法案例的视角》,载《暨南学报(哲学社会科学版)》2012 年第 4 期。

[89]饶世权:《论实现诚信的"诚信—信用互动"法律机制——兼评〈征信管理条例〉(第二次征求意见稿)》,载《征信》2012 年第 6 期。

[90]任丹丽:《论信用权的民法保护》,载《湖北社会科学》2008 年第 8 期。

[91]石新中:《论信用概念的历史演进》,载《北京大学学报(哲学社会科学版)》2007 年第 6 期。

[92]苏号朋、蒋笃恒、张民安:《论信用权》,载《法律科学(西北政

法学院学报)》1995年第2期。

[93]王富全、许长新:《征信体系建设中的失信惩戒机制分析》,载《金融研究》2008年第5期。

[94]王家福:《21世纪与中国民法的发展》,载《法学家》2003年第4期。

[95]王利明:《惩罚性赔偿研究》,载《中国社会科学》2000年第4期。

[96]王利明:《加强民事立法,保障社会信用》,载《政法论坛》2002年第5期。

[97]王明锁:《中国民商法典编纂的重大疑难问题——附〈中华人民共和国民商法典"通则编"草案建议稿〉(黄河版)》,载《晋阳学刊》2016年第3期。

[98]王淑芹:《论法律信用与道德信用的特性》,载《道德与文明》2003年第5期。

[99]吴汉东:《论信用权》,载《法学》2001年第1期。

[100]吴晶妹:《社会信用体系建设是时代所需》,载《征信》2015年第2期。

[101]谢怀栻:《论民事权利体系》,载《法学研究》1996年第2期。

[102]徐国栋:《诚信原则理论之反思》,载《清华法学》2012年第4期。

[103]许中缘:《论商誉权的人格权法保护模式——以我国人格权法的制定为视角》,载《现代法学》2013年第4期。

[104]薛军:《人格权的两种基本理论模式与中国的人格权立法》,载《法商研究》2004年第4期。

[105]杨明:《论民法原则的规则化——以诚信原则与情势变更原则为例》,载《法商研究》2008年第5期。

[106]姚辉:《信用法律制度的若干前提性判断》,载《政法论丛》2008 年第 2 期。

[107]翟相娟:《征信机构侵犯个人信用权的构成要件新探》,载《华侨大学学报(哲学社会科学版)》2011 年第 2 期。

[108]翟学伟:《诚信、信任与信用:概念的澄清与历史的演进》,载《江海学刊》2011 年第 5 期。

[109]张鹏:《个人征信语境下的信用权问题》,载《浙江工商大学学报》2014 年第 1 期。

[110]张新宝:《我国人格权立法:体系、边界和保护》,载《法商研究》2012 年第 1 期。

[111]赵万一、胡大武:《信用权保护立法研究》,载《现代法学》2008 年第 2 期。

[112]周云涛:《信用权之反思与重构》,载《北方法学》2010 年第 6 期。

五、外文著作

[113]Barbara Mackinnon, *Ethics, Theory and Contemporary Issues*, Peking University Press, 2003.

[114] Campbell Dennis, *Data Transmission and Privacy*, Kluwer Academic Publishers, 1994.

[115]Carl Wellman, *Real Rights*, Oxford University Press, 1995.

[116] Cate Fred H., *Privacy in the Information Age*, Brookings Institution Press, 1997.

[117]Denise White Peterfreund, *Great Traditions in Eehics*, Peking University Press, 2002.

[118]Judy Hillkey, R. Wacks, *Personal Information-Privacy and the*

Law, Clarendon Press, 1993.

[119] Martin J. Osborne, *An Introduction to Game Theory*, Shanghai University of Finance & Economics Press, 2005.

[120] Michael Turner, *The Fair Credit Reporting Act: Access, Efficency & Opportunity*, *The Economic Importance of Fair Credit Reauthorization*, National Chamber Foundation, 2003.

[121] Roger Leroy Miller, Alan D. Stafford, *Economic Education for Consumers*, South-Western Educational Publishing, 2000.

[122] Rosa-Maria Gelpi, Francois Julien-Labruyere, *A History of Consumer Credit: Doctrines and Practices*, Macmillan Press Ltd., 2000.

后 记

本书是在我的博士学位论文基础上修改而成的。从博士毕业到现在,倏忽又近三年。国家更加强盛,人民更加幸福,《民法典》已经颁布实施,法治、德治、自治相得益彰,个人信用法律规制向全方位纵深处着力发展。坐到书桌旁,遥望星空,透过纱薄飘移的云,半月的柔光洒在脸上,犹如丝丝清凉的水淌入心田,涤润着心肺魂灵。思绪便也任性地穿梭于难忘的博士生涯中,一幕幕过往在脑海中浮现,一件件情事在心底泛起涟漪,令人时而激动兴奋,时而迷茫惆怅,时而坚韧执着……

诚信为本,人生感恩。

感恩教诲!"借得大江千斛水,研为翰墨颂师恩",感谢恩师麻昌华教授。先生内隐的智慧与识断形同智者,对后辈的关拂、宽容犹如慈父,精勤治学、不苟时俗堪称严师,道德文章,可谓大备。没有先生四年来的砥砺、扶持,难以有本书的问世。感谢陈小君教授、温世扬教授、徐涤宇教授、雷兴虎教授。陈教授洞幽烛微、沉毅明快的性格与学风既充满女性的缜密细致，又不乏民法学者应有的恢宏气度，令人如沐春风。温教授温文尔雅的性格、严谨治学的精神、宽以待人的态度，令我仰慕。徐教授的幽默诙谐、渊博知识，令莘莘学子钦佩有加。雷教授的儒雅、坚毅，始终是我为人为文的典范，对学界后辈的提携、奖掖更是引领学子们潜心研学。感谢樊启荣教授、张家勇教授的悉心批阅，诘问往复，促使本人检视内省，更加努力，使书稿更臻于圆融成熟。感谢陈景良教授和罗红老师，他们对我工作、学习和生活上的支持和帮助，让我深深地感受到了家的温暖和爱意。

感恩相遇！感谢中南财经政法大学，这个让我实现梦想、结识朋友、聆听智者声音、领略大师风范和增添人生精彩的地方。感谢位于八朝古都开封的百年老校河南大学，这个我工作的地方。在这里我遇到了优秀的领导、可敬的尊长、友好的同人，他们无私地给予我帮助与支持，使我的学术与工作充满了阳光。我的硕士生导师王明锁教授，更是在学业上给予我支持、鞭策和鼓励，他的谆谆教诲与治学严谨求实的态度，成为我人生前行的指路明灯和方向标。

感恩同窗！古人言：独学而无友，则孤陋而寡闻。四年多的求学期间，同门博士和民商法学专业博士同学，在学位论文开题、资料收集、写作等诸多学习环节给予了我强大的智力支持和精神慰藉；若无他们的帮助和陪伴，学业生涯将是苦涩、单调、无味的。

感恩亲人！深深感谢我的父母、爱人、妹妹、女儿，在四年多的求学期间，他们的爱永远是我前行的动力。他们的情意让我刻骨铭心，唯有学业上的努力，方能回报。宝贝女儿乃快乐的源泉，每天晚上与爱人和女儿之间的视频连线，已经被定格为我博士期间最美好的幸福时光。

“当我走向你的时候，我原想收获一缕春风，你却给了我整个春天。”博士学业带给我的朝气和光辉，将是我人生奋进不竭的动力源泉。但我也深知学术海洋的浩渺与深邃，法学理论的博大与精深，自己的涉小与浅薄。“位卑未敢忘忧国”,引用先辈哲人的一段话:“置身于一个伟大民族的变革时代,分享时代的艰辛挫折、爱与苦难、喜悦欢乐,拥有传奇与平凡、浓烈和淡薄。也许,这就是幸运。”博士生涯,是我寻找的属于自己的幸运。

博士毕业后三年工作生活期间,本人对个人信用民法调整的课题研究仍时常进行新的思考。经过修订完善,现在能付梓,应当说是原有事物的再一次蜕变吧。水平所限,拙作难免存在疏漏之处,敬请各位前辈、专家和同人不吝批评指正!

衷心感谢法律出版社领导和黄倩倩编辑的积极帮助和大力支持,以及为本书付梓的辛劳付出!

尚国萍

2021 年 3 月于河南大学